萧云从传

XIAOYUNCONG ZHUAN

萧云从传

唐 俊◎著

时代出版传媒股份有限公司
安徽文艺出版社

图书在版编目（ＣＩＰ）数据

萧云从传/唐俊著.—合肥：安徽文艺出版社,2020.8（2022.7重印）
ISBN 978-7-5396-6982-3

Ⅰ．①萧… Ⅱ．①唐… Ⅲ．①萧云从（1596-1673）
—传记 Ⅳ．①K825.72

中国版本图书馆 CIP 数据核字(2020)第 101989 号

出 版 人：姚 巍
责任编辑：秦 雯　　　　　　　　装帧设计：徐 睿

………………………………………………………………………

出版发行：安徽文艺出版社　www.awpub.com
地　　址：合肥市翡翠路 1118 号　邮政编码：230071
营 销 部：(0551)63533889
印　　制：山东百润本色印刷有限公司　(0635)3962683

………………………………………………………………………

开本：787×1092　1/16　印张：14.25　字数：270 千字　插页：16
版次：2020 年 8 月第 1 版
印次：2022 年 7 月第 2 次印刷
定价：58.00 元

………………………………………………………………………

1.《鲍祖彪像》(曾鲸、萧云从合作)

2. 唐寅《款鹤图》(局部)

3. 王涛《小红低唱我吹箫》

4.《十竹斋画谱》之《十竹斋果谱》书影

5.《十竹斋笺谱》书影

碧山霞舊圖

學荊浩癸巳夏初訪
士介平兄寫此致意
區湖蕭雲從

6. 萧云从《碧山寻旧图》

7. 萧云从《闭门拒客图》

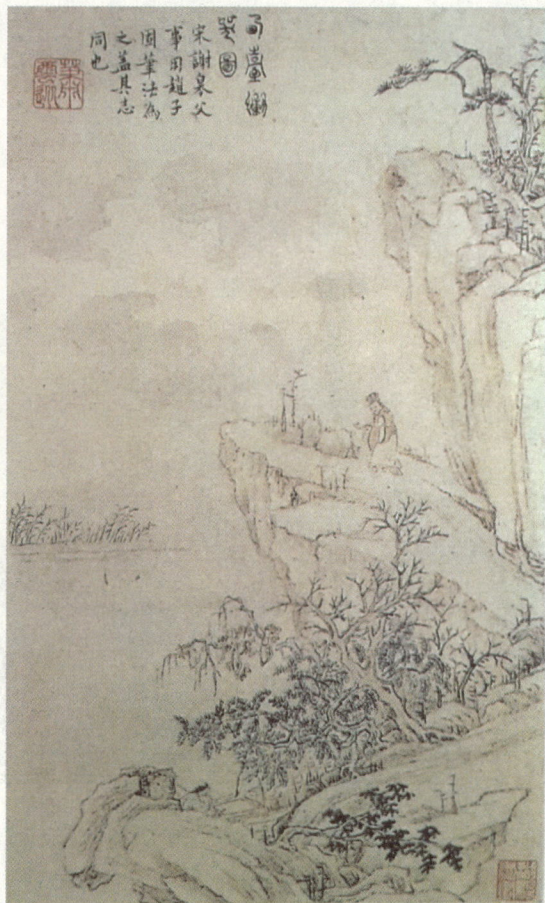

8. 萧云从《西台恸哭图》

9. 萧云从《云台疏树图》(局部)

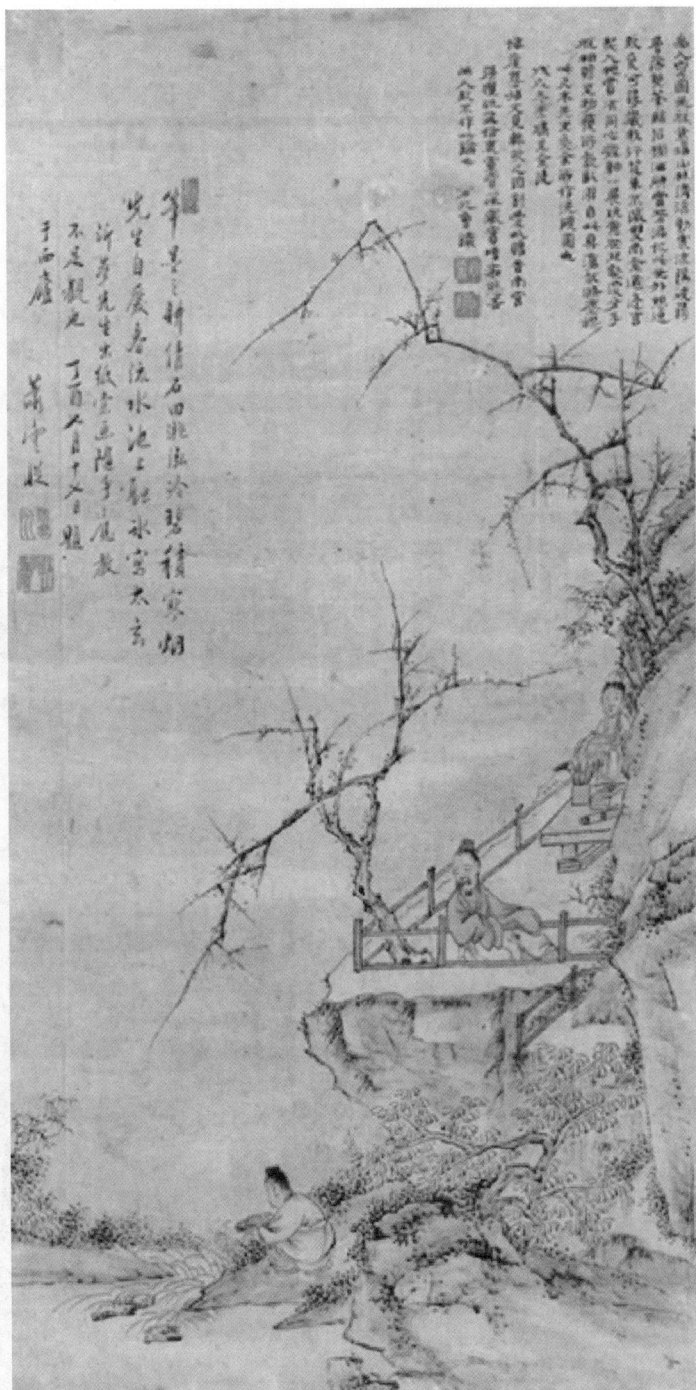

10. 萧云从《洗砚图》

11. 萧云从《古木高贤图》

12. 萧云从《秋林曳杖图》

13.《董小宛小像》(周序临摹)

14. 早期芜湖铁画

15. 铁画《潘天寿花鸟》(杨开勇作)

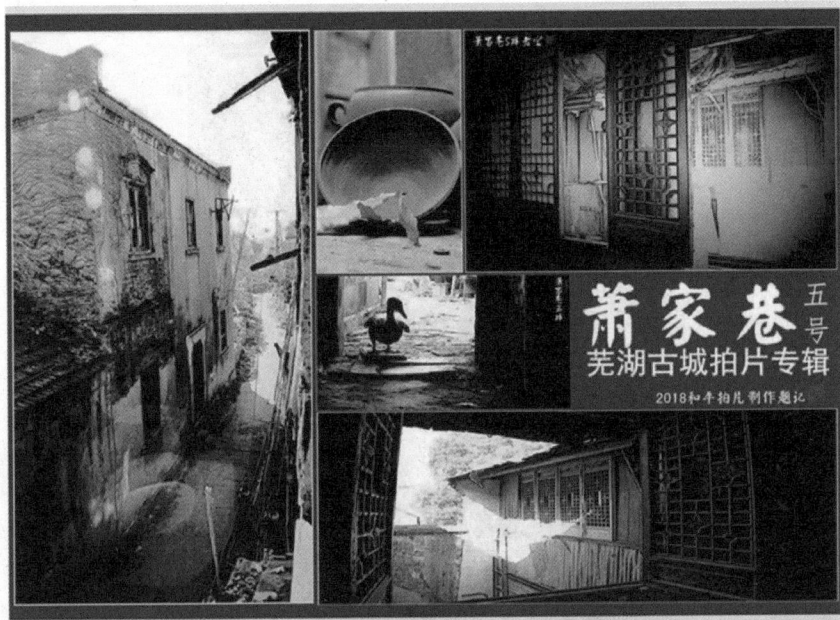

16. 萧家巷旧影(姚和平摄制)

17. 芜湖县学旧址(姚和平摄)

18. 萧云从《岁寒三友图》

19. 萧云从《石磴摊书图》　　　　　20. 萧云从《秋景山水图》

21.（日）池大雅《赤壁图》

22.（日）与谢芜村设色山水

目录

引子 乾隆爷与《离骚图》

清高宗乾隆皇帝,和他爷爷康熙一样,非常"重视"汉文化,日理万机之余,颇好舞文弄墨。别的不说,仅乾隆"御制"的诗歌据说就有十万首左右,远盖过一生写诗突破万首的高产大诗人陆游,荣膺"中国古代诗歌产量最多诗人"称号。只可惜那时没有吉尼斯世界纪录大全,否则名气传到英伦三岛乃至象牙海岸,都是说不定的事。因为他自号"十全老人",咱也就依着老百姓的习惯,尊他一声"乾隆爷"。

话说乾隆三十八年(1773),这位爷在任时最大的文化工程——搜集天下图书,编印《四库全书》——进行得如火如荼的时候,宫保曹文埴进献了一卷画册,画的题材来自屈原的《楚辞》。乾隆爷展阅之下,觉其"笔墨高简洁净,颇合古法",非常喜爱,询问曹文埴后,方知画师之名叫作萧云从。①

乾隆爷从此记住了这个名字。可是这位萧云从的《离骚图》画册还残缺若干,乾隆爷后来再拿出欣赏时,终觉是个遗憾。但乾隆爷不是平常人,而是要求十全十美的"十全老人",岂能长期遗憾? 于是"皇上几余披览,以其用意虽勤,而脱略不免,特命内廷诸臣,参考厘订,各为补绘"②。具体承担补绘工作的宫廷画师名叫门应兆。乾隆爷非常重视这件事,为此还下了一道谕旨:

> 谕。四库全书馆进呈书内,有萧云从画《离骚图》一册。盖踵李公麟《九歌图》意。而分章摘句,续为全图。博考前经,义存规鉴,颇合古人左图右书之意。但今书中所存各图,缺略不全。著南书房翰林重加订正。将应补者,酌定稿本。令门应兆补行绘画,以成完璧。书成即录此旨,冠于简端。③

---

① 《钦定补绘萧云从离骚全图》,见《嘉庆芜湖县志·卷一三·人物志·文学》。
② 《钦定四库全书总目·卷一四八·集部一·楚辞类存目》。
③ 《清实录·乾隆朝实录·卷一一四六》。

《离骚图·九歌·湘君湘夫人》

门应兆是正黄旗人①,当时在翰林院参与《四库全书》编纂工作,主要承担"校勘图样片"事。② 受命之后,他不敢怠慢,除了认真临摹萧云从原图,还找来李公麟、陈洪绶等名家所绘《九歌图》等加以揣摩,费了几年工夫,补绘了九十一幅图。乾隆四十六年(1781),门应兆补绘完工之后,呈请御览,乾隆爷感觉不错,写诗的瘾又发作了,"如椽大笔"一挥而就:

画史老田野,披怜长卷情。
不缘四库辑,那识此人名。
六法道由寓,三间迹以呈。
因之为手绘,足见用心精。
岁久惜佚阙,西清命补成。
共图得百五,若史表幽贞。
姓屈性无屈,名平鸣不平。
迁云可以汲,披阅凛王明。③

在"共图得百五"这句诗后面,乾隆爷亲自作注:

云从踵李公麟《九歌》为《离骚图》,颇合古人左图右书之意,但今书止存《卜居》《渔父》合绘一图,《九歌》九图,《天问》五十四图,其余或原本未画,或旧有

---

① 《宁国府志·卷四·职官表》。
② 见《纂修四库全书档案》"乾隆四十一年十二月二十八日"之记载。
③ 乾隆《题补绘萧云从离骚全图八韵》,见《钦定补绘萧云从离骚全图》。

今阙，因命南书房翰林等逐一考订，令门应兆补绘九十一图，合之原书六十四图，共一百五十五图，俾臻完善。

于是从此以后，此《离骚图》名字就改叫《钦定补绘萧云从离骚全图》，并荣幸地被收入《四库全书》里了。从乾隆爷的话里，我们知道萧云从原图只有六十四幅，而门应兆补绘的高达九十一幅。另外还有一件事，乾隆爷没有说。这就是，萧云从原图中有八千余字的题跋注文，却被删去了。

门应兆后来被乾隆外放，做了宁国府知府，嘉庆元年还在任。① 其补绘《离骚图》的水平如何姑且不论，为什么要删去八千字注文，里面是不是有什么犯忌的内容？还有，历史上乾隆应该算是一个有作为的皇帝，公务繁忙，业余爱好也不少，为什么对一本画册如此关注，仅仅是因为喜欢吗？

四库全书工程浩大，工期自然比较长，负责其事的总裁因年老或病故换了几任，后来乾隆任命的总裁中有一位就是他非常宠信的和珅。研究《红楼梦》的红学家说过一件事：曹雪芹只有前八十回的《红楼梦》残本，后来到了和珅的手里，他把这部异书送给乾隆看过以后，再去找人补成一百二十回的全本，但是颇歪曲了原著的主旨与气质。萧云从的《离骚图》只是一本画册，虽然也是中国版画史上具有里程碑意义的一部美术作品，但是其影响力与《红楼梦》不可同日而语。不过，它们在中国古代的艺术与文学领域都是杰作，而且，它们似乎都因为遭遇了乾隆而从残本变成了精神上被"阉割"的全本，这是《离骚图》与《红楼梦》的幸运还是不幸呢？

为《离骚图》所题之诗是乾隆爷为萧云从画作题的四首诗之一，在此前后他又三次为萧云从画作题诗，这三幅画作分别是《涧谷幽深卷》《关山行旅图卷》和《秋山红树卷》。

在进献《离骚图》后不久，曹文埴又将萧云从一幅长四丈余的画作《涧谷幽深卷》献给乾隆。这幅长卷是萧云从当年与冒辟疆于扬州相会，在老友郑士介家为冒辟疆画的。② 乾隆"展观长卷四丈余，观之不厌意弗舍"，欣喜万分，又诗兴大发，写下一首

---

① 《宁国府志·卷一九·学校志·庙学下》。

② 此幅画卷现藏于北京故宫博物院，萧云从赠冒辟疆此画事，详见本书《扬州城会冒辟疆》一节。

《题萧云从山水长卷》诗：

> 四库呈览离骚图，始识云从其人也。
>
> 群称国初善画人，二王恽黄伯仲者。
>
> 二王恽黄手迹多，石渠所藏屡吟把。
>
> 萧则石渠无一藏，侍臣因献其所写。
>
> 堪备宝笈之遗阙，事属文房敦儒雅。
>
> 展观长卷四丈余，观之不厌意弗舍。
>
> 崇山复岭绕回溪，古寺烟村接书社。
>
> 士农工贾莫不具，飞潜动植乃咸若。
>
> 运以神而法以古，丽弗伤艳富如寡。
>
> 快哉名下果无虚，图末识语嘉诚泻。
>
> 德寿曾赏晞古图，自怜作此终田野。
>
> 岂知一百余年后，果入石渠珍弗假。
>
> 是老人愿竟天从，剪烛长歌题笔洒。①

从该诗的内容看，乾隆对绘画史还是比较熟悉的，鉴赏水平也不错，所以能对萧云从山水长卷的构图、意境、审美情趣等做生动描述和高度评价，且大有"余生也晚"，不识云从之憾。

之后，乾隆又见到了萧云从的《关山行旅图卷》，这幅画为萧云从三十一岁时创作的作品，也是他年轻时创作的唯一存世长卷，所以弥足珍贵。乾隆爷第三次为萧云从画作题诗：

> 几点萧萧树，疏敩淡淡山。
>
> 由来以意胜，无不寓神间。
>
> 秋景宜寥廓，客人自往还。
>
> 粗中具工细，识语破天悭。②

---

① 乾隆《题萧云从山水长卷》，见《御制诗集·四集·卷八七》。
② 乾隆《题萧云从关山行旅长卷》，见《御制诗集·五集·卷二六》。

在“粗中具工细”这句诗后面，乾隆特地注明“见云从自识语”。如今这两幅画，前者留在国内的故宫博物院；后者流落日本，现藏于东京国立博物馆。

萧云从还有一幅《秋山红树卷》被《石渠宝笈续编》收录，上面也有乾隆的题诗。实话实说，乾隆爷的四首题诗，就这首小诗最有诗意：

峰势欲开树为遮，崔嵬画态间槎枒。
本来枫檞经霜染，错认夕阳一片霞。①

误把远方秋阳下的枫叶当作晚霞，实在是个美丽的错误。看来，乾隆爷确实是喜爱萧云从画作的，否则也不会前后四次题诗。

把萧云从《离骚图》等画作推介给乾隆的曹文埴后来也被乾隆任命为“四库全书处总裁”②。曹文埴系乾隆至嘉庆间重臣，他“字竹虚，安徽歙县人。乾隆二十五年二甲一名进士，改庶吉士，授编修。直懋勤殿，四迁翰林院侍读学士，命在南书房行走。……迁侍郎，历刑、兵、工、户诸部，兼管顺天府府尹”③。其子曹振镛，嘉庆朝任工部尚书，道光元年晋太子太傅、武英殿大学士等职。④ 世称曹文埴与曹振镛为“父子宰相”。有红学家考证曹文埴与《红楼梦》的作者曹雪芹同宗，都是宋朝大将曹彬的后代。曹文埴家族是扬州盐商之首，乾隆六次南巡，多落脚扬州，曹文埴承办差务，深得乾隆信任。乾隆最后一次南巡喜得“元孙”（玄孙）时，还“命彭元瑞、曹文埴检《四库全书》，古来见元孙者有几。据奏，自唐迄明凡六人”⑤。而当初康熙南巡，主要是由曹雪芹的祖父曹寅接驾，所以有人推断，曹文埴与曹雪芹两家很可能互有交往。萧云从的《离骚图》因为曹文埴的推介流传于世，而曹文埴家竟然又很可能与曹雪芹家是世交，这倒是很有趣的事。

---

① 乾隆《题萧云从秋山红树卷》，见《御制诗集 · 五集 · 卷九一》。

② 《纂修四库全书档案》载：“乾隆四十五年五月二十八日……谕曹文埴着充四库全书处总裁。”

③ 《清史稿 · 卷三二一 · 列传一〇八》。

④ 《清史稿 · 卷三六三 · 列传一五〇》。

⑤ 《钦定南巡盛典 · 卷二二》。

萧云从像（欧阳小林作）

大文豪曹雪芹已经被世人熟知，而对于在山水画、版画、壁画等诸多领域创作了许多杰作，甚至还指导创制了中国工艺美术奇葩——芜湖铁画的大画家萧云从，人们却知之甚少。另外，现在许多中国人已经知道曹雪芹除了是小说家，还是具有杰出才能的诗人、知识渊博的博物学家；而萧云从虽然以"姑孰画派"创始人的身份在中国美术史占有一席之地，但他除了是一位画家，还是一位成就卓越的诗人、书法家、易学家和音韵学家，这就没有多少人知道了。

还是让我们一起走近萧云从，探寻他成为伟大艺术家的足迹吧。这样，当年他为什么创作《离骚图》，《离骚图》为什么能够成为中国版画史上的杰作，以及乾隆下令补绘的《离骚全图》完成后，为什么原《离骚图》上的萧云从题跋注文又被删去……诸如此类问题也就不言自明了。

一、天降斯人

公元 1596 年,明神宗万历二十四年农历十月,萧云从降生在安徽芜湖。①

芜湖古称鸠兹,西汉初始置芜湖县,属鄣郡,元封二年(前 109)属丹阳郡。治所在今安徽芜湖县北咸保圩水阳江畔。三国吴黄武元年(222)移治所于今芜湖市。隋并入当涂县。五代南唐复置,属升州。宋属太平州。元属太平路。明属太平府。按地方志的说法,"太平三邑,当涂、繁昌初皆侨寄之县,惟芜湖则自汉即立此名,为县最古"②。

萧云从似乎有点生不逢时。远的不说,在他出生前后的几年,国家可谓天灾人祸、内忧外患不断。

在萧云从出生之前的几年,芜湖自然灾害频发。万历十三年(1585)芜湖地震,房屋动摇。万历十五年(1587)五月,芜湖大水,平均水深丈余。万历十七年(1589)二月至九月,芜湖又发生大旱灾,人民饥馑,死者相枕。③ 至于昏君佞臣、皇亲国戚、贪官污吏、豪强恶霸欺压鱼肉各地百姓,弄得民不聊生的事不说也罢。

萧云从出生的时候,明廷外患频仍。北方努尔哈赤崛起,虽然暂时还在接受明

---

①　说萧云从出生在芜湖,是因为他父亲萧慎余是生活在芜湖的芜湖人。清代至民国多种《芜湖县志》都有关于萧慎余和萧云从的记载。《乾隆芜湖县志·志余》:"萧无闷(即萧云从——引者注)老人,喜绘事,人谓将诞之夕,其父梦郭忠恕先至其家,殆所谓前身老画师也。"在萧云从去世后不久印行的《康熙太平府志·人物志》中也明确把萧云从列入"芜湖县"的"卓行"人物。也有人说萧云从出生在当涂,可是清朝历次官修的《当涂县志》里找不到相关记载。说萧云从是当涂人并且出生在当涂的主要依据是《四库全书·钦定补绘萧云从离骚全图·序》中有"萧云从,字尺木,当涂贡生"字句。此或与当时太平府下辖当涂、芜湖、繁昌三县,当涂是府治所在地有关。《四库全书总目提要》中介绍萧云从的另外一部著作《易存》则说:"《易存》(无卷数,大理寺卿王昶家藏本)国朝萧云从撰。云从字尺木,芜湖人。前明崇祯己卯副榜贡生。"《四库全书》由于卷帙浩繁,弄错作者里籍,说法自相矛盾的并非只涉及萧云从一人。具体可参阅徐亮《〈四库全书〉著者籍贯问题辨证》,北京:人民日报出版社 2018 年版。

②　《民国芜湖县志·卷二·地理志》。

③　《芜湖市志·芜湖历史大事记》,北京:社会科学文献出版社 1993 年版。

廷的封号,但是并不服从节制;东部沿海,则是倭寇不断侵扰,万历二十五年(1597),明廷以邢玠经略驱除倭寇事务。①

此时,万历皇帝的吏治也是乱象丛生。举个小例子。如今大城市上车牌摇号、上重点中小学校摇号(后来换了个科学味十足的名词"电脑派位"),刚出现的时候,算是"改革举措",属于"新生事物"。其实早在明朝,就开了"摇号"的先河。由于当时宦官势力极其强大,以至于国家选任官吏,闹出"摇号"的笑话。1594年,也就是萧云从出生前两年,吏部尚书孙丕扬铨叙官吏,因为太监干扰太大,他只好独创了一种"掣签法"——谁中签谁做官。据说,此法还受到一众候选士人高度评价:公平、公正、公开!②

要说孙丕扬这个人,倒确实是个正直的官员。史书上记载过一些他的事情。例如万历元年(1573)他升任右佥都御史,巡抚保定各府。因为严格治政,属官都惴惴不安。巡视关隘,增设了三百多所敌楼,修筑了一万多丈的边防墙。宦官冯保的家在京城,张居正吩咐替他修建住宅,孙丕扬拒不理睬。知道冯、张两人会发怒,万历五年(1577)春天他称病回乡了。再如万历十五年,河北发生大饥荒。孙丕扬的家乡和邻县蒲城、同官的人采石为食。孙丕扬知道后很伤感,送了几升石头给皇上,趁势劝谏:"现在全国困于加派,穷困的并非只有吃石粉的百姓。应该放宽赋税节俭开支,罢除额外的征派和诸类不急的事务,减少官方的利而有益于下民,使他们能够安身延命。"万历被他的话感动,采取了一些减裁、罢除的行动。③

虽然孙丕扬做了不少力所能及的好事,但是"掣签选官"的做法还是不妥,他自己一定也是感到荒唐却又无可奈何的。

萧云从出生之后,明廷的乱象仍然存在着。1599年,明廷遣宦官到各地征税、办矿、采珠等,扰民甚重,激起各地民变多起。④ 1601年,武昌民变。苏州织工抗税,机户停业。1602年,江西上饶、景德镇,云南多处民变,人民奋起反抗苛捐杂税。⑤

_____

① 沈坚主编《世界文明史年表》,上海:上海古籍出版社 2000 年版,第 988 页。(以下只标页码)
② 赵翼《廿二史札记·卷三三》。
③ 《明史·列传·卷一一二》。
④ 沈坚主编《世界文明史年表》,第 990 页。
⑤ 沈坚主编《世界文明史年表》,第 994 页。

有些正直的大臣实在看不下去,在此期间冒死劝谏万历皇帝。例如万历二十五年(1597)二月初八日,南京刑部右侍郎谢杰上疏直谏万历"十不如初":

前此两宫色养维一,今则定省久旷,庆贺亦疏。孝安太后发引,并不亲送。前此太庙时飨皆躬亲,今则皆遣代。前此经筵临御,圣学日勤,今则讲官徒设,讲席久虚。前此披星视朝,今则高拱深居,累年不出。前此岁旱步祷郊坛,今则圜丘大报,久缺斋居;宸宫告灾,亦忘修省。前此四方旱涝,多发帑金,今则采矿榷税。前此用财有节,今则岁进月输;而江右之磁,江南之纻,西蜀之扇,关中之绒,率取之逾额。前此乐闻谠言,今则封事甫陈,严纶随降,但经废弃,永不赐环。前此抚恤宗室,恩义有加,今则楚藩见诬,中榼旋出,以市井奸宄间骨肉懿亲。前此官盛任使,下无旷蝶,今则大僚屡虚,庶官不补。是陛下孝亲、尊祖、好学、勤政、敬天、爱民、节用、听言、亲亲、贤贤,皆不克如初矣。①

这封谏疏大意是说:皇帝大人您一是孝亲不如初。以前与两宫皇太后朝夕同欢,今则问安久旷,少行庆贺。二是尊祖不如初。以前四季享太庙,今则每次皆遣官代往。三是好学不如初。以前研究文学、商榷古今,今则讲席、讲官俱为虚设,有名无实。四是勤政不如初。以前亲理朝政,披星戴月,不敢少怠,今则身居大内,多年不出。五是敬天不如初。连祈福襄灾之类的事都懒得做了。六是赈济不如初。以前每遇水旱灾荒,不时发钱粮赈济四方,今则信用奸徒、矿监税使四处开矿抽税,天下骚然。七是节用不如初。以前宫中用度有节,外府积贮充盈,今则江西之瓷、江南之纻、西蜀之扇、关中之羊绒,往往溢额征调。八是纳言不如初。以前谏疏多采,今则章奏留中不发,一言逆旨即斥逐。九是亲亲不如初。以前多方议处宗室禄粮,今则多置王府事于不顾。十是用贤不如初。以前缺官随时推补,今则大僚推而不用,庶官缺而不补。总之,以上十个方面都不能和当初相比了。

万历阅后,倒也还有一些雅量,没有太计较谢杰之言,只是把他"召为刑部左侍郎,擢户部尚书督仓场"。至于谢杰提的意见,万历则以不变应万变,和以前许多大臣上的奏章一样,依旧"留中不发",也就是置之不理。

自打朱元璋在洪武十三年(1380)处死"谋反"的胡惟庸,废除宰相制以后,明朝

---

① 《明史·列传·卷二二七》。

的政治制度就对什么事都管的皇帝提出了更高的要求。朱元璋是"天纵之才",自然无妨,但后来的太子们不可能个个都是"天纵之才",成了皇帝后,有几位倒是在荒唐上青出于蓝。几十年不上朝的有之,在宫里打家具以为乐的有之,纵欲过度三十出头就"驾崩"的也有之。刁滑的太监如熹宗朝的魏忠贤常常趁皇帝玩得正开心的时候拿出一大堆奏章呈请"御批",皇帝摆摆手,"朕已知晓,尔等去办吧"。国家大事就形同儿戏了。

万历也是历史上出了名的既贪财又懒政的皇帝,奏疏中提到的当初那些优点,其实也不是他真正拥有的,是他的老师、宰辅张居正主政十年"看管"的结果。毕竟皇帝也是人,也许张居正以前管教太严,万历产生逆反心理,所以他一死,万历自由自在了,二十多年不视朝政,至于国家大事,交给太监好了,国家也就全乱套了。

皇帝极其懒政,吏治如此荒唐,宦官非常猖獗。看来,明王朝似乎是气数将尽了。这就是萧云从甫降人间时的状况。

萧云从出生这一年,是丙申年。按照生肖,萧云从的属相是猴。但是父亲萧慎余为他起名云从,倒是隐含了一个"龙"字在里面。俗话说,"云从龙,风从虎",所以说"云从"隐含一个"龙"字,这是一般人都理解的。后来,萧云从以"尺木"为字,这是他的老师起的还是父亲萧慎余起的已经无从查考,不过里面颇有点学问讲究。

博山炉

一种说法是,"尺木"指龙升天时所凭依的短小树木。[①] 另外一种说法是"尺木"是龙头上如博山形之物。"龙头上有一物,如博山形,名尺木。龙无尺木,不能升天。"[②]所谓"博山"是古代香炉名,因炉盖上的造型似传闻中的海中名山博山而得名。你想,云烟升腾不是更合飞龙升天之象吗?后来"尺木"引申为登仕的凭借,"昔日曾为尺木阶,今朝真是青云友"。所以,无论是老师还是父亲萧慎余,都希望萧云从不仅是龙,而且是一条可以一飞冲天、大有作为的龙。

萧慎余望子成龙的心情是可以理解的。一则萧家的祖上

---

① 王充《论衡·龙虚》云:"短书言'龙无尺木,无以升天'。"唐人刘禹锡《薛公神道碑》:"文馆入仕,幽龙未光,尺木为阶,啾然欲翔。"

② 段成式《酉阳杂俎·鳞介篇》。

很有来头,萧云从又是长子,萧慎余自然希望儿子能够光宗耀祖。二则传说萧云从出生时,萧慎余做了一个奇特的梦。他梦见宋初大画家郭忠恕(字恕先)来到萧家门前,说"萧氏将昌,吾当为嗣"①。这个传说,对后来的萧云从产生了很大影响。

萧家的祖上很有来头,是萧云从自己的说法。他后来在画《太平山水图》钤印时刻有两方印章,分别是"梁王孙"和"萧天子裔",也就是说自己是南朝梁武帝的后代。梁武帝不用多说了,他的儿子萧统,就是历史上那位著名的昭明太子,他主编的《文选》,是中国文学史上最早的诗文选集。萧云从非常喜欢阅读《文选》,还称昭明太子为"吾家昭明"②。

虽然萧云从说自己是梁武帝的后裔无确凿证据,但是从这些名号可以看出他有不辱没先人,大有作为的心理。芜湖县城里有座文孝祠,就是祭祀昭明太子萧统的,所以俗称太子庙。③ 想来,在萧云从小时候,父亲带他去游览过,或许还进行过有关家族历史的"传统教育"。

说起来,萧姓也是一个历史悠久的姓氏,源出于子姓。春秋时,宋国勇将南宫长万攻打鲁国被俘,几个月后被放回宋国。公元前 682 年秋,南宫长万与宋闵公于后宫博戏。闵公无意中嘲笑了长万曾当俘虏,长万顿时恼羞成怒,打死了宋闵公,又杀了几个大臣,立公子游为国君。宋国群公子纷纷逃往萧邑(今安徽萧县)。萧邑大夫大心组织军队,杀逐南宫长万及其同党,平息了内乱。宋闵公的弟弟桓公即位后,把大心封在萧,为附庸国,称为萧叔,其后人就是萧氏。山东兰陵是萧氏主要发源地之一,史称萧氏望族出兰陵。从战国楚开始,就在这里设置郡县,据说荀子曾为兰陵县令,在这里讲学著述、教书育人。文学家刘向称赞说:"兰陵多善为学,盖以荀卿也。"西汉时,这个文化发达的兰陵,造就了博学多才的经学家萧望之。

萧云从的父亲萧慎余,芜湖地方志上记载他是"乡饮大宾"④。"乡饮"习俗在孔子那时就有。后来地方官在学宫举行敬老仪式,只有治家有方、内睦宗族、外和乡里、义举社会、有崇高社会威望之人才能被乡民推举为"乡饮大宾"。县府每年从财

---

① 《嘉庆芜湖县志·卷一三·人物志·文学》:"萧云从,字尺木,一号无闷道人。父慎余,明乡饮。生云从时,父梦郭忠恕至其门,曰:'吾当为嗣。'"
② 萧云从《九歌图·自跋》,见沙鸥《萧云从诗文辑注》,合肥:黄山书社 2010 年版,第 100页。(以下只标页码)
③ 《民国芜湖县志·卷五九·杂识》。
④ 《嘉庆芜湖县志·卷一三·人物志·文学》。

政支出官银用于举办每年两度的"乡饮大宾"活动,农历正月十五和十月初一,县府黎明时节便杀猪宰羊,在明伦堂内置办丰盛的酒宴。届时,乡饮大宾按牒送时辰赴会,县令率僚属人员提前到明伦堂门外相迎,对前来的大宾们行三揖三让礼,升堂后再行拜礼后方入座。大宾们坐西北席,傧宾(从德高望重的乡宦人员中选出的大宾)坐东北席,有特殊贡献的介宾坐西南席,主人坐东南席。三宾各就各位之后,宾主相揖,执事授觯于司仪,司仪举酒致辞:"举行乡饮,非为饮食,凡我长幼各相劝勉,为臣尽忠,为子尽孝,长幼有序,兄友弟恭,内睦宗族,外和乡里,无或废坠,以忝所生……"司仪首饮后,执事者把酒杯一一揖送宾主,在中堂设律令案,宾主面北拱读律令。然后,由县令等向被邀请来的大宾们轮番敬酒,直至酒足饭饱方散席。

萧慎余位居"乡饮大宾",可见在地方上是非常受尊敬的人物。他在儿子出生前梦见大画家郭忠恕,传递了一些信息。一则他文化修养不错,而且爱好绘画,否则怎么会梦见古代的一位画家?再则说明萧家的家境还是不错的,否则文化修养又何以养成?萧云从年幼即酷嗜读书、绘画与有这样一位父亲不无关系。萧云从自己后来也说,"家藏梅道人卷。长数丈,竹石阴森,湿烟欲滴,盖澄心堂纸,奚廷珪墨所成"[1],梅道人指元代大画家吴镇。萧慎余既藏有吴镇的画,一定也藏有其他书画名家的真迹。这就为萧云从学习绘画提供了极大的便利。

因此,如果说萧云从是帝王之胄还有待考证,那么说他出身于书香门第或者耕读之家是没有问题的,这是他能受到良好教育的前提条件。

---

[1]　萧云从《墨竹图题跋》,见沙鸥《萧云从诗文辑注》,第61页。

二、博学多才的少年

萧慎余梦见的那位宋代画家郭忠恕是个天赋很高，恃才傲物，结局却令人唏嘘之人。郭忠恕以擅长山水画，尤其是界画闻名。所谓界画，简单地说，就是画亭台楼阁。他还有个本事，即所绘画的殿阁楼台，木工们尺量后，发觉按比例分毫不差。后来宋太宗听说他的名声，还下诏授他一个监丞的职位，让他管理工程建造之类的事。

但是郭忠恕有个毛病，酒后喜欢发议论或拿同僚开玩笑，有时分寸不当就得罪人了。比如聂崇义，建隆年初担任学官，是河洛地区的教官。郭忠恕借着酒兴拿聂的姓名来嘲笑他："近贵全为聩，攀龙即是聋。虽然三个耳，其奈不成聪。"①意思是，接近权贵的都是昏聩的人，攀附贵族的都是不明智的人，虽然有三个耳朵（聂的繁体是"聶"），也不显得聪明。聂崇义听了岂能高兴？

郭忠恕擅长画画，他心里想画就自己画。他经常和苦力、贫民到街上的酒店里喝酒，说："和我交往的，都是你们这样的人。"而有钱人求他画画的，最终几乎都会生气地离开。在山下暂住的时候，有个有钱人的子弟喜欢画，每天给他好酒，对待他很优厚，时间长了才对他说出了想求一幅画的心里话，并给他一匹布。郭忠恕画了一幅小孩拿着线放风筝的画，在画面上"拉了足足几丈长的线"，这确实有点恶作剧了。富家子弟于是很生气，从此和郭忠恕断绝了来往。

言行怪诞的郭忠恕最终因为自己的酒后胡言而被检举，被判以诽谤朝政的罪名，流放登州，在途中去世，被草草地埋葬在官道旁边。

历史上有那么多的画家，萧慎余却偏偏梦见了郭忠恕，应该说与欣赏他的画艺或人品有关。在萧云从小时候，萧慎余一定向他说了不少郭忠恕的故事。看来，萧云从对这位个性有些奇特的画家也有好感。因为成年以后的萧云从，曾特地刻了一

---

① 《宋史·列传第一九〇·儒林一》。

方"郭忠恕后身"的印章①,他的品格、个性上多少有一些郭忠恕清高、狂狷的影子,也就不奇怪了。

　　和郭忠恕一样,萧云从也是一个很有天赋的人,难能可贵的是,少年萧云从又是一个非常好学的孩子。

　　萧云从是八岁开始从师学习的。发蒙之后,起初是听老师讲《孟子》,解诂章句,后来学习六律五音。②《孟子·离娄上》说:"不以六律,不能正五音。"六律五音是古代音律名称,后也泛指音乐。六律指十二律中六个阳律,五音指宫、商、角、徵、羽。可见,萧云从很小就对音乐有浓厚的兴趣。

　　萧云从很早就学习绘画了,启蒙老师应该是其父。不知道萧慎余有没有教他学郭忠恕的界画,看来他对沈周、唐寅这些文人的画更感兴趣。万历三十八年(1610),萧云从十五岁的时候,开始临摹唐伯虎《鹤林玉露册》。③ 他对唐伯虎的画下过很大功夫,以至于还梦见唐伯虎授画稿给自己。④

　　萧云从后来又攻读《左传》《国语》及历代史论。教萧云从读书的老师中有一位叫陈其善。陈其善,字兼民,有孝行,博学问,堪称楷模,对萧云从做人做学问都产生了很大的影响。⑤ 萧云从的学习兴趣还特别广泛,其间又学习算术、歌唱,还有弹奏琴筝等。⑥

　　所以萧云从很早就多才多艺了。他的老友宋起凤后来回忆说,萧云从"善诗画,法诸家笔,又妙达音律字学,凡音中阴阳清浊,每发口著声,无不立证舛错。即一弦管搏拊之际,五音纤微必按,虽老于词场者无以夺也"⑦。

　　历史上有个"周郎顾"的故事。故事是说周瑜自小就精熟知晓音乐,即使酒过三

---

　　① 王石城《萧云从》,上海:上海人民美术出版社1979年版,第1页。

　　② 萧云从《易存·自序》,见沙鸥《萧云从诗文辑注》,第146页。

　　③ 萧云从《孙逸临鹤林玉露册跋文》,见沙鸥《萧云从诗文辑注》,第136页。

　　④ 萧云从《太平山水图跋文·北园载酒图》,见沙鸥《萧云从诗文辑注》,第122页。

　　⑤ 《民国芜湖县志·卷四七·人物志》载:"陈其善字兼民。尝侍父疾,吁神请代,临丧哀毁。事诸兄谨恪,不啻严父。穷年功苦,号为淹通,其学行为时模楷,如萧云从、罗世绣、张政行辈皆邑知名士,并出其门。"

　　⑥ 萧云从《易存·自序》,见沙鸥《萧云从诗文辑注》,第146页。

　　⑦ 宋起凤《稗说·卷三·萧尺木画学》,见《明史资料丛刊》第二辑,南京:江苏人民出版社1982年版。

巡,只要曲子弹错,都逃不过他的耳朵,而且周瑜每次听到弹错时都必定会回头看演奏者一眼,于是就有人编出歌谣"曲有误,周郎顾"①,萧云从能够在别人弹奏乐器时,"五音纤微必按","每发口著声,无不立证舛错",他的音乐修养,应该不在周瑜之下。

萧云从还有一个特别之处,就是对古代神话传说的喜好。在孩童时期,他就对《山海经》中的奇妙故事非常痴迷,并受到惩恶扬善的教育。

在他后来手绘的《山海经全图》②中,就有这样的画面:一条盘旋而上的蛇,长着两个脑袋,这个奇怪的动物是共工的臣子,它的名字叫相繇,也叫相柳。据说它喷出来的水比洪水还厉害,又苦又辣,喝了就会送命。禹见相柳如此猖獗,就运用神力杀了相柳,为民除害。相柳的血,流到哪儿哪儿就五谷不生,把大片土地污染了。禹尝试用泥土陻塞,但三陻三陷,后来禹只好把这片地劈为池子,各方天神在池畔筑起一座高台,镇压相柳。

在另一张内页中,萧云从画了一只像龙又不像龙、像蛇又不像蛇的动物。它身上有明显的鳞片,长着两个头、两条尾巴、四只爪子、两对翅膀。旁边的注文是:"有神蛇,二身,同首,六足,四翼,见则不雨。"据《山海经》记载,这种蛇长着两个蛇身却只有一个头,生活在华山,一出现就会天下大旱。

萧云从对神话中的神兽进行了改造,把长着一个头的蛇改绘为长着两个头,这就融进了自己的独立思考与艺术想象。为什么两头蛇一出现就闹

《离骚图·天问·共牧微命》

① 《三国志·吴志·周瑜传》:"瑜少精意于音乐,虽三爵之后其有阙误,瑜必知之,知之必顾,故时人谣曰:曲有误,周郎顾。"
② 萧云从手绘《山海经全图》,现藏青海民族大学图书馆。据青报新媒 2016 年 5 月 30 日报道。

灾呢？或许萧云从画两头蛇时,脑中曾浮现出孙叔敖杀两头蛇的故事。

孙叔敖是春秋时人。他从小就是个善良有德的孩子。有一次,年少的孙叔敖外出游玩时,看见了一条长了两个头的蛇,他担心这条蛇会伤害到别人,就鼓起勇气将它杀死了。回到家以后,孙叔敖越想越担心,就忍不住哭了起来。

孙叔敖的母亲见状,便关心地问他为什么要哭泣,是不是发生了什么事情。孙叔敖就难过地回答她说:"我听说凡是看见两头蛇的人就会死,我刚刚看见了一条两头蛇,我想我马上就要离开您死去了,一想到再也看不到您了我就忍不住伤心。"母亲听后便问他:"那么那条两头蛇现在在何处呢?"孙叔敖回答说:"我担心那条蛇留在外面,别人也会看到它而死去,我就杀了它,把它埋在土里了,这样就可以不再伤害别人。"

他的母亲听后深受感动,于是告诉他说:"我听说暗暗做了好事的人,老天会保佑他,给他好运,放心吧,你不会死的。"

孙叔敖自小心存善念,能够发自内心地替别人着想,在认为自己会死的时候,还保持冷静理智,为民除害,难怪长大以后会成为一名贤德的宰相。①

萧云从对《山海经》有着极深刻的理解与感悟,这为他后来创作版画代表作《离骚图》奠定了基础。《离骚图》中大量采用《山海经》中的神话形象入画,如雄虺九首、巴蛇吞象、烛龙衔烛、应龙画地等,而且有多幅图是萧云从根据自己对屈原作品以及古籍的理解而创作的,有别于前人绘制,创造了全新的形象。

少年萧云从兴趣广泛,但是最喜欢的还是绘画。他自己就说过:"少时习业之暇,笃志绘事,寒暑不废。"②现存最早的萧云从画作是他在十九岁时画的《明月归舟图》,画上题诗一首:

> 明月未离海,幽人先倚楼。
>
> 清临中江水,高占一天秋。
>
> 太白偏能赋,元规亦共游。
>
> 何人吹夜笛,江面有归舟。

---

① 孙叔敖杀两头蛇事见《新序·杂事一》),为楚相事见《左传·宣公十二年》。

② 萧云从《青山高隐图卷跋文》,见沙鸥《萧云从诗文辑注》,第 127 页。

此诗后落款为"甲寅八月,云从"。故知诗作于1614年,这年萧云从十九岁。画上题的诗并非萧云从自己的作品,而是元人钱惟善的一首关于得月楼的诗,原诗最后一句是"柳下暂维舟"。原诗虽然不是萧云从写的,但反映了少年萧云从的文学修养和高雅情趣。

当然,少年萧云从所学的东西,更多的是和他以后参加科举有关的"四书五经"。最初跟在老师后面学的是《孟子》,这让他深受儒家思想影响。不过老师给萧云从和他的同学讲解的《孟子》已经不是全本的《孟子》,而是删节过的《孟子节文》了。

这是怎么回事呢?原来是朱元璋很不喜欢孟老头子。和所有皇帝一样,朱元璋也提倡孔孟之道,但是说实话,由于军政事务繁杂,对于《论语》《孟子》这些经典,之前他并没有系统地研读。如今天下已定,他也有兴致来阅读一下原典。洪武五年(1372)的一天,朱元璋坐在便殿读《孟子》。不读不知道,一读吓一跳。读着读着,朱元璋眉头越皱越紧,终于,把书一摔,大发雷霆:"使此老在今日,宁得免乎?"意思是说,这老头要是在今天,还活得了吗?

原来朱元璋读到了"民为贵,社稷次之,君为轻""君之视臣如手足,则臣视君如腹心;君之视臣如犬马,则臣视君如国人;君之视臣如土芥,则臣视君如寇仇""桀纣之失天下也,失其民也;失其民者,失其心也。得天下有道:得其民,斯得天下矣;得其民有道:得其心,斯得民矣;得其心有道:所欲与之聚之,所恶勿施尔也。民之归仁也,犹水之就下,兽之走圹也"这些话。尤其是"诸侯危社稷,则变置"这句话,他读后不禁勃然大怒:这老家伙竟然说如果国君所作所为危害社稷就可以换掉,这不是在公开鼓吹造反吗?这还了得!

朱元璋当天就下令将孟子牌位逐出文庙殿,不得配享,并对诸大臣说,如有谏者"以大不敬论"。当时所有大臣均不敢表示异议,只有刑部尚书钱唐不怕得罪皇帝,他挺身而出,抗疏入谏,说:"臣为孟轲而死,死有余荣。"当时朝中大臣都为钱唐捏了一把汗。满腔怒火的朱元璋甚至在钱唐再上朝时喝令武士射杀他,哪知道钱唐硬往前冲,武士大概也觉得他可怜,只射其两臂。见钱唐带着两条血淋淋的胳膊上朝,朱元璋也吃惊不小。见钱唐态度坚决,坚毅不屈,知道如果杀了这样的人,消息传出去会让天下士子寒心,朱元璋便放了他一马。

无端端地将孟子逐出文庙显然是不得人心之举。一年后,朱元璋下诏称:"孟子辟邪说,辨异端,发明先圣之道,其复之。"①把孟子的牌位放回文庙,配享如故。然而,朱元璋对孟子的犀利言论仍耿耿于怀,他怕《孟子》把天下读书人都教坏了,更怕"民为贵,社稷次之,君为轻"的思想深入人心,对大明王朝不利,便想出了删书的办法。

洪武二十七年(1394),朱元璋命翰林学士刘三吾等人对《孟子》进行删节。刘三吾揣摸皇上的意思,共删掉《孟子》中八十五条"有思想问题"的内容,几乎占全书的三分之一,并将剩下的内容编为《孟子节文》一书。刘三吾完成"删孟"任务后,朱元璋立即下诏书,规定"自今八十五条之内,课士不以命题,科举不以取士,一以圣贤中正之学为本"②。意思是今后教学生读书及科举考试命题,不得涉及被删的八十五条,也就是说只能以《孟子节文》为准。

孟子政治思想的核心是仁政学说,其仁政学说的基础则是"民本"思想。在中国古代思想家中,孟子的"民本"思想表现得最为突出。也许正是因为朱元璋把《孟子》中那些体现民本思想的话都删掉了,所以明朝的皇帝和官员大多不拿老百姓的事甚至生命当回事儿了。然而天下图书也不是统治者能够焚烧或篡改得尽的,老百姓的大脑更不是统治者能够禁锢得住的,否则后来怎么会有黄宗羲《明夷待访录》这样的书呢?

少年时期的萧云从,对孟子说的"恻隐之心,仁之端也;羞恶之心,义之端也;辞让之心,礼之端也;是非之心,智之端也。人之有是四端也,犹其有四体也。有是四端而自谓不能者,自贼者也;谓其君不能者,贼其君者也。凡有四端于我者,知皆扩而充之矣。若火之始然,泉之始达。苟能充之,足以保四海;苟不充之,不足以事父母"这些话,一定是熟读成诵、耳熟能详的。实际上,孟子的这些话,萧云从一生都在身体力行。

---

① 《明史纪事本末·卷一四》。
② 《孟子节文·题辞》。

三、艺术之家

或许真应验了父亲梦中郭忠恕说的"萧氏将昌"那句话,萧云从的出生,似乎给萧家带来了好运,萧氏家族出现了人丁兴旺的景象。

萧云从父母此后又生了几个孩子不太清楚,但除了长子,至少还有两个儿子健康成人。萧云从的两个弟弟,一个叫萧云倩,字小曼;一个叫萧云律,字子远。

萧云从结婚以后,育有二子萧一旸、萧一都,至少还育有一女。女儿后来嫁给高淳邢某。两个弟弟后来也都生儿育女。萧云从有名可考的侄子就有萧一芸、萧一荐、萧一箕等①。在那个兵荒马乱的年代,萧家能养育这么多子女,成为一个大家族,子侄辈不仅成人,而且大多成才,这真不是一件简单的事。

弟弟萧云倩的学问才华不逊其兄,他的山水画画得也非常好,人们称赞他们兄弟俩为"二陆",堪与历史上著名的兄弟文人陆机陆云相提并论。② 萧云倩经常和哥哥一道,与芜湖的文友画家雅集。崇祯七年(1634),兄弟俩与友人游芜湖近郊的东湖归来,萧云从乘兴画了一幅《云溪野渡图》并题跋文:

> 崇祯七年,次甲戌秋七月廿日,自东湖游归,醉之余,随意终其前幅,不觉纵横,然势在矣。已,十指皆有酒气,醒时设色。③

萧云倩赏玩兄长画作,大加赞赏,也写了一段题记:

> 同社纵观东湖飞楫竟涛,山川易面,大非平波湖荡之本色也。各成诗记,以踪

---

① 萧一箕,民国八年《芜湖县志·人物志》"萧一芸"条中作"萧一萁"。
② 黄钺《壹斋集》,合肥:黄山书社1999年版,第781页。(以下只标页码)
③ 沙鸥《萧云从版画研究》,合肥:黄山书社2018年版,第213页。(以下只标页码)

古人。尺木复构是图,一草一木,梦云山,视彼兰亭、西园,宏奇横肆,不复相及矣。

第二年七月,萧云从与萧云倩酒后把这幅画拿出来欣赏,又补题跋一段:

予生平作画,不醉则澹远而已。稍饮醇醪,便倚兴奕奕,如骏马下坂,非羁勒所能控耳。今夜又觉酣矣,与家小曼披卷熟玩,因颂其图句,女娲炼石补天处,石破天惊逗秋雨。差池拟也。从又记。①

兄弟俩谈艺论道,其乐融融。崇祯十二年(1639),兄弟俩同年参加乡试,弟弟萧云倩中得举人。从他留下的两首七律可见他的才情和抱负不同一般:

出郭穿云入翠微,雄才健气总难违。
繁霜犹启岩松秀,淡日能留野菊晖。
石逼中峰连象斗,秋归万壑隐龙雷。
登临共涕河山邈,相醉花前未忍回。

一杖凭空逐怨鸿,几年踪迹任飘蓬。
千林落叶成金谷,十月高寒并玉峰。
客屐早迷山下雾,仙幢夕卷洞中风。
残阳古庙荒凉处,犹觉深潭起卧龙。②

"犹觉深潭起卧龙",萧云倩这是在以孔明自许呢。可惜天妒英才,大约在崇祯十四年(1641),萧云倩英年早逝,去世时才四十出头。③ 这真是令人惋惜的事。

二弟萧云律与哥哥一样还是比较长寿的。萧云从七十二岁时在芜湖梅筑给流寓外地的二弟寄赠了一幅山水画《百尺明霞图》并在画上题诗:

---

① 以上题跋,亦见沙鸥《萧云从年谱》,《周易文化研究》2017 年第 8 辑。
② 《同沈昆铜朱西雍家尺木月盘山得雷峰二字正韵》,张万选《太平三书·卷一〇》。
③ 参见《民国芜湖县志·人物志·文学》。

少小恣浏览，老焉学虚恬。

养生贵天得，无事铭药奁。

展卷揩粲几，凉月先栖檐。

淡漠共永夕，天机何可淹。

桥南携玉珍，启我相水帘。

一弄凉风生，薄寒惊尫纤。

此中已万古，大悟始沉渐。

秋气于兹凝，功成在立严。

明霞餐百尺，不饮也厌厌。①

诗后题跋是："暇日握笔，……不知老之遰也。附韵以记。于梅筑寄赠子远季弟清玩。七十二翁云从。"

从萧云从的题跋可知，萧氏兄弟二人晚年分隔两地，故萧云从在诗中谈养生之道等，实际上是以这种方式表达对弟弟的挂念、关切之情。诗的最后四句，萧云从引用了《春秋繁露》和《诗经》中的话。其中"功成在立严"是引用董仲舒在《春秋繁露》里说的："人无春气，何以博爱而容众；人无秋气，何以立严而成功；人无夏气，何以盛养而乐生；人无冬气，何以哀死而恤丧。"最后一句中的"厌厌"出自《诗经》，有"安静"的意思。②

萧云从《百尺明霞图》

萧云从意在告诉弟弟，天行有常，保持内心平静，顺其自然是最好的养生之道，不要动不动就吃保健药（"养生贵天得，无事铭药奁"）。这些话，对如今那些受虚假广告误导，迷信保健品的老年人也还是有参考价值的呢。

萧家子侄辈人受萧云从三兄弟影响，也大多能诗善画。其中比较突出的两位是萧一旸和萧一芸。

萧一旸"性好奇，知风角，精韬略，落拓不遇。有友陈某，亦奇士也，别多年。偶

---

① 沙鸥《萧云从丛考》，北京：线装书局 2012 年版，第 21 页。
② 《诗·秦风·小戎》："厌厌良人，秩秩德音。"毛传："厌厌，安静也。"

月夜到城北,闻箫声,曰:此必陈君也。叩门相见,欢甚。继以歌泣。其画颇有父风"①。所谓"风角",是古代占卜之法,以五音占四方之风而定吉凶。萧一旸月夜听到箫声,即判断是多年未见的老友所吹,也不管时间迟早就叩门相见,可见他是一位既有"奇技淫巧"本事,又有生活情趣的人。正因为如此,萧一旸对仕途大概是既没有兴趣也不抱希望的。萧一旸的题画诗,亦大有林泉高致之意。例如下面这几首:

> 野菊花全谢,霜林叶半残。
> 茅堂人独坐,未作布袍寒。
>
> 曳杖来何处? 孤亭在翠微。
> 一条黄叶路,带得白云归。
>
> 村雪已迷路,推窗见古梅。
> 今年春信早,树杪一枝开。②

这样一种超凡脱俗的人,最终"落拓不遇"也就再正常不过了。这倒和他父亲是"一脉相承"的。

萧云从名气大了以后,登门索画的人很多,他有时候忙不过来,再加上年过五旬身体也不太好,目力不济,只好让刚二十岁的萧一芸代笔,于此也可见萧一芸的绘画水平不低。萧云从对侄儿代笔的事也不讳言,有一回直接就在画卷题跋上挑明了说:"间有索者,则假手犹子一芸。"③

虽然国家动荡不安,但是萧慎余一大家子人其乐融融,萧家不仅子孙满堂,而且子弟大多都像长子萧云从那样,勤奋好学、博学多才。按照孔子说的君子应当"志于道,据于德,依于仁,游于艺"的标准看,萧慎余一家堪称君子之家、艺术之家了。先有萧慎余引领,后有萧云从表率,萧氏大家庭的学习和艺术氛围,一直很浓郁。

---

① 《金陵通传·卷二四·萧一旸》。
② 黄钺《壹斋集》,第 781 页。
③ 萧云从《青山高隐图》(1649 年作)卷后自识:"画亦戏事也,而感慨系之。少时业之暇,笃志绘事,寒暑不废。近流离迁播,齿落眼蒙,年五十而谆谆然若八九十者,遂握笔艰涩。间有索者,则假手犹子一芸。"犹子一芸,即侄子萧一芸。

　　萧云从六十一岁的时候,他在丙申岁的春节召集家里人聚会,兄弟子侄从年初一到初八,一起围炉读书作画,讨论切磋。窗外风雨交加,窗内气氛热烈。侄子萧一荐一下子拿出十二幅宣纸,萧云从很开心地画了《移树图》等画,送给大家。①

　　萧慎余若地下有知,也会为后人保持了萧家的家风感到欣慰。他的"乡饮大宾"之称,还真是名副其实。

────────────

　　①　萧云从《移树图跋文》,见沙鸥《萧云从诗文辑注》,第134页。

四、科举蹭蹬

萧云从发愤读书,在那个时代,和绝大多数读书人一样,自然是要走科举道路的。

科举制度作为一种人才选拔制度,在历史上是有价值的,虽然它埋没了许多人才并且在后来渐趋僵化。唐宋两代的考试,先由民间向地方官府呈报,再由地方送至中央,通过中央政府朝廷考试者叫进士。殿试时录取的一甲三名,赐为进士及第。进士及第后,即分发服务,依其行政成绩逐渐擢升。因此主要的考试只有一次。到了明代,殆因报考的人数更多了,才分成几次考。钱穆在《中国历代政治得失·明代考试制度》中论及,清代科举承续明朝,都极看重进士与翰林,非进士翰林就不能做大官。

明朝自洪武三年(1370)起设立科举,并且由于国家急需人才,还实行了扩招,这下子想做官的人纷纷以读书为业,为科举挤破了头。

当时的科举考试分为三级,第一级是院试,参加考试者统称为童生,考生的范围是州县,在这个考试中合格的人就是我们大家熟悉的秀才。考试成绩分六等,只有考到一、二等的或经"录科"录取者才能有资格去参加更高一级的考试。

再上一级的考试叫乡试,就是省一级的统考。三年才有一次,一般在八月,由省里出题,而且有名额限制。在这一级别考试中过关的人就叫举人,是有资格做官的。之所以说有资格,是因为这个级别不能包你一定当官。在这个考试中获得第一名的人叫作解元,也就是"连中三元"里的第一元。当年唐伯虎因为考了全省第一名,所以被称为唐解元。

成为举人以后,就有资格参加次年二月在京城举行的会试。朝廷将在其中挑选三百人左右,这三百人就是贡生。会试第一名被称为会元,也就是"连中三元"里的第二元。

贡生们要想当进士,还要再过一关,这就是殿试。考试方式是皇帝提问,考生回答,内容主要是策问。皇帝及大臣根据考生的表现,会划分档次,共有三甲。一甲只

有三个人,叫进士及第,分别是状元、榜眼、探花;二甲若干人,叫赐进士出身;三甲若干人,叫赐同进士出身。殿试第一名被称为状元,就是"连中三元"中的第三元。

到了这里,如果你还榜上有名,那么就可以被派任官职了。因此封建社会读书人削尖脑袋拼命奔科举是理所当然的:考取和考不取的政治、经济待遇差别太大了。哪怕是一个秀才吧,如果在县衙打官司,见了县太爷,他是不必下跪的,普通百姓就不行了。所以鲁迅笔下的孔乙己,在"咸亨酒店"喝酒的时候,别人再怎么挖苦取笑他,他总是要支支吾吾地反驳几句,说些"窃书不为偷"之类狡辩的话,唯独问他"你怎的连半个秀才也捞不到呢"的时候,他的面孔顿如死灰,并且连半句反驳的话也不再说了。因为这是一个百无一用、只会读书的老男人最难堪、最伤心的问题了。

萧云从后来交了一个安徽全椒的朋友,名叫吴国对。吴国对是个饱学之士,科举之路也一帆风顺。他是顺治八年(1651)的拔贡,顺治十一年(1654)顺天府的举人,顺治十五年(1658)的进士,最后殿试,一举夺得一甲第三名,也就是探花。吴国对进士及第后,深得顺治皇帝的赏识,授翰林院编修。但是他的曾孙名气比他大得多,这位曾孙就是对科举不感兴趣、还写了一部否定科举制度的小说《儒林外史》的吴敬梓。

《儒林外史》虽是小说,但这部书以"史"为书名,是大抵不脱那个时代真实情况的,所以不妨以书中几个读书人的际遇来看看科举成败的巨大影响。

小说中进学(考取秀才)前的周进,因为秀才都没有捞到,只好在薛家集教书,每年馆金十二两银子,但第一个月的"贽见",合拢了不够一个月饭食费。[①] 另外一位读书人虞博士因为进了学,再做教师"档次"高一点,每年三十两银子。但是如果富贵人家子弟进了学,则给教师的奖金与"工资"相比还算不菲,小说中韦四太爷教的一个学生中了秀才,家长一次谢了他二十四两银子。

那位虞博士于教书之余仍然钻研"学问",苦读至五十岁高中进士,只因太老实,履历表上如实填写岁数(别人六十岁却不写"实在年纪"),天子嫌老,翰林未做成,补为南京国子监博士(可算国立大学教师)。未做成翰林,算倒霉的了,饶是如此,虞博士风光却大胜从前:为人写一篇碑文可得礼银百两,转以八十两托杜少卿代作,尚是

---

① 吴敬梓《儒林外史》,上海:上海古籍出版社1991年版,第11页。以下引自该书第244、228、247、248页。

人情;赏管家一个使女,身价银十两一分不要;一个表侄来求赞助,想租房子,一次给了二十两银子……如果他还是当初的"民办教师",怎么可能出手如此阔绰?

如今高等教育普及,考取大学比以前考取秀才容易多了。由于古代连秀才都难以考取,所以卖文凭的现象也就应运而生了。[①] 清代国子监祭酒(相当于现在的大学校长)一年俸银一千二百六十两,但每年卖"大学文凭"(国子监"监照"),"学校"可收入十四万两,"校长"个人所得五千两左右(远胜"基本工资"矣),连"工友"得此项"创收",一年也接近三百两。据估算,每年不经过"入学考试"只花钱买"证书"的人有八万多,真是一个庞大的数字。还记得鲁迅小说《祝福》中的鲁四老爷吗?他的"监生"文凭就是花钱得来的呢。明清时期有没有官员公款买文凭的事?笔者孤陋寡闻,还没有听说过。

如此看来,"教育产业化"也是古已有之的事,并非今人的发明。过去,许多老年人看到社会上的不良现象,常常摇摇头叹一声"人心不古"。还是鲁迅先生精辟,因为他老人家在《热风·随感录》中就说过:"现在的人心,实在古得很呢。"

自唐代以后,中国封建社会士子的出路就是参加科举考试。虽然萧云从学富五车,才高八斗,但是他的科举之路很不顺利。

萧云从总共参加过几次科举考试,现在还不太清楚,但是他的两次落榜,史书上有明确记载。他先在崇祯十二年"以崇祯己卯副榜充贡",后来在崇祯十五年(1642),复中壬午科副榜,两度失利。

所谓"副榜",是相对于正榜而言的。正榜就是举人,而在正榜之外录取若干,可以入国子监肄业,但是没有参加更高一级会试的资格,也就是不可能成为进士的人,则属于"副榜"。[②]

萧云从第一次落榜后,在南京清凉山冶识山馆,画《春山烟霭图》并题诗三首"遣兴"。

> 痴翁惯识山中事,访道明图写出精。
> 策杖林泉谁作伴,萧然物外转多情。

---

① 参见汪曾祺自选集《受戒·国子监》,桂林:漓江出版社 1987 年版。
② 齐如山《中国的科名》,沈阳:辽宁教育出版社 2006 年版,第 62 页。

陡壑遥临百尺楼，西风吹送满林秋。

疏钟远化泉流急，尽属山樵笔底收。

松高树山起凉风，无限清流一棹通。

静对云山尘不到，笔端潇洒美髯翁。①

这组诗第一首中的"痴翁"指"黄大痴"，即元代画家黄公望。黄公望曾任小吏，弃官后一度以卖卜为生。后看破红尘加入全真教，长期浪迹山川。第二首中的"山樵"指元末画家王蒙，王蒙因隐居黄鹤山，自号黄鹤山樵。第三首中的"美髯翁"指文徵明，文徵明习称文太史，他在正德末年因为岁贡生荐试吏部，授翰林待诏，明清"太史"为翰林之俗称。文徵明为人谦和而耿介，宁王朱宸濠因仰慕他的贤德而聘请他，他托病不前往。文徵明不事权贵，尤不肯为藩王、中官作画，任官不久便辞官归乡。

萧云从这组诗即是科举失利后所写，且所写的对象皆萧云从景仰的淡泊名利的画家名士，故其立意已不言自明。策杖林泉，萧然物外，静对云山，寄情诗画才是诗人向往的潇洒人生。

萧云从第二次落榜时，已经年近五旬，应该说对他的打击还是不小的。两年后的1644年，大明王朝覆灭，崇祯皇帝自尽，萧云从遂绝意于科举道路，更无心仕途了。

萧云从科举之路不顺，实与其才学无关，而与志趣、个性及所处时代有关。他在读书时，并不以"四书五经"为范围，也未"皓首穷经"死读书，这从他通六律五音，擅琴棋书画可知。另外，他是个志向远大但并不热衷名利的人，更不会做蝇营狗苟的事。在他青壮年时期，正是阉党魏忠贤专权作乱的时候，正直的士子多遭迫害，先是东林党人，后是复社成员，这对萧云从的入世心理应该会有很大打击；而人到中年，明王朝已处在动荡飘摇之际，都快要"山河破碎风飘絮"了，还要那功名何用？

1632年，即萧云从第一次落榜的前几年，他与无逸道长开始交往，遵道长之嘱画过一幅《萧山春日图》，另外还刻山水于一方砚台上，并镌"寒林野渚小亭幽"字样。②这样一个与道士交往、寄情山林的人，是不会太用功于科举的。

① 沙鸥《萧云从诗文辑注》，第1页。
② 沙鸥《萧云从诗文辑注》，第76页、第173页。

事实也是如此。在南京参加科举期间,萧云从更多的是与高雅之士谈书论画,游山玩水。他曾在栖霞山与有神童之誉的仪征人鲍祖彪一道读书切磋。鲍祖彪,一名元华,字曼殊,虽然年轻,但是很有学问。曾为杜甫诗作笺注,对禅宗"临济、曹洞、沩仰诸宗门"无所不通,还"习于连山归藏焦氏卜筮之数而周易尤工"①,萧云从对杜诗、易学等也一直有研究的兴趣,所以和他很谈得来。

当时流寓南京的著名画家、福建晋江人曾鲸对鲍祖彪这个年轻人也很欣赏,为他画了一幅肖像(彩图1)。画幅中间鲍祖彪坐于玲珑石上,石右下有兰花一钵。鲍祖彪着大袖方袍,头戴便巾,脸方而下颌略窄,眉目清秀,留有微髭,望之有肃穆之感。画幅右侧中稍上,款题"曾鲸写像"四字。整幅画笔墨传神,不愧为写真大家的手笔。②

曾鲸画完后,萧云从在像左补梅树一株,虽粗干枯枝,相映亦增生趣,可谓珠联璧合。萧云从之所以补梅,是以此象征鲍祖彪的品性。这从萧云从在图左下方的题跋可以看出来:

> 曼殊同余读书栖霞甘乳泉,窗间有梅,丛花古干,将与吉祥寺树等矣。而曼殊云:自十年前手植也。余乃绘于仪象之左,盖咏赋棠桧,物重于人。矧兹玉叠春香,岂非谢东山之别墅乎?又与曾子所写抱膝吟之义微有合尔。芳兰绮石,偶志其见云。崇祯十五年次壬午四月望前,中江社盟弟萧云从识。③

从萧云从落款"崇祯十五年次壬午四月"这个时间看,几个月以后他就要再度参加乡试了。结果在当年的乡试中,萧云从复中副榜落第。虽然感受到精神打击,但萧云从心态总体上是坦然的。

这一年,萧云从画了一幅《秋山访友图》,并题诗一首:

---

① 王检心、刘文洪《重修仪征县志·卷三六·人物志·文学》。
② 徐沁《明画录》:"曾鲸,字波臣,闽晋江人。工写照,落笔得其神理。……万历间名重一时。"
③ 汪世清《曾鲸〈曼殊像〉轴解读》,《嘉德通讯》2010年第2期。

秋风谡谡水潺潺，曳杖闲行意坦然。

应访石桥东畔去，友人茅屋竹林边。①

谡谡秋风之中，曳杖穿行山林，在隐居山里的友人茅屋品茗闲话，实在是一种"闲云野鹤"的生活。萧云从此诗表明的心迹不能不使人联想起大文豪苏东坡来。

苏东坡曾被贬到徐州，元丰元年（1078）十一月，苏东坡去拜访隐居于徐州云龙山的隐者张师厚。张师厚自号云龙山人，后迁于东山之麓并作亭其上，自驯二鹤，鹤朝放而暮归，白日里令其自由地飞翔于天地间，所以称亭为"放鹤亭"。苏轼为之作题记，就是那篇著名的《放鹤亭记》，文章末尾引用了云龙山人的放鹤之歌：

　　鹤归来兮，东山之阴。其下有人兮，黄冠草屦，葛衣而鼓琴。躬耕而食兮，其余以汝饱。归来归来兮，西山不可以久留。

葛衣鼓琴，躬耕而食，不是很自在吗？像嵇康那样，"目送归鸿，手挥五弦，俯仰自得，游心《太玄》"②，不是很潇洒吗？绝意科举的萧云从，此时一定是怀有与云龙山人一样的"西浦高人放鹤心"了。

虽然萧云从科举蹭蹬，但也不是一无所获。他是太平府人，太平府属南直隶，按例，参加乡试是在南京。乡试中满腹锦绣却名落孙山的倒霉蛋也不止他一个，其中很有几个几乎同年落第而又谈得来的，如邢昉、冒襄、郑士介等人，萧云从后来与他们成了莫逆之交。

---

① 沙鸥《萧云从诗文辑注》，第 2 页。
② 嵇康《四赠秀才入军·其十四》。

五、绝意仕途

在萧云从科举不顺的时候,崇祯朝的内外危机越来越严重了。内则政治腐败,民生凋敝,各地活不下去的百姓纷纷起义造反;外则有日渐强大起来的清人在北方侵扰,觊觎中原。溯其远因,万历皇帝对此负有不可推卸的责任。

早在万历二十六年(1598)五月,本是大儒,又长期在地方为官,有政声的刑部右侍郎吕坤上了一封关于天下安危的奏疏,报告国家已经危在旦夕:

> 臣窃见元旦以来,天气昏黄,日光黯淡,占者以为乱征。今天下之势,乱象已形,而乱势未动;天下之人,乱心已萌,而乱人未倡。今日之政,皆播乱机使之动,助乱人使之倡者也。臣敢以救时要务为陛下陈之。自古幸乱之民有四:一曰无聊之民,温饱无由,身家俱困,因怀逞乱之心,冀缓须臾之死。二曰无行之民,气高性悍,玩法轻生,居常爱玉帛子女而不得,及有变则淫掠是图。三曰邪谋之民,白莲结社,遍及四方,教主传头所在成聚,倘有招呼之首,此其归附之人。四曰不轨之民,乘衅蹈机,妄思雄长,惟冀目前有变,不乐天下太平,陛下约己爱人,损上益下,则四方皆赤子,否则悉为寇仇。①

中国古代本有按照行业划分的"四民"之说,"四民"就是"士农工商",现在倒好,遍地都是"无聊之民、无行之民、邪谋之民、不轨之民"了。吕坤自然不是在危言耸听,他在奏疏中列举了种种乱政现象:

> 今天下之苍生贫困可知矣。自万历十年以来,无岁不灾,催科如故。臣久为外吏,见陛下赤子冻骨无兼衣,饥肠不再食,垣舍弗蔽,苫藁未完;流移日众,

---

① 《御选明臣奏议·卷三三》。

弃地猥多;留者输去者之粮,生者承死者之役。君门万里,孰能仰诉? 今国家之
财用耗竭可知矣。数年以来,寿官之费几百万,织造之费几百万,宁夏之变几百
万,黄河之溃几百万,今大工、采木费,又各几百万矣。土不加广,民不加多,非
有雨菽涌金,安能为计? 今国家之防御疏略可知矣。三大营之兵以卫京师也,
乃马半羸敝,人半老弱。九边之兵以御外寇也,皆勇于挟上,怯于临戎。外卫之
兵以备征调资守御也,伍缺于役占,家累于需求,皮骨仅存,折冲奚赖? 设有千
骑横行,兵不足用,必选民丁。以怨民斗怨民,谁与合战? ……

最后,他对万历提出忠告:"人心者,国家之命脉也。今日之人心,惟望陛下收之
而已。……君欲富则天下贫,天下贫而君岂独富?"吕坤的这封奏疏又称《忧危疏》,
虽然他忧心忡忡,但是万历依然十分淡定,还是"留中不报"。吕坤见自己说了也白
说,直气得"称疾乞休",万历立即批准。后来吏科给事中戴士衡借此事加上吕坤曾
编过《吕新吾先生闺范图说》的"历史问题",企图陷害吕坤,邀宠上位,还好万历也没
有搭理。没有搭理可能是因为英明,更可能是因为懒惰。

因为明朝的皇帝大多昏聩懈怠于政事,所以宦官专权、奸佞当道的现象十分严
重。虽然太祖开国之初借鉴前代,立了不允内臣干政、违者论死的祖训,但是明成祖
后此法渐废。在宪宗之前,本来有内阁可与宦官相抗衡,但宪宗后十余年几不视朝,
宦官成为皇帝代理人,于是内阁渐渐依附宦官以自保。

万历即位之初,张居正厉行改革,亦不得不与宦官冯保相勾结。朝局之中,以内
阁与宦官相表里,于是"权归内竖,怀奸固宠之徒,依附结纳,祸流缙绅"①。英宗之朝
有王振,其后有刘瑾、严嵩、魏忠贤为阉党首领,踵接相继。穆宗在位六载,"柄臣相
轧,门户渐开,而帝未能振肃乾纲,矫除积习"。熹宗在位虽仅七年,但此间魏忠贤专
权乱政是明代宦官最猖獗的时期。崇祯登基后,虽想有所作为,只是大厦将倾,独木
难支。崇祯虽然剪除了魏党,但他性多狐疑,将相乏人,不久又只好起用宦官,国家
大事遂越发不可收拾。

明末士风日下,空言无学。以宰辅为首的在朝士大夫不务实际,上行下效,士人
亦嚣嚣空言,才学不副实用。和萧云从同时代的吕留良曾经作《真进士歌赠黄九烟》

---

① 《明史·列传第一九六·奸臣》。

讽刺士人，其中有句云：

> 胸藏不满芝麻鉴，句读不断打油诗。
> 一旦剖符裂郡县，便瞒天眼剥地皮。
> 善事上观阿权贵，好官得意恣吾为。
> 亦有假廉邀初誉，依傍门户求吹嘘。
> 欲取故与诅机智，后来贪婪无人疑。①

　　第一句中的"芝麻鉴"是啥意思？《寓圃杂记》里有一则《脂麻通鉴》，原来典出在此：吴人爱以脂麻点茶，鬻者必以纸裹而授。有一鬻家藏旧书数卷，旋摘为用，市人得其所授，积至数页视之，乃《通鉴》也。其人取以熟读，每对人必谈及，或叩其蕴，则实告曰："我得之脂麻纸上，仅此而已，余非所知也。"故曰"脂麻通鉴"，后来简称"芝麻鉴"（芝麻是脂麻的俗名）了。"胸藏不满芝麻鉴"意思就是说人没有读过多少书。

　　而萧云从是具有真才实学的，他本来也还是有做官的机会。他的老朋友宋起凤后来说："尺木既久困场屋，不得志，终以乡荐授职司李。念李官刑名重任，不娴法律之学，以官为试，其如民命何。遂决意不出，无心仕进。"②大概是因为萧云从学问人品俱佳，"政府有关部门"就在他落榜后推荐他做司李，所谓"司李"，就是司理，是主管狱讼刑罚的官。可是萧云从考虑到自己并不擅长法律，担心搞不好会草菅人命，于是谢绝了别人的好意。

　　萧云从此举倒是与诗圣杜甫有些相似。杜甫曾经在长安奔走了十年，好不容易在第九年四十四岁的时候，有了一个任"河西县尉"官职的机会，但是他没有去做。为什么呢？因为这个县尉的官做起来很难受。他的好友高适在他之前做过封丘县尉，有两句诗写感受："拜迎官长心欲碎，鞭挞黎庶令人悲。"说白了，专干媚上欺下的事。你想，这样的官杜甫可做得来？所以后来杜甫改就"右卫率府胄曹参军"，任务是看守兵甲器仗，管理门禁锁钥，等于是个保管员。虽然委屈是委屈了一点，但是毕竟可以拿官俸——好歹也是"国家公务员"了——何况还有一大家子人等着吃饭呢。

---

① 《风雨楼丛书》所收《怅怅集·卷三·吕留良·东庄诗存》。
② 宋起凤《稗说·卷三·萧尺木画学》。

干保管员，不用对老百姓耀武扬威，对得起良心，所以杜甫就上任去了。[1]

萧云从则干脆得多：老子不吃这碗饭。于是绝意科举之后的萧云从更进一步，索性从此绝意仕途。

在这一点上，萧云从又和他年少起就仰慕的唐伯虎差不多。唐伯虎落第后写过一首《友鹤图》诗：

> 名利悠悠两不羁，闲身偏与鹤相宜。
> 怜渠缟素真吾匹，对此清癯即故知。
> 月下吟行劳伴侣，松阴梦觉许追随。
> 日来养就昂藏志，不逐鸡群伍细儿。

诗中，同样科场失意后绝意仕途的唐伯虎说，世上名利的诱惑很多，但是这两者都不会羁绊我，闲散之身偏偏与鹤适宜相处。喜爱鹤白色的羽毛、高洁的品格，真正跟我的爱好相当。"月下吟行"，松下憩息，有劳鹤来陪伴、追随。平日养成了不凡的志向，不屑与追名逐利的小人为伍。唐寅后来还画了一幅《款鹤图》（彩图2）来表明心迹。

总之，本来对科考就并非死心塌地的萧云从，从此以后更决心过闲云野鹤的生活了。

---

① 冯至《杜甫传·长安十年》。

六、谋生与避乱

萧云从虽没有中举，只是个秀才，可是按以前划分社会阶层来说，也属于知识分子。经常听人说，知识分子清高。清高本来是个褒义词，就是纯洁高尚。晋葛洪《抱朴子·逸民》说："若夫孝友仁义，操业清高，可谓立德矣。"但是后来说某某清高，主要指某人不太合群，孤芳自赏。充其量一半是褒，一半是贬；或者表面是褒，实际是贬。

萧云从放着本来可以耀武扬威的"司李"官不做，在别人眼里肯定是个清高之人，但是清高不能当饭吃。在几次准备科举应试期间，萧云从不得不为谋生花些时间和精力。

对一介书生来说，那个时代最理想的谋生之道是金榜题名，科举高中可以做官，当官了就自然有俸禄等各种来钱的路子。

科举落第的读书人，其实也有一些谋生的路子。一是所谓不为良相，就为良医，自学些医书古方，"望闻问切"给人看看病。二是给官老爷或有钱人做私塾老师，教孩子读书，所谓蒙馆教席。三是到官府衙门里做师爷，带有正印官的私人助理性质。一般官员都有刑名师爷和钱谷师爷，前者参赞刑狱，后者参赞钱粮赋税的筹划和征集，其中数绍兴师爷最有名。四是钻研"麻衣相法"之类给人算卦看相，或是拿个罗盘替人看看阳宅阴宅风水，做所谓的"半仙""先生"。五是陪着达官贵人、赋闲官员、有钱人、大绅士，成为门客或清客类，混点生活费。六是凭借其他技能，比如写字画画，标上润格卖，挣点柴米油盐酱醋茶的钱。另外还有极少数人，遁入空门做和尚或到道观做道士，同样养活自己不成问题。不到国家大乱实在活不下去的时候，读书人落草为寇、占山为王的几乎没有。

以萧云从的家境出身、修养和性格，坑蒙拐骗的事不会做，仰人鼻息的事不屑做，铤而走险的事未必敢做，所以能够选择的谋生之道并不多，只剩下开私塾和卖字画这两条路了。

实际上，有记载，萧云从两度科举落榜之前，已经开始自谋职业了。原因很简单，他不可能四十四岁（1639）才第一次参加考举人资格的乡试。在三年一度的乡试之间，萧云从为了谋生，把开馆授徒、卖画换米的事陆续做了起来。因为教学态度端正，绘画技艺高超，萧云从"生意"不错，不仅"家教"火爆，学生最多时有上百人，而且画画的名声也越来越大，买他画的人几乎踏坏了门槛。[①] 可是萧云从最大的爱好不是挣钱，所以钱够用的时候就搁笔不画那些缺少独创性的"行画"了。留点空闲读书抚琴、品茗会友是萧云从最快乐的事，尤其是读书。为了避免应酬过多干扰太大，他经常杜门谢客。[②] 他读书，主要因为这是自幼就有的爱好，其次则为了不得不为之的科举备考。

如果国家太平无事，萧云从这种自食其力、自得其乐、优哉游哉的生活怕是一直就这么过下去了，因为即使科举无门，他凭学问和手艺维持一家人的温饱也没有问题。可是——生活中经常会出现令人糟心的"可是"——国家这个时候越来越不太平了。

崇祯十年（1637），四十二岁的萧云从举家往高淳避乱。[③] 避乱的原因是"流寇犯境"，江南不靖。

这里不得不稍微花费一点笔墨，说说那场几乎席卷天下，几年后导致明王朝灭亡的明末农民大起义。

崇祯元年（1628），陕西大饥，安塞人高迎祥率饥民起义，称闯王。崇祯四年（1631），在山西联合义军各部，聚众二十万，共三十六营。后分兵转战湖广、四川等地。正当高迎祥率领义军一路攻城拔寨，势如破竹之际，他也迎来了自己的克星——陕西巡抚孙传庭。

崇祯九年（1636）三月，孙传庭请缨剿灭农民军，朝廷任命他为陕西巡抚。他在榆林建军，号为秦兵。秦兵的主力大都来自陕西榆林，个性彪悍，作战勇猛。七月，高迎祥率领主力进入子午谷，企图在此偷渡，然后奇袭西安占领陕西。由于道路狭

---

① 宋起凤《稗说·卷三·萧尺木画学》："（萧云从）时时借画以治生。每一幅出，则远近人争购去，得一二镮易薪米鲑菜归，即阁笔。寻告匮，汶理绘素如初。……户外乞诗画者履常满。……授徒门下至数百人。"

② 《嘉庆芜湖县志·卷一三·人物志·文学》："日键户肆力于学，博极群书。"

③ 沙鸥《萧云从诗文辑注》，第174页。

窄,天降大雨,高迎祥的大军走了好几天,才走了一半路程,人困马乏,物资损失严重。当起义军艰苦行军终于到达子午谷黑水峪的时候,却发现早已有两万秦兵埋伏在此。秦兵之所以在子午谷的黑水峪耐心等待,是因为统帅孙传庭知道,艰苦跋涉后到达子午谷,出现在他面前的农民军是战斗力最弱的。在激战四天后,孙传庭率领的秦兵大胜,高迎祥被捕后被送入京师并凌迟处死。

高迎祥牺牲后,他的外甥、在起义军中深孚众望的陕西米脂人李自成收其余众,并被复推为闯王,在陕西、河南一带继续战斗,主要活动区域是黄河流域。造成朝廷上下震动、江南人心恐慌的是原属高迎祥的另外一支农民起义军,首领张献忠,陕西延安人,他在高迎祥牺牲后主要领军在长江流域游击作战。张献忠因"阴谋多智,贼中号八大王"。当然,这是对起义军首领的蔑称。他只不过有时在形势不利的情况下施诈降计保存实力,有时复举兵与朝廷周旋而已。崇祯十年,张献忠攻占了巢县、含山、和州一带。①

和州(今和县)与芜湖只有一江之隔,一时间,人心浮动。这就是萧云从避乱高淳的背景。萧云从选择高淳避乱的一个重要原因,是那里有好友邢昉。

明 震孟先生
邢孟贞先生
遗像

邢昉像

邢昉与萧云从是在南京参加乡试时相识相知的。邢昉虽然家境贫寒,但酷嗜读书,爱广交文友,与当时文坛上的名流如陈子龙、夏允彝、施闰章、钱谦益等人都有交往。他的诗集《石臼集》因内容大多涉及怀念明王朝、不满清兵暴行,后被清朝统治者列为禁书。好友顾梦游在给邢昉诗集作的序言中说他"生平不慕荣利,不问生产,不屑借交游以博名誉。落穆踽凉,多否少可。性刚下,一语不合见色拂衣耻为俯仰,故终身无所遇,穷贱以老"②。这样的人,自然与萧云从合得来。萧云从避乱高淳,得以与友人邢昉,还有从和州逃难来的戴重等相聚于高淳的石臼湖。

————————————

① 《明史纪事本末·卷七七》记为崇祯八年,而据《中国历史纪事年鉴》,张献忠攻打安庆、和州等地为崇祯十年的事。

② 乾隆刊本《石臼集》。

石臼湖是安徽省与江苏省的界湖,又名北湖,面积两百多平方公里,是由古丹阳湖分化而成的。古丹阳湖原为江南著名的大泽,大致成湖于两三百万年前,面积约四千平方公里。春秋前期,古丹阳湖逐步解体,分化出固城湖和石臼湖。石臼湖蕴藏着极其丰富的物产资源,其中以"三珍"为代表,就是银鱼、螃蟹、野鸭。

石臼湖与秦淮河有着密切的关系,在明代以前,溧水区城西南的胭脂岗是秦淮河与石臼湖的分水岭,岗北之水属秦淮河水系,岗南之水属石臼湖水系。石臼湖是一个纯净、天然的淡水湖泊,湖中盛产鱼虾、水禽、芡实、慈姑等水产品,历来是沿湖村民的副业收入之源,素有"日出斗金,日落斗银"之称。

苟全性命于乱世的萧云从与戴重、邢昉等游于石臼湖畔,诗酒唱和,内心方才略感安慰。某天游览时,邢昉作了一首《石臼湖》诗:

> 晓楫起汀雁,方知湖水寒。
>
> 苇深分港细,天回值秋残。
>
> 蟹网霜前密,鱼梁潦后宽。
>
> 如何逢乱世,舍此欲求安?

邢昉是高淳本地人,这首诗寄托了他对石臼湖深沉的情感。清晨,诗人坐着小船驶向石臼湖中,船桨的起落惊起了湖边小洲上成群的大雁。看着天空中一群群秋来春去的水鸟,诗人才意识到已经是清冷的暮秋了。"方知湖水寒",一个"寒"字写出了湖水的温度,写出了岁月的流逝,似乎也有那么一点点诗人的孤寂。但这种孤寂只是那么一点点,毕竟这是在故乡啊!

秋天的石臼湖上芦苇枯黄衰败了。诗人用了一个"深"字来形容芦苇面积的广阔,又用一个"细"字来形容芦苇丛中水道的狭窄。这两个字看起来平常,却相得益彰:因为苇深,所以水道就显得格外细,而水道细,更显出苇深。这一句,展现出了石臼湖上芦苇茫茫、水道纵横的奇美景象,同时又引领着我们的视线,投向深秋辽远的天空。

"蟹网霜前密,鱼梁潦后宽。"这是石臼湖特有的景象。石臼湖的螃蟹自古有名,人们在稻黄谷熟的时候,开始下网捕捞螃蟹。水满的时候蟹网星星点点,到了深秋,作为季节性的湖泊,石臼湖水落而滩露,湖面上的蟹网就全部呈现出来了,密密麻麻。鱼梁是筑堰拦水捕鱼的一种设施，一般用木桩、柴枝或编网等制成篱笆或栅栏，闸在河流口捕鱼。因为深秋，水退下去了，本来大半截藏在水底中的鱼梁都露出来了，所以显得"宽"。

　　诗人在真切地描写了暮秋石臼湖景象之后，突然蹦出"如何逢乱世，舍此欲求安"两句，这正是全诗的点睛之笔。遭逢乱世，诗人怎么能丢弃这里到别的地方去求安身、安心呢？

　　石臼湖是邢昉安身安心的地方，此时此刻，也是萧云从一家人安身立命之所。大约是因为邢昉的介绍，萧云从把女儿许配给其宗族人。①

　　待到崇祯十一年（1638）初，包括张献忠在内的几路起义军均遭挫败，江南一带稍微安宁，萧云从和家在芜湖对岸的戴重决定返回家乡。邢昉为二人送行，临别写诗一首送给两位老友：

> 大盗盈江介，萧萧古战场。
> 流离行异县，跋疐想维桑。
> 井灶余荒垒，条梅问远扬。
> 二贤俱索寞，欲去更沾裳。②

　　"二贤俱索寞，欲去更沾裳"二句实实在在地表现了三位文人间深厚的情谊，也反映出世乱年荒之中避走他乡却又不知道家乡境况的萧云从和戴重内心的忧愁。

---

① 据《金陵通传·卷二四·萧一旸传》载，萧云从把女儿许配给高淳邢氏。
② 邢昉《寇定后送戴敬甫萧尺木还乡省亲》，见《石臼前集·卷四》。

七、书生意气

青壮年时期的萧云从和忧国忧民的诗圣杜甫一样,也是一位有政治热情的人。在参加科举的十余年间,他与挚友沈士柱、弟弟萧云倩等结芜湖读书社,除了琴酒雅集、诗文酬唱,还多次到南京参加复社的活动。

这个时候的南京,已经被称为南都或留都了。自朱元璋创立明朝,定都南京后,半个多世纪里,南京都是明朝的政治文化中心。后来明成祖朱棣从他侄子手里夺过江山,改北京为都城,南京形式上也保留了一套中央机构,从此被称为南都、留都。

明代又把直属京师管辖的地区称为直隶。永乐初明成祖定都北京后,称直隶北京的地区为北直隶,直隶南京的地区为南直隶。南直隶辖境包括今江苏、安徽二省和上海市及江西婺源等地,地域范围颇广。清初改南直隶置为江南省,治所在江宁府(今江苏南京),辖境基本不变。直到康熙六年(1667),才分置为江苏、安徽二省。

换句话说,当时江苏、安徽的读书人考取秀才以后参加竞争举人的乡试,均要到南直隶治所江宁府,也就是如今的南京。萧云从与好友邢昉、郑士介都是因为在南京应试而相识的,尤其三人都只中了副榜,可谓"同是天涯沦落人,相逢何必曾相识",故声气互通,结为莫逆之交。

南京不再作为政治中心以后,文化环境反而宽松一些。再加上是六朝古都,秦淮风流,故文人尤爱会于此,各种文社多如牛毛,颇似民国初期小党林立的情形。一时间泥沙俱下、鱼龙混杂,南京这个政治、文化大舞台因此热闹非凡。

无论是从沉潜、淡然的个性,还是从远非显赫的家世身份来看,萧云从都注定不是舞台中央的人物。此时舞台中央的风流人物是赫赫有名的明末四公子:江苏如皋人冒辟疆、江苏宜兴人陈贞慧、河南商丘人侯方域、安徽桐城人方以智。对这四位公子,台湾著名作家高阳在《明末四公子》中有这样的评价:"古今四公子,除战国四君以外,多彩多姿,莫如明末四公子。四公子皆复社中人,出则忠义,入则孝悌,人品高洁;又皆爱宾客,广交游,文采风流,冠绝一时。"

复社是江苏太仓人张溥、张采等人于崇祯二年(1629)整合应社、几社、匡社等创立的,张溥等人痛感"世教衰,士子不通经术,但剽耳绘目,几幸戈获于有司,登明堂不能致君,长郡邑不知泽民",所以联络四方人士,主张"兴复古学,将使异日者务为有用",因名曰"复社"。①

此时在南都,颇有几个安徽人相互争斗得热闹。一边是属于复社阵营的桐城人方以智、池州人吴应箕以及芜湖人沈昆铜、萧云从兄弟等,另一边则是斗争的主要矛头——"阉党遗逆"阮大铖。

话还得从十多年前崇祯即位后清理魏忠贤阉党说起。崇祯二年"定逆案",凡阉党分为七等,属于阉党的阮大铖工于心计,当奔走魏阉之门时,心知其不足久恃,于是就私贿门者,取回递交的名片,因而交往的证据不足,被列为第五等,"论徒三年沦赎为民",去做"城旦"。所谓"城旦",乃"旦起治城",即服几年的劳役。终崇祯之世,阮大铖被废斥不用。在家乡隐居了大约五年后,阮大铖不甘寂寞,又跑到南京积极活动,结交党羽,谈兵说剑,企图东山再起。

因为阮大铖太高调了,引起复社名士们的公愤,遂群起而攻之,在崇祯十一年演出了历史上比较有名的一幕"留都防乱公揭"剧。"留都"就是南京,"防乱"防的就是阮大铖作乱,"公揭"相当于如今的公告,其实就是宣布阮大铖罪状并且向他下战书的檄文。

这篇《留都防乱公揭》(下称《公揭》)的主要起草人是陈贞慧、吴应箕,一百四十多位复社成员列名其中,芜湖的沈士柱、萧云倩等人亦在列。萧云从参与了复社的一些聚会声讨活动,但是没有在《公揭》上列名。

《公揭》洋洋洒洒约一千五百言,主要意思有四点:一是阉党逆案乃皇帝所钦定,凡身在案中者,纵能免于伏诛,亦当闭门思过;而竟有在此四方多事之时,幸灾乐祸、结党营私如逆党阮大铖者,岂不可骇?二是历数阮大铖在怀宁、南京种种招摇撞骗、贪诈勒索的劣迹,由此而积赃私数十万之多。三是方今流寇作乱,而以阮大铖的阴险叵测、猖狂无忌,若不及早驱除,则酿祸萧墙,将危及陪都。四是既读圣人之书,自知讨贼之义,但知为国除奸,不惜以身贾祸。如果阮大铖有力障天,能逃刑戮,复能杀士,领衔者愿一身以当,存此一段公论,震天下乱臣贼子之胆。

---

① 陆世仪《复社纪略》。

《公揭》起承转合四大段,层次分明,音节铿锵,语气锋利,读来令人回肠荡气,一时在金陵城到处传诵。

本来逆案事已经过了十年,而阮大铖又能以奸狡自匿其逆迹,因而罪名不彰,有些士子还不知道他的底细。此时被陈贞慧、吴应箕等人痛揭疮疤,阮大铖之狼狈可想。阮大铖无奈之下,藏匿到南京郊外的牛首山,几乎成了丧家之犬,恨得牙痒痒。每每于酒后絮叨:"贞慧何人,何状? 必欲杀某! 何怨?"边絮叨边痛哭。这也埋下了后来南明弘光朝阮大铖掌权后大肆反攻倒算复社人士之患。此时的陈贞慧等人却是意气风发,喜气洋洋。当事人之一的黄宗羲后来回忆说:

> 崇祯己卯金陵解试,定生(陈贞慧)、次尾(吴应箕)举国门广业之社,大略揭中人,昆山张尔公、归德侯朝宗(侯方域)、宛上梅朗三(梅朗中),芜湖沈昆铜、如皋冒辟疆及余数人,无日不连舆接席,酒酣耳热,多咀嚼大铖以为笑乐。①

这段话中"大略揭中人"就是指列名《公揭》者,黄宗羲皆以字称呼这些志同道合的老友。从黄宗羲"多咀嚼大铖以为笑乐"这句话看,双方诚然是道义之争,但其中也含有文人之间意气相争的成分。

南京毕竟是烟柳繁华地。正如大诗人杜牧在《润州二首》(唐朝时的润州辖境即今南京、镇江一带)里说的"大抵南朝皆旷达,可怜东晋最风流"。无论是醉生梦死的达官贵人还是诗酒雅集的骚人墨客,各自都有各自的"风流",所以美姬歌伎是不可或缺的。要说这也与朱元璋有关系。洪武初,大概是为了规范娱乐行业,同时增加税款收入,"太祖于金陵建十六楼,以处官伎:曰来宾,曰重译,曰清江,曰石城,曰鹤鸣,曰醉仙,曰乐民,曰集贤,曰讴歌,曰鼓腹,曰轻烟,曰淡粉,曰梅妍,曰柳翠,曰南市,曰北市,盖当时缙绅通得用官伎,如宋时事,不惟见盛时文网之疏,亦足见升平欢乐之象"②。南京最热闹的地方除了秦淮河等处,还有桃叶渡。

桃叶渡这个地方得名,有一个传说:"晋王献之爱妾名桃叶,尝渡秦淮口,献之作歌送之。今名曰桃叶渡。献之有歌曰:桃叶复桃叶,渡江不用楫。但渡无所苦,我自

---

① 黄宗羲《陈定生先生墓志铭》,见《黄梨洲文集》,北京:中华书局1959年版。

② 《五杂俎·卷三·地部一》。

迎接汝。"①复社中人经常在桃叶渡聚会。冒辟疆就在这里大摆过酒席,会见复社六君子遗孤,一时名士咸集。酒酣耳热之际,冒辟疆发狂悲歌,痛骂阮大铖。阮大铖知道后,自然怀恨在心,却也无可奈何。②

此时,萧云从亦赁屋于此。他居住的地方,与旧院仅一水之隔。旧院又称曲中,前门对武定桥,后门在钞库街,邻近那些士子参加科考的贡院,是个繁华热闹的场所。前人有这样一段描述:

> 妓家鳞次,比屋而居,屋宇精洁,花木萧疏,迥非尘境。到门则铜环半启,珠箔低垂;升阶则猧儿吠客,鹦哥唤茶;登堂则假母肃迎,分宾抗礼;进轩则丫鬟毕妆,捧艳而出;坐久则水陆备至,丝肉竞陈;定情则目眺心挑,绸缪宛转,纨绔少年,绣肠才子,无不魂迷色阵,气尽雌风矣。③

萧云从是个能够"闹中取静"的人,他白天坐在水轩中读书,略微感到疲倦时,有时候拈韵写小诗粘在墙壁上。有来求画的,萧云从有兴趣时,替人家泼墨一二。画完了,叫人摆设酒水菜肴,令两青衣唱曲,自己以箫和之,颇有当年姜夔"小红低唱我吹箫"(彩图3)的余韵。④ 总之,萧云从在桃叶渡度过了一段悠闲自在的日子。

萧云从在南京也有自己的红颜知己,她是位歌伎。几年后发生甲申之变,萧云从还特地到南京去看望她,后来与之一道回芜湖,老友邢昉为此事写了一首诗:

> 昔闻杨柳伎,曾与骆同吟。
> 今讶桃根妄,翻随支道林。
> 昆鸡弦更拨,钿合信重寻。
> 虽复爱神骏,应无相换心。⑤

---

① 《夜航船·卷五·伦类部·桃叶》。
② 《清史稿·列传二八八·冒襄传》。
③ 余怀《板桥杂记·上卷·雅游》。
④ 宋起凤《稗说·卷三·萧尺木画学》。
⑤ 邢昉《嘲尺木》,见沙鸥《萧云从诗文辑注》,第197页。

这首诗题为《嘲尺木》，通篇确实带点玩笑的口吻。从首联可以看出这位红颜是位歌伎。颔联用"桃根妾"指代她，说很惊讶她会和萧云从相好。颈联暗用北周文学家庾信《春日离合诗二首》中的诗句"三春竹叶酒，一曲昆鸡弦"。最有意思的是邢昉用"支道林"来称呼萧云从。支道林，即支遁，是东晋时期的和尚，俗姓关。支道林年少时即任心独往，二十五岁时出家。他曾游京师，为当时名士所激赏，与王羲之等交游。支道林善谈玄理，著《即色游玄论》，主张"即色是空"，晋哀帝曾请他赴京都建康讲《道行般若经》。支道林善草隶，好作诗，又好养鹰马，自云"爱其神骏"。所以邢昉最后开玩笑说，真拿神骏来换美人，恐怕萧云从舍不得吧。萧云从曾写过一首《惜娉诗》，其中有两句挺婉约缠绵的句子"月上莫依人弄笛，春残不见鸟窥帘"，据说就是为这位歌伎写的。①

芜湖的一帮朋友到南京，也喜欢聚会于桃叶渡，萧云从的居所有青衣、歌伎，少不得也是一个雅集的场子。

这帮朋友中最活跃的是沈士柱。沈士柱，字昆铜，他的父亲沈希韶曾任明朝御史。沈希韶为人正直，虽居高位，不慕荣利。从下面的这首诗可见他的志趣与陶渊明相仿：

> 几度登临到夕曛，上方净土气氤氲。
> 空中佛见三千界，定里禅修四大群。
> 石茁莲花寒透壁，山连湖水翠于云。
> 竹关肯构读书处，朝市嚣尘未许闻。②

也许是家教甚严，所以沈士柱和大名鼎鼎的明末四公子一样，虽然是"高干子弟"出身，但是沈士柱"读书明敏，下笔千言"，没有纨绔子弟习气。

沈士柱颇富才情，近体诗写得尤其出色，与萧云从惺惺相惜。他有一首回忆桃叶渡的诗，可见其才情之一斑：

① 孙文光《画师本色是诗人》，见《几度寻梅》，北京：光明日报出版社2006年版，第38页。
② 沈希韶《游荆山》，见《民国芜湖县志·卷五九·杂识》。

瑶笙锦色旧欢场,曾占温柔第一乡。

老去顿成弹指事,忧来难见断肠方。

渡寻桃叶应多恨,梦到梨花别有香。

后阁每嗤王处仲,英雄何损为情伤?①

尾联提到的"王处仲"就是东晋的王敦,此人有个特点,酒后喜欢吟诵"老骥伏枥,志在千里。烈士暮年,壮心不已"②。沈士柱的意思是,英雄未必不多情,但是不可在温柔乡里消磨尽壮志雄心。

在南都的文人骚客们一边书生意气、挥斥方遒,一边扰扰嚷嚷、风花雪月的时候,北京紫禁城里崇祯皇帝的日子越发不好过了。

1636 年,李自成被部下拥立为闯王。到了 1641 年,李自成大军攻破洛阳,杀了福王朱常洵。张献忠等其他农民军亦在各地纵横决荡。关内情况如此,关外满族人则在李自成被部下拥立为闯王的同年,改国号为大清,皇太极成了清太宗。1641 年,清军攻锦州。1643 年 9 月,皇太极卒,福临继位,是为顺治帝。顺治在多尔衮等人的辅政之下,积极扩充军备,觊觎大明江山。崇祯皇帝内外交困,心力交瘁,明王朝处在风雨飘摇之中。

---

① 沈士柱《偶欲作诗无题诸公戏以无题命赋遂作四首》。

② 《世说新语·王敦咏志》:"王处仲每酒后,辄咏'老骥伏枥,志在千里。烈士暮年,壮心不已'。"

八、兴亡，百姓苦

鲁迅曾说，中国人历史上有两种时代，一种是暂时做稳了奴隶的时代，一种是想做奴隶而不得的时代。崇祯末期，中国人又要由做稳奴隶走向做奴隶而不得的时代了。

崇祯十七年(1644)三月，大顺军会师北京城下。十七日，李自成亲自指挥大军环攻九门。十八日，大顺军将士架飞梯奋力攻城，越墙而入，攻占外城。与此同时，太监曹化淳献彰义门投降。崇祯听到城破，立即命其三个儿子更衣出逃，逼周皇后自缢，剑砍长女乐安公主手臂，又杀妃嫔数人，然后换上便服，携太监王承恩等数十人，出东华门，企图出逃，没成功，又返回宫内。十九日清晨，李自成军攻破内城。崇祯亲自鸣钟召集百官，竟无一人响应。崇祯见大势已去，便与司礼监秉笔太监王承恩入内苑，君臣相对，崇祯缢于煤山寿皇亭树下。

崇祯之死充满了悲剧色彩。因为自缢一事进行得极端隐秘，他的尸体三天之后才被发现。尽管衣冠不整，头发散乱，但死态安详沉稳，不失天子尊严。衣带上留有亲笔血书，写道："朕自登极十七年，薄德匪躬，上干天咎，然皆诸臣之误朕也。朕无面目见祖宗于地下，去朕冠冕以发覆面，任贼分裂朕尸，勿伤百姓一人。"[1]古往今来，末代天子的命运难免悲惨，崇祯煤山自缢却以其"殉社稷"的壮烈情怀赢得后人的哀挽。

崇祯自缢的消息传到江南后，南京城内的大臣们急忙讨论谁来继任皇位。南都兵部尚书史可法为人正直，不是搞政治的人，结果被马士英、阮大铖一派，先下手为强，拥立当时逃难到扬州附近的福王朱由崧。朱由崧即位后，次年改元，年号弘光，是为弘光帝。弘光小朝廷成立后，战略不明，腐败盛行，内斗犹酣，在一片乌烟瘴气之中，很快也就摇摇欲坠了。

---

① 《明史纪事本末·卷七九》。

　　顺治二年(1645)的春夏之交,清军在基本荡平北方的李自成大顺军和残余明军后,兵分三路南进。豫亲王多铎部由陕西出潼关,经洛阳东进至商丘,然后向南直趋泗州、扬州,进攻南京,得手后分兵攻取当涂、芜湖,其主要对手是高杰部、刘良佐部、黄得功部明军,是为中路。英亲王阿济格部尾随李自成部大顺军由陕西商洛、河南邓州,入湖北襄阳、荆州、武昌,直到江西九江一带,除击溃李自成带领的大顺军外,乘势解决左良玉部明军,同多铎部在今安徽省境内会师,是为西路。另一部清军由原驻山东的固山额真准塔率领,南下徐州,沿运河水陆并进,收取宿迁、淮安、兴化、通州、如皋以及长江以北滨海地区,这支清军攻击的目标主要是刘泽清部明军,是为东路。①

　　中路多铎的军队于4月1日从潼关出发以后,分三路前进:一路经虎牢关;一路经洛阳地区,沿颍水而下;一路越过南阳,从开封东边穿过。他们在归德会合后,再分兵渡淮河。一支指向临淮,另一支指向盱眙。后一支在徐州再分出一支精兵,在准塔王率领下沿黄河东北取淮安。直到清军在5月13日抵达扬州,他们沿途没有遇到抵抗。相反,许多明朝将领投降并为敌人效力。史可法的军队不是大量被调走就是开了小差,留下守扬州的人很少。顽强的扬州人民回击清军的进攻,拒绝多铎反复的投降引诱。最后在5月20日,城墙被大炮攻破;也许为了做给其他可能想抵抗的城市看,满洲人下令屠城,可怕的大屠杀持续了10天。史可法自杀未遂被俘,在他拒绝顺从多铎后被杀。他成为中国历史上著名的爱国义士之一。

　　5月30日,清军主力集结在长江北岸仪征至瓜洲之间。对岸,在大运河入长江处,有大量明朝军队保卫府城镇江和那里的运输站。6月1日夜,清军利用黑夜和大雾,将扎有火炬的木筏送过江,引诱明守军开炮射击。同时,一支先头部队在西边偷渡过江。第二天早晨,当镇江守军发现清军就在附近时大为恐慌,弃城而逃。阿济格追击李自成,经过左良玉放弃的武昌地区,进入江西西北边境的山区,6月初,李自成也许在这里为村民所杀。一部分清军继续寻找李自成,其他的则尾随左良玉军沿江而下,计划从后面攻击它。但5月下旬,清军刚到九江,这支七零八落、走入迷途的明朝军队就来投降,未经任何战斗。

_____

① 参见顾诚《南明史》,北京:光明日报出版社2011年版。

　　镇江陷落的消息使南京陷入一片混乱。6月3日夜，弘光皇帝带着少数人秘密出城，向西南方向芜湖附近的黄得功驻地逃去。第二天，当发现皇帝不见了时，马士英带着一支庞大的卫队和一个据说是皇太后的女人向南边的杭州逃去。其余大多数官员也逃的逃，走的走，有的干脆闭门等候，老百姓则洗劫了皇宫和高官住宅。一个监生领着一伙暴民从狱中救出"太子"，让他穿上宫中的戏装"登基"，并在武英殿建立一个小朝廷。但总督京营圻城伯赵之龙这时站了出来，他想保持城内的平静并保护好这座城池。他容忍"太子"的支持者，同时向多铎作出和解姿态，直到他确信能以有利条件投降并把南京交给满族人。

　　6月7日和8日，清军到达南京城外，在直接通向皇宫的主要城门外扎营。在这里，在倾盆大雨和泥泞中，他们接受了明勋臣和文武官员头面人物的投降。多铎在他们的忠诚得到证实，和平占领这座城市有了保证之后，于6月16日从南门进城。同时，在芜湖的弘光皇帝和留下来的少数支持者打算去杭州，在南宋时这里曾是中国的国都。但他们还没来得及动身，刘良佐就领着一支清军到了。黄得功由于部下的背叛和受了重伤而自杀，皇帝被刘良佐捉去。6月17日和18日，这个原来的皇帝穿着平民的衣服，被押送回南京，沿途受到人民的辱骂。到南京后他在一个有多铎和"太子"参加的宴会上受到羞辱，然后被关在南京附近一个地方。

　　另一支8万人的清军，沿大运河南下取苏州，然后继续向南，以粉碎效忠明室的人在杭州建立国都的计划。在那里，潞王起初拒绝然后同意就监国位，但并未采取任何实际措施，直到满族亲王博洛率领一支清军于7月6日突然出现在杭州城下。潞王开城门投降，这个地区的大部分明朝军队争先恐后渡过钱塘江，向东南退去，钱塘江和杭州湾这时就成了明、清军队的主要分界线。①

因清军占领南京、芜湖一带，百姓不得安生，年已五十岁的萧云从只好投奔好友邢昉，再度避乱于石臼湖。

　　拿下江南大部分地区以后，清廷再次颁布剃发令。此前的顺治元年（1644）五月初三日，摄政王多尔衮曾在给官民的谕旨中下令"凡投诚官吏军民皆着剃发"，是为

　　①　中路多铎进军情况，引自（英）崔瑞德、（美）牟复礼著，张书生等译《剑桥中国明代史·南明》，北京：中国社会科学出版社1992年版。

剃发令。由于归顺的明朝大臣洪承畴建议"缓行",多尔衮鉴于清统治尚未稳固,在二十四日宣布收回成命,允许汉人照旧束发。时隔一年多以后又重新颁布,宣布自布告发出后,京城内外军民限十日内剃发,各省军民自部文到日起也限十日内剃发。剃发令措辞极其严厉:"遵依者为我国之民,迟疑者同逆命之寇,必置重罪。"

汉人的习俗,原本是将头发束在头顶;而满人的习俗,则是在头发中间编成发辫,垂于脑后,周围剃去。强制汉人剃发,改变民族习俗,实质上是要在精神上征服汉人,自然引起了汉人的强烈反对,而反抗剃发令者随后受到清廷的残酷镇压。"兴,百姓苦;亡,百姓苦。"明末清初死于饥荒、内乱和外敌刀下的老百姓数不胜数,种种惨状令人不忍叙述,不说也罢。

萧云从家乡的读书人里这个时候出了两个宁死不剃发的抗清义士。一个是张秉纯,一个是周孔来。

张秉纯,字不二,是和州含山的一个秀才。他为人坦诚,天性随和,平常几乎没有和人红过脸,虽然家庭贫困,依然吟啸自若,很早就以孝亲友爱在乡里闻名。甲申之变发生后,张秉纯就下了殉国的决心。

同里有一个少年听说之后,嘲笑他说:"你一个老秀才,还想做什么大事呢?"不二先生点点头,说:"我尚未敢马上就死,还有所期待罢了!"当投降归顺清廷的汉人大都按照剃发令把头发剃了以后,不二先生听说了,不愿意剃头,于是绝粒不食。

这时,有人写了一封信劝他说:"你一普通百姓,而为国难死,是不是想谋得好名声啊。千载之后,又有谁知道?天意已经如此了,你死了又有什么用?"

不二先生读后,长叹一声,说:"国家养士三百年,今日其死所也。君子之爱人也以德,细人之爱人以姑息,其是之谓乎?"于是提笔回信:

> 来命原原委委,曲曲折折,朋友相爱之情,匹夫不夺之志,可谓兼之矣。第念身体发肤受之父母,亏体辱亲则不孝,薙发忍耻则不忠。不忠不孝之士,尚何容于天地之间哉!若欲言名,名如画作饼不啖也;如以为无益,则自古之忠臣孝子皆捐躯于国破家亡之后,有益者曾几人乎? 垂尽之人,不能长语。

这时,老同学徐正大听说他在绝食,急忙赶来看望劝慰他:"你我这些读书人深明大义,生死关头,有些话确实很难说。事到如今,所欠唯有一死。您虽是普通读书人,不能与文天祥比,但是我未尝不仰慕王炎午而以他为榜样。"不二先生听他提到

王炎午，明白他的意思，可是身体极度虚弱，只能把头深深点了几下。徐正大眼眶发红，没有再说什么，辞别而去。谁也不曾料想，没过两天，徐正大竟然在家里悬梁自尽了！

消息传来，不二先生特别悲怆，从此，殉国的决心更加决绝。那天，徐正大提到的王炎午，是南宋吉州安福人，初名应梅，字鼎翁，号梅边，度宗咸淳间太学生。文天祥举兵抗元，他杖策谒见，要求从军。文天祥就让他留在幕府。不久因为母亲病重，王炎午辞归。后来，文天祥被元人拘押，王炎午作生祭文①来激励他为国尽忠。南宋覆亡之后，王炎午隐居不仕。

王炎午是一个有民族气节的人，可是毕竟没有立刻赴死。所以，不二先生也没有想到徐正大会这样。现在老朋友走了，不二先生钦敬悲伤之情交织，颤颤巍巍写下四首绝命诗：

> 三百年来养士恩，匡扶宇宙愧无能。
> 死生亦是寻常事，留取丹青作报称。
>
> 逢人漫说宋文山，楼上三年坐卧难。
> 我一布衣饥不死，西山无面复相看。
>
> 太湖渺渺万山重，清夜书声接晓钟。
> 事到散场人去后，青山依旧白云封。
>
> 秋夜深深月影斜，泉台归路话偏赊。
> 从今形影皆堪吊，无复楼头问菊花。

这时，家人跪着端上食物，请他进食，不二先生不为所动，咽喉干渴得厉害，偶尔喝一点水。其子张湘哀泣着说："父亲大人！您真一点东西都不吃吗？唉，算了，全家人都应该不吃，一道死吧！"不二先生立即勉强抬起身子，笑着说："儿子，你们果能

---

① 生祭文：为赴死或将死的人举行祭礼所作祭文。方文《宋遗民咏·王鼎翁炎午》："鼎翁者谁子，犹未信其实。彼非不信公，爱之惟恐失。创为生祭文，辞义何凛栗。"

如此,我就没有遗憾了!"张湘明白不能改变父亲的想法,长叹一声,出去了。

家人眼看着不二先生活不成了,商量着为他举行生祭,哀请不二先生再喝点水,却在水中偷偷掺了一点参汤。不二先生发觉了,说:"为什么用这个来害我?"从此连水也不喝了,气息渐渐微弱如线,乙酉九月二十日,不二先生辞世,终年五十一岁。妻子刘氏拍打着不二先生的棺木,痛哭昏绝。远近来吊唁悲哭者相继于道里。

这时还有一位担任嘉定儒学训导的刘芳远(字楚南)先生,在听到清廷剃发令颁布时,痛哭着对友人说:"予既被国恩,得教授诸生,岂忍复靦颜辫发,苟恋余齿乎!"当即在明伦堂穿戴整齐,拜了先帝后,从容自缢而亡。不久,不二和刘芳远殉国的事情在邻近地区传扬开来,有邑人还为他俩作了一副挽联:"不二终身不二,芳远百世流芳。"

萧云从虽然与张不二等先生素不相识,但听说他们死节的事迹之后,满怀悲愤,在某天夜晚,和泪写下《和州含山张不二先生乙酉殉节纪实》一文。最后说:

> 和州为高宗皇帝汤沐郡,自开天三百年来,竭力致身以报国者,惟此幽忠数人而已,岂非两闻正气哉!爰纪其实以告后之君子,俾有征以载笔焉。仰稽古之良史,奇节各以代彰,足为国家开忠孝之源,诚阐幽作人之盛典也。幸甚,幸甚![1]

文章写完没有多久,萧云从心情尚未平复,从芜湖那边再度传来噩耗,同邑儒生周孔来殉节了。这位周孔来先生,本名周泗,字孔来,南乡凤翔圩人,时任泾县教官。[2] 萧云从悲愤难抑,执弟子礼作《吊邑人周孔来殉节泾县学署》诗为这位在明伦堂与清兵刀刃相见,血战殉节的学官招魂:

> 泮壁何人自鼓刀,天寒日暮风飕飕。
> 老儒转战敌长稍,弟子招魂赋反骚。
> 夜雨同悲涵水鳣,阴雷欲斸戴山鳌。
> 庙空悬古松长碧,浩气森森北斗高。[3]

---

① 沙鸥《萧云从诗文辑注》,第 102 页。
② 黄钺《壹斋集·卷七》。
③ 《民国芜湖县志·卷五九》。

这首诗前两联叙事，充满悲壮之气。想一想，一个年过半百的老儒，本来应该是守着青灯黄卷，静心教书的，却在残阳寒风中，血溅学堂。弟子们唱着挽歌，为他下葬。这是怎样的情景？

汉代辞赋家扬雄每读屈原《离骚》，"读之未尝不流涕也……乃作书往往摭《离骚》文而反之"，于是写了一篇《反离骚》，在经过岷山的时候，投之于江流来凭吊殉国的屈原。① 汉代另一著名文人贾谊在《吊屈原赋》中写道："彼寻常之污渎（臭水沟）兮，岂能容夫吞舟之巨鱼？横江湖之鳣鲸兮，固将制于蝼蚁。"后来人们便用"鳣鲸失水"喻英雄落难。传说古代渤海之东有岱舆、员峤、方壶、瀛洲、蓬莱五座仙山，随潮往来，漂流不定。天帝恐其流于西极，使巨鳌十五举首而戴之，始峙而不动。其后龙伯之国有巨人，一举钓去六鳌，于是岱舆、员峤二山流于北极，沉于大海，只剩下方壶、瀛洲、蓬莱三神山。② 萧云从在诗中运用"夜雨同悲涵水鳣，阴雷欲剚戴山鳌"这些典故，来哀叹英雄牺牲，神州陆沉。在诗的尾联，萧云从直抒胸臆，赞美周孔来的民族气节如森森之浩气，高悬之北斗，永远令人景仰。

或许，萧云从在写这首吊亡诗时心中浮现出南宋陈人杰的那首《沁园春·丁酉岁感事》词来，因为词中也用了"鳣鲸失水"的典故：

> 谁使神州，百年陆沉，青毡未还？怅晨星残月，北州豪杰；西风斜日，东帝江山。刘表坐谈，深源轻进，机会失之弹指间。伤心事，是年年冰合，在在风寒。
>
> 说和说战都难，算未必江沱堪宴安。叹封侯心在，鳣鲸失水；平戎策就，虎豹当关。渠自无谋，事犹可做，更剔残灯抽剑看。麒麟阁，岂中兴人物，不画儒冠？

不愿屈服的义士纷纷倒在屠刀下，而在清廷高压政策之下，许多不愿剃发的文人书生或皈依佛门或遁入道观，这样就无发可剃或披头散发以规避剃发令了。萧云从本人有没有被迫剃发历来有两说，一种说法是他剃了发，另一种说法是他做了道士，披头散发了。这后一种说法目前还缺乏有力证据——乱世中的萧云从虽然颠沛

---

① 《艺文类聚·卷五六·杂文部二》。
② 《列子·汤问》。

流离,与和尚、道士也都有交往,但看起来一直没有抛妻别子,而是过着基本正常的家庭生活。

鲁迅当年留学日本时为了表示反清,也曾剪去辫子,但是回国以后还是花了好几块大洋买了一条假辫子戴上,否则在大街上走,行人投来异样的目光也就罢了,连工作也是找不到的。所以即使萧云从被迫剃发,今人也不必苛求先贤。因为不管怎样,萧云从当时敢于写出这些悼念和讴歌张秉纯、周孔来的诗文,体现了他的民族气节,还是令人敬佩的。

九、俾明治乱绘《离骚》

在萧云从举家避乱高淳的日子里,邢昉竭尽所能地照顾萧云从的生活。萧云从虽感到友情的温暖和安慰,但心里还是异常郁闷。

本来,中国历史上改朝换代的事并不少见,但是明清嬗代,在汉族文人士大夫看来不是一般的朝代更迭,也不是一般的亡国,而是亡天下。因为随着清人铁骑而来的,还有剃发易服以及意识形态、价值观念上的冲突。这种冲突又是通过血与火的暴力来解决的,其残酷性和震撼性自不待言。虽然曾有文人感叹"兴,百姓苦;亡,百姓苦",但是中国普通百姓的生命力还是顽强的,好像石头缝里的小草,只要有一点土壤雨露就可以生长。不过宋亡于元和明亡于清,与一般的改朝换代又不同,亡于历来瞧不起的蛮邦异族,对堂堂汉族士人的精神打击尤甚。

元之蒙古族与清之满族,都是游牧民族,是算不上先进文化和先进生产力的代表的。按理说,先进文化应该战胜落后文化,先进生产力应该战胜落后的生产力,怎么代表先进文化和生产力的一方失败了? 大概只能说是汉人的朝廷没有代表最广大汉人的利益,或者说先进文化中的腐朽部分的作用发挥得太厉害了才导致宋朝和明朝灭亡的吧?

中国传统文化中的一些核心理念也是很有价值的,甚至至今还在被倡导和弘扬之列,比如厚德载物、尊师重教、自强不息、和而不同等。但是在漫长的封建社会里这些核心理念似乎总是得不到很好的落实,而捍卫、践行这些核心理念的人却总是倒霉。这又是什么缘故呢?

萧云从当然不会从今人的角度看问题。但是国家为何落得如此地步? 为什么历朝历代总是不断重复着奸佞当道弄得一个王朝轰然倒塌的故事? ……这些问题一定曾在他的大脑里盘旋着,尤其是在避乱高淳的这段时期,他不断思考这些问题。

有道是"国家不幸诗家幸,赋到沧桑句便工",的确,没有安史之乱何来杜甫的"三吏""三别"? 没有南宋偏安哪里有陆游的"但悲不见九州同"等传世名句? 当然

　　我们并不是说为了诞生伟大的诗人或艺术家就故意制造国家或民族的灾难——事实上我们也没有这个本事——而是客观上确实"苦难出诗人"。苦难造就了杜甫、陆游这些伟大的诗人，明清鼎革之际的国难也造就了萧云从绘画和诗歌创作的第一个高峰期。

　　在几度逃难的岁月里，萧云从眼前不断浮现出泽畔行吟的屈子形象来。再度避乱石臼湖后，苦闷的萧云从也在思索着。多少个夜晚，他读着屈原的《天问》《九歌》和《离骚》，潸然泪下，夜不能寐。他决心用画笔画出心目中屈原的形象，用题跋注文写出心中的情思。

　　于是，萧云从在图绘之前开始做大量的准备工作。他仔细研读屈原作品以及王逸《楚辞章句》、朱熹《楚辞集注》、柳宗元《天对》和杨万里《天问天对解》等，并作精缜考据。他又开始研究历史上以屈原和他的作品为题材的画家如张僧繇、李公麟等的画作，常常通宵达旦。萧云从并不感到太疲倦，相反，唯有这种劳作使他觉得生命存在还有一点意义，而精神上的苦痛反而通过绘画与注文写作得到某种程度的宣泄、缓解。

　　萧云从终于开始动笔创作《离骚图》了，但是严格说起来，萧云从画的不是《离骚》，而恰恰是除《离骚》之外的屈原《九歌》《天问》等作品，所以一开始人们也称萧云从的画作为《楚辞图》。但《离骚图》的确是萧云从自己给他以屈原《楚辞》作品为题材创作的作品题写的总名，是他本人亲自题写在镂版印制的图册封面上的。

　　萧云从如此题名自有其用意，这得从屈原用"离骚"命名自己的抒情长诗说起。《离骚》是中国古代最长的抒情诗。此诗以屈原自述身世、遭遇、心志为中心。前半篇反复倾诉对楚国命运和人民生活的关心，表达革新政治的愿望和坚持理想、虽逢灾厄也绝不向邪恶势力妥协的意志；后半篇通过神游天界、追求理想的实现和失败后欲以身殉的陈述，反映出诗人热爱国家和人民的思想感情。全诗运用美人香草的比喻、大量的神话传说和丰富的想象，形成绚烂的文采和宏伟的结构，表现出积极的浪漫主义精神，并开创了中国文学史上的"骚体"诗歌形式，对后世产生了深远影响。

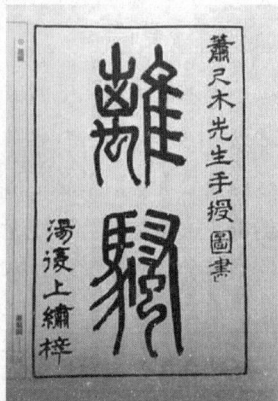

《离骚图》书影

　　为什么屈原把这首诗命名为《离骚》？现在普遍认可的说法是，"离骚"就是"罹忧"（"离"通"罹"），遇到忧愁的事，也有人解释是"离别的愁思"。① 唐代诗人岑参《送赵侍御归上都》诗中有这样两句："帝城谁不恋，回望动离骚。"说明他就认同此说法。还有人解释为"牢骚"。因为楚怀王的昏庸，屈原被谗言所害，被流放至汉北和沅湘，他的内心的确是忧愁与牢骚交织着的。而此时萧云从的心境与屈原是完全一样的，所以，他坚持用《离骚图》之名。

　　萧云从留存下来的《离骚图》共六十四幅，其中《天问》就有五十四幅，为什么萧云从画的主要是《天问》？因为萧云从和屈原一样，对国家命运、个人遭际等等也是满腹疑问。他说：

　　　　画家之工于堵壁，其楚先王之庙之遗乎？古者尸居监观，以为天道人事之正，象物而动，神禹铸鼎，文周勒钟，其来远矣。第美迪则吉，从厥则凶，俯仰之间，忧乐之顷，相应如响。乃暴者自谓有命在天，投龟詈之，囊血射之。悠悠苍天，亦无可如何于若辈矣。然则天至此，其不可问邪？问之不可，而复有对之者乎？对之不得，而复有画之者乎？抑何愚哉！

　　　　夫嬴秦恃其富强，鞭笞天下。屈子见宗庙祠堂，不忍复会于荆棘中，而不甘遽死，遂事呵而问之，彼其中岂不知福善祸淫之若循环然邪？意谓天必有不可明告于人者，与人之必有不可解于天之故者，只此残粉沉丹，照耀四壁间者，凄凄然可相索也。②

萧云从在《离骚图·自序》中更明明白白地说出了自己的创作动机：

　　　　大约征形烁理，使后人翻覆玩绎，凄綮以想古人处乱托忧之难。而环琦卓诵，足以惊心动魄，知阴阳鬼神之不可测，俾明治乱之数，芳秽之辨，有自来尔。③

可见，萧云从的《离骚图》，正是有感于国破家亡之际坚贞之士"处乱托忧"之难

---

　　① 语本《楚辞·离骚》汉王逸注："离，别也；骚，愁也；经，径也。言己放逐离别，中心愁思，犹陈直径，以风谏君也。"
　　② 萧云从《天问图·总序》，见沙鸥《萧云从诗文辑注》，第79页。
　　③ 萧云从《离骚图·自序》，见沙鸥《萧云从诗文辑注》，第81页。

而创作的,而且并不仅仅是哀伤个人的遭遇,还希望自己的作品能够"俾明治乱之数"。

　　《离骚图》第一幅描绘的是屈原形象,构思上就与以往画家的屈原造像大不同。以往要么是绘屈原单独一人,要么是将屈原与渔父或屈原与郑詹尹合绘于一图,而萧云从则是将屈原与渔父、郑詹尹三人合绘于一图。这并非心血来潮的标新立异,而是此时萧云从心境的形象化表达。

　　为什么这么说呢? 不妨先了解一下屈原先后与郑詹尹和渔父的对话。

　　屈原被流放后,三年没能再见楚怀王。他竭尽智慧效忠国家,却被谗言谤语把他和君王遮蔽阻隔,于是"心烦虑乱,不知所从。往见太卜郑詹尹"①。詹尹,本是古卜筮者之名,太卜则是朝廷专管卜筮的官员。屈原找到这位姓郑的官员,对他说:"我对有些事疑惑不解,希望通过您的占卜帮助我分析判断。"郑詹尹就摆正蓍草,拂去龟甲上的灰尘,问道:"先生有何见教?"

　　屈原说:"我是宁可诚恳朴实、忠心耿耿呢,还是迎来送往、巧于逢迎而摆脱困境? 是宁可垦荒锄草、勤劳耕作呢,还是交游权贵而沽名钓誉? 是宁可毫无隐讳地直言为自己招祸呢,还是顺从世俗贪图富贵而苟且偷生?

《离骚图》首图

是宁可鹤立鸡群而保持正直操守呢,还是阿谀逢迎、强颜欢笑以侍奉那位妇人? 是宁可廉洁正直以保持自己的清白呢,还是圆滑诡诈、油滑适俗、趋炎附势? 是宁可像

---

① 《楚辞·卜居》。

志行高远的千里驹呢，还是像浮游的野鸭随波逐流而保全自身？是宁可与骐骥并驾齐驱呢，还是追随那劣马的足迹？是宁可与天鹅比翼高飞呢，还是同鸡鸭在地上争食？上述种种，哪个是吉哪个是凶？哪个该舍弃哪个该遵从？现在的世道混浊不清：认为蝉翼是重的，千钧是轻的；黄钟大吕竟遭毁弃，瓦釜陶罐却响如雷鸣；谗佞小人嚣张跋扈，贤明之士则默默无闻。唉，沉默吧，谁人能知我廉洁忠贞的心哪！"

郑詹尹本来就了解屈原的才华品行与遭遇，听完屈原这一通内心独白后，他更明白对屈原讲一些泛泛的道理与安慰的话也是无法消除他内心的痛苦的，于是放下蓍草抱歉地说："尺比寸长但也有短处，寸比尺短却也有它的长处；世间万物都有不完善的地方，人的智慧也有不明了的时候；术数有占卜不到的事情，天神也有难解之理。请您花心思实行您的主张吧，龟甲和蓍草实在不知如何破解您的疑惑！"

当屈原遭到放逐，在沅江边上游荡时，已经被内心的痛苦折磨得面容憔悴，模样枯瘦。这一天，他在江边遇到了一位渔父。渔父向他问道："您不是三闾大夫吗？为什么落到这步田地？"屈原说："天下浑浊不堪只有我清澈透明，世人都昏醉了唯独我清醒，因此被放逐。"

渔父说："圣人不死板地对待事物，而能随着世道一起变化。世上的人都肮脏，何不搅浑泥水扬起浊波？大家都迷醉了，何不既吃酒糟又大喝其酒？为什么想得过深又自命清高，以致让自己落了个被放逐的下场？"

屈原说："我听说，刚洗过头一定要弹弹帽子，刚洗过澡一定要抖抖衣服。怎能让清白的身体去接触世俗尘埃的污染呢？我宁愿跳到湘江里，葬身在江鱼腹中。怎么能让晶莹剔透的白玉，蒙上世俗的尘埃呢？"

渔父听了，微微一笑，摇起船桨动身离去，唱道："沧浪之水清又清啊，可以用来洗我的帽缨；沧浪之水浊又浊啊，可以用来洗我的脚。"渔父唱着歌便远去了，不再同屈原说话。

屈原在人生困境中想从郑詹尹和渔父那里找到"脱困"之道，实际上两个人也都给他指出了道路。郑詹尹说"请您花心思实行您的主张吧"，而渔父的意思是既然你不能改变世界，那你只好改变你自己。到底该听谁的？这是屈原的追问，也是萧云从的追问。这应该就是萧云从把屈原与渔父、郑詹尹合绘于一图的原因吧。

其实，萧云从和他仰慕的屈原一样，最终都听从了自己的内心，作出了"心灵的选择"。屈原选择了宁可怀沙自沉，也不同流合污；萧云从此时没有选择以身殉国，也没有选择武力抗清，而是选择用画笔抒发忧愤。

所以,萧云从所绘的屈大夫是头戴切云高冠,腰佩长剑,双手托拭巾以表高洁之志,虽然面容憔悴,但仍卓尔不群的形象。

一〇、《离骚图》就思无穷

当萧云从用图绘屈原的楚辞作品排遣心中的郁闷和悲愤,沉浸于创作中的时候,与他一道避乱在石臼湖的好友戴重却怎么也坐不住了。

戴重,字敬夫,和州人,几年前曾经和萧云从一样,避乱于石臼湖,二人遂因学问相当、意气相投结为好友。戴重虽然也是一介文人,但是与萧云从不同的是,戴重小时候,就喜欢和一帮同伴玩打仗的游戏,舞刀弄棒,排兵布阵。戴重十五岁时父亲就去世了,哀痛之余,侍奉祖母和母亲,以孝闻名乡里。拜江浦郑朝聘为师,郑朝聘为他讲王阳明的良知之学,戴重慨然立志效仿古人,做一番大事业。郑朝聘生病后,戴重趋侍汤药;郑朝聘去世后,他伤心欲绝,与几位同学一起把老师安葬以后,就在墓旁造庐,守孝其中。后来因农民起义军南进,戴重恐和州将乱,遂移家南京。他看到国家动荡不安,内心如焚,在崇祯十五年参加乡试的时候,还想上书崇祯皇帝迁都陕西,可是一个普通读书人的建议又如何能够上达天听呢? 戴重常常只能在夜读之余,仰天击剑,弯弓作霹雳声,悲歌泣下。①

及至明亡以后,福王在南都建立弘光小王朝,应天巡抚程世昌礼聘戴重入其幕府。后戴重参加武英殿贡试,主考官打算把戴重选为第一名,但因戴重在文章中痛斥奸党,马士英看到他的文章后大怒,欲加祸于他。幸亏此时有人帮戴重说好话,改授戴重湖州府推官一职。不久,马士英听说戴重名声很大,想拉拢他为自己所用,派了一个部下带了礼物见戴重。马士英打听到戴重藏有一方珍贵的澄泥砚,让部下委婉表达希望戴重能以澄泥砚为回礼。戴重听了马士英的部下说明来意后,冷笑一声,说:"明公黄金白璧堆积如山,我穷书生只有一方破砚,不劳他费心惦记!"说完以后,拂袖而去。戴重知道官场待不下去了,于是再度投奔邢昉,隐居于石臼湖。

戴重在石臼湖,念念不忘恢复大明。在此期间,左良玉、史可法等人知道戴重是

---

① 参见章学诚《戴重事略》。

个不可多得的人才,先后有书信召他,戴重或不回应,或因故未成行。他自己行动起来,先后与韩绎祖等十二人结"不可忘社""正社",祭奠崇祯皇帝,召集乡人教射习武,追随者有数十人,高淳因此成为反清的一个重要据点。

戴重在石臼湖集聚力量为举义积极做准备的事,萧云从是知道大概情况的,但他更清楚自己不懂行军打仗,帮不上戴重什么忙,所以继续专心于《离骚图》的创作。

《离骚图》具有强烈的政治隐喻和现实意义。其中,既有对故国的深情,也有对暴政的批判;既有对明朝覆亡的反思,也有对满人入侵的嘲讽……内涵是十分丰富的。

萧云从也不讳言自己的创作动机,关于画《九歌图》,萧云从在《九歌图·自跋》中说:

> 仆本恨人,既长贫贱,抱疴不死。家区湖之上,秋风夜雨,万木凋摇。每听要眇之音,不知涕泗之横集,岂复有情之所钟乎!谢皋羽击竹如意,哭于西台,终吟《九歌》一阕;雪庵和尚泛舟贵阳河,读《楚辞》毕,则投一纸于水中,号鸣不已。两人心湛狂疾,恋慕各有所归。……然而冥心澄虑,寄愁天上而幻出之,所谓思之思之,鬼神通之者,画师亦难言矣。嗟乎!屈子栖玉笥山作《九歌》以乐神,又托以风谏。彼其时尚有摈之者也,有谗之者也,我将何求乎?吾用此与《天问》诸图锢铁函中,沉于幽泉,使华林诸君子,庸补萧《选》之阙云尔。①

《九歌》是屈原对楚国民间祭歌进行加工而创作的,实际上由十一首诗组成,所以有人说《九歌》的"九"不是实数,只是表示"多"。前十首除了《国殇》是追悼楚国阵亡士卒的挽诗外,其余每一首祭一个神,包括天神、日神、山神、水神等,最后一首《礼魂》则是送神曲:

> 成礼兮会鼓,传芭兮代舞,姱女倡兮容与。春兰兮秋菊,长无绝兮终古。

歌词的大意是:祭祀礼已完毕,敲起大鼓,传递手中花交替而舞,姣美的女子唱

---

① 沙鸥《萧云从诗文辑注》,第100页。

得从容自如。春天供以兰秋天又供以菊，长此以往不断绝直到终古。

《离骚图·九歌·礼魂》

屈原创作《九歌》是为了反映楚国人民对大自然和生产劳动的热爱，对爱情和幸福生活的追求，也"托以风谏"。楚国虽然最终灭亡了，但楚国的民俗与文化，楚国人民不会忘却。萧云从绘制《九歌》自然也抱有与屈原相同的意图，楚国最终亡于秦也使萧云从自然联想到大明亡于清，但是汉人的民俗与文化不能灭亡。这些应该就是萧云从创作动机之所在。从萧云从跋文中"仆本恨人""抱疴不死"等语和提到的历史名人谢翱和雪庵和尚，更可以感受到其作为遗民的精神创伤和黍离之悲。

谢翱，字皋羽，是南宋末年的爱国志士、诗人，为人倜傥有大节。文天祥起兵抗元时，谢翱倾尽家资募集乡兵数百人投奔文天祥，任咨议参军。文天祥就义后，谢翱始终无法释怀，浪迹于闽江浙山川名胜间，寻访南宋遗老，遇名台必哭祭文公，曾作《登西台恸哭记》。萧云从在文中写谢翱"终吟《九歌》一阕"，以此来表明自己的遗民志节。

雪庵和尚原是明朝建文帝朱允炆之臣，有人说他就是曾做过监察御史的叶希贤，因不愿侍奉篡位的明成祖朱棣而随建文帝出走，后剃度为僧。传说雪庵和尚好读《楚辞》，时时袖之。曾登小舟，船夫急棹中流，他则安坐船头，朗诵如常。读完一页，就撕下一页投之于水。投完了就痛哭，哭声止则又读。萧云从写雪庵和尚读《楚辞》而痛哭，也是在写他自己的心情。

　　但是萧云从作为一个艺术家，并没有一味沉浸于痛苦中，他通过对屈原《天问》里的神话作出自己的阐释，来反思明朝灭亡，还对历史与文化问题给出自己的回答。

　　《天问》这首长诗以四言为主，屈原在诗里共提出一百七十多个问题。这些问题涉及自然之谜，也涉及神话或历史人物等，例如：

　　　　鸱龟曳衔，鲧何听焉？顺欲成功，帝何刑焉？永遏在羽山，夫何三年不施？伯禹愎鲧，夫何以变化？纂就前绪，遂成考功。何续初继业，而厥谋不同？洪泉极深，何以填之？地方九则，何以坟之？河海应龙？何尽何历？鲧何所营？禹何所成？康回冯怒，墬何故以东南倾？……

《离骚图·天问·羿射河伯妻彼洛嫔》

　　但屈原并没有回答这些问题，而萧云从除了用绘画力求直观表现神话或历史人物故事外，更主要的是通过注文对屈原的问题作出自己的回答。从他的《天问图·总序》中，可以看出他绘画那些神话或历史人物的目的：

　　　　图其事者，先稽其典，则明法物之不可废也。至于舞干蛮遏，环辔戎归，则知远方之宜率服也；鼓刀负鼎，则庆贤人之遇也；醢身披发，则恸忠直之穷也；石腽桑育，虎乳鸟燠，脱焚出泉，则纪圣人之生不偶也。[1]

　　文中，萧云从提到"鼓刀"的姜尚、"负鼎"的伊尹，他们是最终遇到明君成

————————

①　萧云从《天问图·总序》，见沙鸥《萧云从诗文辑注》，第79页。

就大事业的"贤人";也提到因激怒妲己而遭受"醢刑",被商纣王所杀的忠直之士姬考等人。萧云从对他们的遭遇及行为,或庆幸或恸悲或斥责,其情思通过一幅幅画面得到具体表现,且含借古讽今之意。

《离骚图·天问·鸱龟曳衔永遏羽山》

在《鸱龟曳衔永遏羽山》图中,萧云从描绘了一幅悲壮的画面:鲧赤身俯卧在波涛汹涌的洪水之中,两只飞鸟和一只大龟在其身上衔食,几块山石象征着鲧流放于羽山的处境。过去有人以五行灾异之说,来阐释鲧、禹治水的功过。萧云从则明确反对这种灾异符命之说,高度赞扬鲧平治洪水、为国而死的精神。他在注文中说:

> 尧放鲧于羽山,飞鸟虫曳鲧而食之,三年不舍其罪。鲧狠愎而生禹,遂平九土。嗟乎! 为国而死,蒙罪何辱? ……故悉画之,以劈符命之说。①

萧云从在赞扬鲧的同时,对帝尧诛杀贤臣的行径表现了深切的不满,实际上这是对崇祯误杀忠臣的批判。

在《伯林雉经》图中,萧云从描绘了因不堪诬陷,愤而用"雉经"②方式自杀的晋太子申生的形象。

申生是春秋时晋献公的大儿子,起初被立为太子,但后来其父宠爱骊姬,欲立骊姬子奚齐而废掉他,命他出居曲沃。申生后在曲沃举行祭祀并按礼仪送祭肉给晋献公。骊姬把祭肉在宫中放了六天,暗中下毒,然后污蔑申生下毒欲害献公,申生被迫自杀。萧云从在注文中说:

---

① 萧云从《天问图·注文》,见沙鸥《萧云从诗文辑注》,第88页。
② 雉经:自缢。雉,通"纼"。经者,谓悬缢而死也。《国语·晋语二》:"骊姬退,申生乃雉经于新城之庙。"孔颖达疏:"雉,牛鼻绳也。申生以牛绳自缢而死也。"

伯,长也。林,君也。晋太子申生雉经也。又集纪云:伯,迫也,迫于林中也。王克云:申生雉经,林木震箕,自古忠孝未有不感天地也。持此,又可辩子厚螟讼蜣贼之对。①

《离骚图·天问·伯林雉经》

　　这段话似乎是说绘此图是为了表彰"忠孝"之人,但画面上自缢的晋太子申生衣冠整齐,神态安详,死得不失尊严,令读者看到《伯林雉经》这幅图时,很难不联想起自缢于煤山的崇祯帝。萧云从是在用一种特殊的方式凭吊崇祯,还是对明朝的宫廷内斗进行揭露,抑或是感慨明清兴替之际缺少"忠孝"之士?

　　在《康回冯怒东南倾》图中,萧云从画了历史上(其实是神话中)一位著名的"造反派"——因造反失败而怒触不周山的共工。萧云从在注文中并没有肯定他的造反精神,而是说:

　　康回,共工名也。共工与颛顼争为帝不得,怒而触不周山,天维绝,地柱折,故东南倾。夫匹夫之勇,恣坠纲常,倒替天泽,大概如是。②

　　可见,萧云从对共工恣乱纲常的造反行为是非常反对的,因为这样会"倒替天泽",给人民带来灾难。

　　无独有偶,在《击床》中,萧云从又画了一幅"造反派"有扈氏受惩图。画面上身披盔甲背负弓箭的夏启揪着有扈氏的头发,一把将他从挂着帐幔的大床上拖下来,

① 萧云从《天问图·注文》,见沙鸥《萧云从诗文辑注》,第98页。
② 萧云从《天问图·注文》,见沙鸥《萧云从诗文辑注》,第89页。

准备施以极刑。这有扈氏相传为夏启的庶兄，大禹去世后，夏启继位。有扈氏不服，起兵谋反。夏启率六卿与之作战，最终灭之。天下部族从此皆归顺夏启。

萧云从在注文中说：

> 有启时，有扈氏本牧竖，何逢而得侯？及启攻之，亲杀于床。夫以贱竖窃神器，天人共愤。①

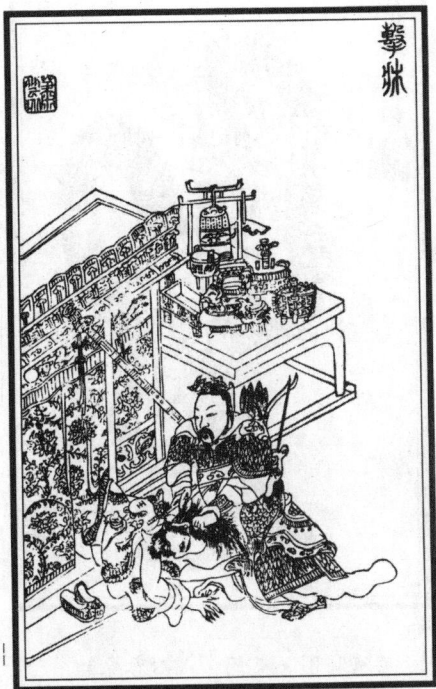

《离骚图·天问·击床》

萧云从用"天人共愤"一词表达对犯上作乱"窃神器"者的极度愤怒。这两幅图，其中蕴含借题发挥之意，或是对清军侵占中原的批判。

萧云从在为《天问》绘图时还暗含对清军入侵者的嘲讽。中国有句老话"人心不足蛇吞象"，据说源自《山海经》关于"巴蛇吞象"的记载。能"吞象"的"巴蛇"肯定是巨大的，但到底是啥模样，谁也不知道。萧云从在《人心吞象》图中，创造性地把"巴蛇"画成蛇身龙头，不过巴蛇虽然长着龙头，却怎么也吞不下大象。偏处一隅的清军想吞并整个中原，难道不是蛇吞象吗？要说萧云从这么画没有特殊含义，谁信呢？

在《鼓刀》中，萧云从描绘了周文王在朝歌集市上认识姜太公的故事，表达了对人才的渴望。《鼓刀》注文说：

> 吕望在肆鼓刀，文王问之，对曰："下屠屠牛，上屠屠国。"文王喜，载以归。武王缵文之绪，故奉木主伐纣，则太公之事也。②

---

① 萧云从《天问图·注文》，见沙鸥《萧云从诗文辑注》，第95页。
② 萧云从《天问图·注文》，见沙鸥《萧云从诗文辑注》，第98页。

萧云从在《天问图·总序》中,还对秦始皇焚书坑儒表示了极度的愤慨,他认为"焚书坑儒"的罪恶远远大于用武力征讨天下的暴行:

　　　　夫秦有天下,焚燔《诗》《书》,坑绝儒行,此其罪极恶,较之无德而鲸吞四海者,更极大也,天岂容之乎?①

这等于是对历代统治者的愚民政策提出控诉,实际上也是对明朝统治者因为思想与文化的专制导致国力衰弱以致王朝覆灭表达自己的意见。

所以,萧云从在《离骚图》特别是其中的《天问图》注文中表达的对历史和文化的看法是深刻、大胆的,但是萧云从即使地下有知,也不会想到,一百多年后,

《离骚图·天问·人心吞象》

乾隆下令补绘的《离骚全图》悍然删去了《离骚图》的全部注文,相当于《离骚图》被"阉割"。"阉割"的原因,自然是其思想触犯了统治者的忌讳。至于删去注文是乾隆亲自指示还是主持《四库全书》其事的臣下"体会圣意"所为,还有待进一步稽考。著名文史学家郑振铎曾愤然指出:"清辑《四库全书》时,为补绘《九章》《卜居》诸图,大非尺木原意,而图亦庸俗不足观。"②

《离骚图》变身为《离骚全图》,并被列入《四库全书》,应该说为这部著作和他的作者萧云从带来了声誉,可是这又和曹雪芹创作《红楼梦》的遭遇非常相似。门应兆奉旨补绘了《离骚全图》,高鹗也按某些人的旨意续写了足本《红楼梦》,形式上比原作更完整了,可是原作的精神不见了,更不必说艺术上的望尘莫及。这样的"完整"

---

① 沙鸥《萧云从诗文辑注》,第 80 页。
② 郑尔康《郑振铎艺术考古文集》,见沙鸥《萧云从诗文辑注》,第 261 页。

还有意义吗？奇怪吗？其实不必奇怪，当年的朱元璋不也下令"阉割"过《孟子》吗？只是"补"与"删"的手段不同而已。

顺治二年（1645）中秋，萧云从终于创作成功凝聚数年心血，被后人称为中国版画史上杰作的《离骚图》。《离骚图》凡六十四图，包括卷首《三闾大夫卜居渔父》一图、《九歌图》九图、《天问图》五十四图，总称《离骚图》。另外，萧云从自述曾绘有《远游》五图，但因战火被毁，而《香草图》则"有志未逮"。在《离骚图》中，萧云从展现了人物、山水、花鸟、走兽高超的描绘技巧，还展现了他在古代神话、历史、器物、服饰等方面丰富的文化知识，尤其是其中蕴含的对故国的深情眷念，对历史的批判反思，这些都是《离骚图》成为杰作的重要因素。因为萧云从亲笔撰写的近万字的注文题跋实际上是微型论文，所以从某种意义上可以说，《离骚图》也是他自配插图的文献学著作。

一一、出版家胡正言

完成《离骚图》创作的萧云从心里十分矛盾。一方面,他知道自己的创作肯定是不合时宜的,他说"吾用此与《天问》诸图锢铁函中,沉于幽泉"①,意思是自己的作品只能留给后人看;另一方面,他希望有机会尽快把它刊印出来,让更多的人理解自己创作的用意。这个想法其实在创作之初就有了,萧云从采用方便雕版印刷的白描手法创作《离骚图》原因就在于此。南方能够从事雕版印刷的书坊集中在南京、杭州这些大城市,可是眼下江南还在一片战火中,不知道什么时候这个机会才能到来,眼下只能等待。

这样过了几个月,这年冬天,在一个白雪飘飞的晚上,因为戴重决意与诸义士起兵抗清,萧云从、邢昉等好友为他的抗清义举壮行。大家饮于大枫桥畔,洒泪而别。②

戴重后来在一次战斗中受了重伤,被人救下后护送回家乡,藏在一座寺庙里养伤。当得悉各地义军相继失败的消息,复明无望后,悲愤交加的戴重绝食而亡! 戴重去世时年仅三十五岁。

此前当戴重转战到福建一带时,邢昉听说后,还写了一首《闻戴敬夫由越入闽》诗表达对友人的关切:

> 湖县忽离群,兵车谅未闻。
> 揭竿真草草,暴骨竟纷纷。
> 秋隔苕花岸,心悲建业云。
> 遥思于役意,不为武夷君。

萧云从应该也有诗文记述与戴重的交往,可是随着他的《梅花堂遗稿》散佚,这

---

① 萧云从《九歌图·自跋》,见沙鸥《萧云从诗文辑注》,第100页。
② 章学诚《和州志·戴重传》。

些珍贵的史料不知道还在不在人世间了。不过，戴重的两个儿子戴本孝、戴移孝后来很有出息，都成为著名画家。萧云从和他们有来往并给过帮助。

送别戴重以后，萧云从一边继续为生计操心忙碌，一边也还在考虑刊印《离骚图》的事。这期间，他想到了一个人，即寓居南京的友人——出版家胡正言。

胡正言，字曰从，徽州休宁县人。十年前，萧云从到南京参加乡试时，认识了比自己年长十二岁的胡正言。胡正言可谓既是奇人也是高士。他家本世代业医，但他少小颖悟，博学能文，成年后，随父行医乡里的同时，研读"五经"，对文字训诂之学以及篆籀书法兴趣甚浓，亦拜师学习。后来到南京，成为国子监上舍生。南京礼部檄令他纂辑刊印《诏制全书》《钦颁小学》《表忠记》诸书。因为工作成绩非常出色，拟授他翰林院职，但他还未赴任，就发生了甲申之变。①

崇祯自缢后，福王朱由崧仓促逃到南京，成立小朝廷，连个玉玺也没有，皇帝的诏诰无法发出。礼部侍郎吕大器向朝廷推荐了胡正言，说："胡正言博雅工篆法，可令之督治。"胡正言这才为弘光帝雕镂了龙文螭纽的"皇帝之宝"。他还好心地写了一篇《大宝箴》上疏弘光，说：

> 祖宗大宝，传历永世；自天启中，宦竖窃弄，宝几堕地。先帝圣明继统，虔虔奉持十有七年，忧勤不息；不幸沦丧，光启陛下。《易》曰：圣人之大宝曰位，何以守位曰仁。惟陛下祈天永命，以仁为宝，克赞中兴，报仇雪耻，缵复旧物，则大宝永永，与天无极。《诗》曰：天难谌斯，命不易哉！守宝之道，在是而已。②

这封奏疏语重心长，既有规劝之意，又有期待之情，也不知道弘光帝读了以后作何感想。大概是因为胡正言有一技之长且"忠心可嘉"，朝廷打算授他武英殿中书舍人的官职。胡正言说："我岂以艺博一官耶？"推辞不受。后来国事日乱，胡正言绝口不谈世务，定居金陵鸡笼山下，开始正式做起制笺、印画、刻章、出版图书的事业来。他最喜爱竹子，在所居之处种了十数枝，朝夕相对，故称书房"十竹斋"。有人说胡正言在弘光小王朝覆灭后，"足不履地者三十年"③，这固然有些夸张，但是他对争名逐

---

① 《南疆逸史·卷四一·胡正言传》。
② 凌雪《南天痕·列传三〇·隐逸传》。
③ 凌雪《南天痕·列传三〇·隐逸传》。

利之徒、牢盘狎客之流不待见则是肯定的。

宋元时期,中国的雕版印刷已经比较发达。除了印制卷帙浩繁的《太平广记》《文苑英华》和《册府元龟》这些皇皇巨著,为了迎合市民阶层的文化需求和喜好,各种话本小说、蒙学读物等已经多加插图(过去把带有插图的通俗小说称为绣像小说,绣像小说的插图并非刺绣上去的,只是因为那些刻工刀法细腻,宛如女红刺绣,所以称为绣像),套印木刻技术也开始出现,在京都汴梁、浙江杭州等地形成几个规模较大的刻书中心。①

明清时期,徽州地区刻书业发展迅速。徽州地区多树木,能工巧匠世代相传,又为全国著名的"文房四宝"的产地,有悠久的刻书历史和长年形成的技高艺精的刻工队伍,这些都为唐宋以来已是区域刻书中心的徽州成为明清时期全国出版中心提供了得天独厚的条件。尤其是万历后,大批文化素养很高、资金雄厚、富有经营管理才能和魄力的徽州儒商、官僚、学者介入出版界,使当时全国出版局面为之一新。在经济、文化等因素的多重作用下,一向发达的徽州官刻、家刻虽然仍有长足的发展,但私人坊刻更是迅速崛起。随着徽州府公私刻书业齐头并进,明后期的徽州府出版业很快跃居于全国的领先地位,执全国刻书业牛耳,直至清道光、咸丰时仍维系着全国四大刻书中心之一的地位。

胡正言是从事私人坊刻业的徽州儒商中的佼佼者,他还是中国出版史上首创"饾版"彩色套印和"拱花"技术的彩印奇人。在他之前,雕版印制的图画书基本上是黑白二色,虽然也有彩印,但是工艺水平有限。万历中后期,胡正言把他首创的"饾版"印刷技艺运用在《十竹斋画谱》(彩图4)的印制上,后来又把"拱花"技术运

宋代景定年间《梅花喜神谱》书影

① 李茂增《宋元明清的版画艺术》,郑州:大象出版社2000年版,第12—13页。

《绣像封神演义》书影

用于《十竹斋笺谱》(彩图5)中,对当时占主流的单版涂色印刷而言是划时代的革命性突破。①

"饾版"是木版水印的一种,先根据彩色画稿的设色要求分别勾摹,每一种颜色都分别雕刻成一块版,共几十块甚至上百块的小木版,然后胶着于指定位置,用水墨、颜料逐色由浅入深依次套印或叠印。印品画面的色彩、层次和韵味,几与原作无异。之所以把这种彩色套印技术称为"饾版",是因为在古代,将各色食品堆叠在器皿中摆设出来叫"饾饤"——好比现在饭店里有一道将玉米、红薯、芋头、花生等置于一盘中名为"五谷丰登"的菜,于是把各种色彩分层套印出来的雕版称为"饾版"。至于"拱花",则是用凸凹两版嵌合使纸面拱起,以凸起的线条来表现花纹等,类似现代的凹凸印、浮雕印,很有立体感。

胡正言既是名声赫赫的出版家,自然是认识许多技艺高超的刻工的,而当时的刻工,又以徽州籍人最有名,在他的"十竹斋"里工作的就有一批。所以,萧云从想起找胡正言帮忙刻印《离骚图》是再自然不过的事了。而胡正言虽然是阮籍一路的人,对看不惯的人直接翻白眼,但是对萧云从这位小老弟,他是青眼有加的。这没有什么特别原因,只是因为萧云从也是一位人品高古、学问渊博的人。另外两人还有一个共同爱好,就是都对文字音韵学有浓厚的兴趣。两年后,《离骚图》得以刊刻问世,这应该是萧云从在避乱高淳后期,去南京找胡正言帮忙的结果,是他介绍萧云从与刻工汤复合作的。②

在晚明商业社会,图文并茂的版刻书籍原本已成为一种畅销商品,当时不少徽州的书商因大量销售这类书籍而致家财暴增。当然人们也不应该忘记历史上那些

---

①　同时期有南京吴发祥采用"饾版"印刷技艺印制《萝轩变古笺谱》。见徐雁等《中国图书文化简史》,北京:中华书局2010年版,第65页。

②　《离骚图》初印本刊刻时间有两说,一为1645年,一为1647年。因为萧云从《离骚图序》明确记述完成时间是1645年中秋,故采后说。另外,萧云从1667年《赠胡日从》诗题跋证明他于1647年到南京找过胡正言,当与印制《离骚图》有关。参见沙鸥《萧云从诗文辑注》,第41页。

技艺精湛却大多默默无闻的刻工，没有这些刻工的劳作，也就没有《离骚图》等杰出
的版画作品的传世。

一二、故里梅筑

顺治四年（1647），清廷对江南的统治趋于稳定，萧云从在无奈中带着亡国之痛，于这年的春天从高淳回到芜湖。

萧云从这年五十二岁。一路上他想象着回到故里的梅筑大概能过上安静的日子了吧，又担心兵荒马乱好几年了，如今的梅筑不知道是什么模样。就在这期待与担心交织的复杂心情中，家乡是越来越近了。

梅筑是萧云从避乱高淳前在芜湖城东的居所，北倚鸡毛山，邻近梦日亭。因为萧云从性喜梅花，所以在园子里遍植梅花，名曰梅筑。等快要到旧居的时候，萧云从遥望梅筑方向，差点眩晕过去。幸亏儿子萧一都在身旁，赶忙一把搀扶住父亲。

原来，昔日遍植梅花的旧居梅筑在萧云从避乱后被清兵占用为兵营，园子也变成了养马的场所。隔着篱笆院落，但见马厩围栏，哪里还有一丝梅花的影子？如今兵营虽然已经迁走，但是梅筑也破败得不成样子。萧云从哀痛之余，只得跟儿子一道，"薅秽缉垣，暂得略蔽风雨"，总算重新有了一个安顿的地方。

到这年秋天的时候，秋雨连绵，房子漏雨。看着眼前景象，想到乱离迁播，亲友凋残，萧云从触景内伤，不禁联想起陶渊明的《移家》和杜少陵的《秋兴》，写下《移居诗》六首：

喜得幽荒日月同，棕轩樾馆筑华嵩。

秋风北道谁为主，皓首东园赖有松。

乱石何年逢射虎，贞公临水欲成龙。

药栏书屋才安置，却见寒山树树红。

鹿门见寄一行书，悲滞风尘万里余。

未靖干戈中外警，当途冠盖往来疏。

天高猿啸松枝落，篱折鸡栖月影虚。
鬓短霜繁潦倒甚，杖藜挥泪过荒墟。

尽醉才倾一两杯，醺然扶病欲登台。
水随天远秋无尽，月并沙明雁已回。
绛帻郑玄犹遇主，青樽袁绍独怜才。
披榛相待渔樵话，隔院先闻钟磬来。

莼嫩鲈肥尽可餐，归思岂只一张翰？
吾庐近市无车马，世法宽人有愤冠。
霜气空凋千树碧，旭光已破万山寒。
衰年强起凭高望，赋得鹏云万里抟。

卜筑黄尘尽草注，于时深愧自为家。
树高不隔蝉声切，墙短犹留驹影斜。
老病风前犹种药，伤心雨后亦栽花。
生长贫贱原非隐，未许青门学种瓜。

随意寒潭落钓钩，青蛉作伴立竿头。
浮云天际归何处，独树溪边影不流。
蹈海鲁连龙战日，还家典属雁声秋。
身经迁播皆萍梗，一有吾庐更有愁。

　　从组诗中引用的"乱石何年逢射虎""绛帻郑玄犹遇主"等主要典故看，萧云从此时对南明小王朝还抱有很大希望，甚至对自己为国效力、驱除外敌也怀有期许，因此他才说"衰年强起凭高望，赋得鹏云万里抟"，并且在修葺梅筑之后，不安于现在就做隐士（"生长贫贱原非隐，未许青门学种瓜"）。尤其是第六首颈联"蹈海鲁连龙战日，还家典属雁声秋"①,用鲁仲连义不帝秦宁愿蹈海而死,以及苏武出使匈奴被匈奴扣押十九年而拒绝叛汉的故事,表达了自己守节不变的决心。所以组诗最后两句"身经迁播皆萍梗,一有吾庐更有愁"中的"愁"就不是担忧个人的处境际遇("于时深愧自为家"可以证明),而是国家的前途命运。总之,这组诗是萧云从故国情怀的充分流露。

梅筑中的萧云从遇到的也不尽是忧心事。岁末,在胡正言帮助下,版画《离骚图》终于刊刻印行就是一件大喜事。

具体刊刻《离骚图》的书坊是"应远堂",这是萧云从在《离骚图·自序》中明确说的。② 应远堂应该是当时南京城一家书坊的字号,书商重金聘请镌刻《离骚图》的是旌德名刻工汤复。《离骚图》完工后,书商以此作品精绝而定价甚高,初版书页标注:"枣板绣梓,刷印无多……今发兑每部一两,为不二价也。装订外增二钱。"③ 一部画册售价高达纹银一两,由此可以推断刻工汤复和萧云从绘图所得的报酬亦应不少,可以想象这笔收入对萧云从缓解困窘的经济境况是十分重要的。

虽然《离骚图》定价不菲,但面世后大受读者和市场欢迎。在萧云从创作《离骚图》的过程中,一直追随他的弟子张秀璧做了不少诸如收集资料等辅助工作。据张秀璧亲眼所见,《离骚图》印制成功以后,除了亲朋好友来观赏索赠,本地和外地上门购买或请求代销的人也不少,几乎把门槛都踏坏了。得到画册

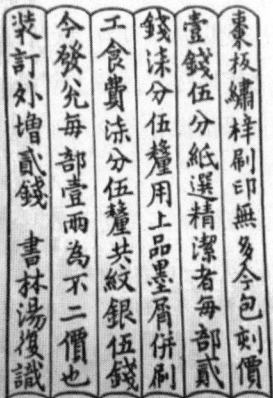

《离骚图》初版书页

---

① 龙战,《萧云从诗文辑注》作"能战",误,今改。本谓阴阳二气交战。《易·坤》:"上六,龙战于野,其血玄黄。"后遂以喻群雄争夺天下。典属,苏武被匈奴扣押十九年回国后,被封为典属国(掌管与少数民族交往事务的官员)。《汉书·百官公卿表上·典属国》:"典属国,秦官,掌蛮夷降者。……属官有九译令。成帝河平元年省并大鸿胪。"

② 萧云从《离骚图·自序》落款为"题于万石山应远堂"。

③ 转引自沙鸥《萧云从丛考》,第174页。

的人欢欣鼓舞,有的当场就打开画册欣赏交流,一时忘记回去。① 萧云从感到非常欣慰,在《离骚图》刊印出来后,他也曾分送部分友人欣赏。江西吉水人施男以《天问图》为题赋诗一首:

> 铸鼎当年想贡金,东迁谁复忆销沉?
> 丹青楚庙犹存古,缣素兰陵喜嗣音。
> 图就龙蛇悲沴气,摊看鬼魅笑痴心。
> 滔滔天意真难问,抚卷苍茫起莫吟。②

从诗中颈联"图就龙蛇悲沴气,摊看鬼魅笑痴心"可以看出施男是萧云从的知音。"沴气"即灾害不祥之气。北周庾信《哀江南赋》说:"况以沴气朝浮,妖精夜殒,赤乌则三朝夹日,苍云则七重围轸,亡吴之岁既穷,入郢之年斯尽。"颈联上句暗指巴蛇吞象那幅图,下句"笑痴心"则是指萧云从一片爱国痴情恐怕没有多少人理解。

《离骚图》的广为流传,为萧云从带来极高的声誉,他擅画的名声进一步传扬开来,但萧云从是淡泊名利之人,回芜湖后,依旧做着课徒教书、字画换钱谋生的事。萧云从在梅筑,生活总算安定不少。萧云从对半隐居的生活也感到很惬意。两年前的寒食日,还在石臼湖避乱时,萧云从就画了一幅《青山高隐图》,还题跋文一篇述志:

> 画亦戏事也,而感慨系之。少时习业之暇,笃志绘事,寒暑不废。近流离迁播,齿落眼蒙,年五十而谆谆然居八九十者,遂握笔艰涩。间有索者,则假手犹子一芸。……自秋叶藏红,冬雪肤白,代谢未几,而群芳恣艳,为己丑春之今日也。尝忆《竹林图》晋遗民南北之阮,窃已愧矣。而复有小儿破贼于淝,令东山老子折屐。人处乱世,上不得击楫纾奇,次不得弹琴高蹈,而优游尘土,画青山而隐,则吾与芸子解衣盘礴,相附于长康、探微之流,亦足矣,他复何愿! 寒食

---

① 张秀璧《天问图·跋》:"余侍师侧,备校录,计逾年而图始成,于是孙兰借灵,妇驵竟市而购者,欲穿铁限矣。故自闾巷以迄四方后生耆宿,莫不捐百,虑奉一函,指顾欢跃,未能罢去。"
② 施男《邛竹杖·卷四·天问图》。

日，石人云从识。①

萧云从题款特地写上新起的号"石人"，也是有含义的。石人本指石刻的人像，亦称"翁仲"。② 后来，"石人"犹言木石之人，谓其无知觉，亦谓其长久存在。《汉书·灌夫传》："且帝宁能为石人邪？"颜师古注："言徒有人形耳，不知好恶也。一曰：石人者，谓常存不死也。"萧云从不会妄求长生不老，所以他以"石人"为号，是表明自己心如木石，不再对功名富贵有任何欲念和兴趣了。

"石人"萧云从基本上只和谈得来的老友来往，对他们求画之类的事也尽量满足。刚回芜湖不久，萧云从就为友人陈香士作《山水轴》并题跋文："丁亥暮春，为香士词兄临李咸用法。萧云从。"据地方志记载，"陈香士应顾潇洒出尘，耽经史，不求荣进，避城市嚣，远居郭外，有营灌轩。……与汤岩夫、方省斋诸隐论交最契"③。萧云从是重感情的人，回芜湖的第二年，他难忘给予自己巨大帮助的老友邢昉，特地画了一幅《云林小景》图寄给邢昉。邢昉收到后回信致谢并作《答萧尺木寄画〈云林小景〉》诗，诗中深情回忆了两人在石臼湖一道度过的"湖浦昔曾住，幽闲尚可分。野兔啄菰米，锦翼正纷纷"④的日子。都说文人相轻，但患难与共的文人是不会相轻的。

某天，友人彭述古写信来求画。彭述古，字幼官，才明敏，嗜学，以诗文自豪，居常不修边幅，兼喜饮，大家把他看作是阮籍一类的人。⑤ 萧云从对达官贵人敬而远之，不过对彭幼官很客气，不仅画了画，还写诗回复：

> 闭户曾无一刻欢，持杯难遣万山寒。
>
> 写成茅屋何能隐，寄到秋诗不忍看。
>
> 斜日随人趋古路，浮云往事忆长干。
>
> 梅花小筑依城阙，画角哀生泪未乾⑥。

---

① 沙鸥《萧云从诗文辑注》，第 127 页。

② 王芑孙《碑版文广例·卷六》："墓前石人，不知制所从始……今汉制传于世者，有门亭长，有府门之卒，有亭长，唐人亦谓之翁仲。"

③ 《嘉庆芜湖县志·卷一三》。

④ 邢昉《石臼后集·卷五》，见沙鸥《萧云从版画研究》，第 220 页。

⑤ 《嘉庆芜湖县志·卷一三》。

⑥ 乾：此处为"干"的繁体字。此处沿用古意保留"乾"字。

城居常梦往高峰，惨淡频年作画佣。

细草得眠君一醉，深松无碍我扶笻。

雁回天渺遗余响，人老江村谢旧容。

莫道韬精终阮籍，万古犹自未销锋。

三十年来膏火焚，樊南空咏哭刘蕡。

青山尽卖生犹窘，白首同归谶莫闻。

鸟啄芙蓉飘细粉，龙鳞天半宿苍云。

多才未识丹霄路，沉饮甘为麋鹿群。①

　　这组诗因为是答彭述古的和诗，所以亦有与其共勉之意。第一首写明亡以后，心情沉痛，即使闭门谢客也难以真正做隐士。诗中"忆长干"不仅是回忆与彭述古交往的往事，而且隐含故国之思，因为"长干"是古建康里巷名，借指南京。

　　第二首开头写自己生活艰难，年华老去（"人老江村谢旧容"），但在收到友人为索画寄来的书信后，精神为之一振。尾联借用典故含蓄告诉友人，自己于韬光养晦之中并未消磨奋发有为的锐气。

　　第三首先借李商隐（"樊南"即李商隐）伤悼刘蕡写自己与彭述古为知己之交且皆怀才不遇，借唐伯虎在困境中保持操守表明自己踵继前贤的心迹，再以芙蓉受损、苍松挺立象征二人的遭遇与品格，最后用苏东坡"侣鱼虾而友麋鹿"宣示人生态度并与彭述古共勉：既然以前没有机会为明廷效力，那么今后就流连诗酒，归隐江湖吧。

　　隐居梅筑的萧云从这时候偶尔也到芜湖附近的地方转转，陪同他的主要是侄儿萧一芸。大概在回芜湖的次年，春夏之交，应巢县遗民诗人崔冕的邀请，他们曾到巢县游玩。崔冕性好交游，南北名胜，足迹殆遍。工山水，画树根不着土，这是效仿南宋遗民画家郑思肖画兰不画土，表示国土已经落入外敌之手。萧一芸是春天先去的，崔冕非常高兴，从他的《喜萧阁有至自鸠江》这首诗中就明显可以感受他的心情：

阴晴两度大江寻，坐卧江楼江树深。

别后兵戈惊望眼，寄来书札慰离心。

_____

① 萧云从《彭幼官耽于诗酒索画和答》，见沙鸥《萧云从诗文辑注》，第7页。

琴囊秋拟浮芜水，画舫春先过石林。

握手喜中兼感激，一尊话未尽登临。①

从诗中可以看出，崔冕本来与萧一芸（字阁有）约好秋天到芜湖，没有想到春末萧一芸能够受邀先来访，所以格外惊喜，"握手喜中兼感激"。到了盛夏，大名鼎鼎的萧云从也应邀前来，崔冕更是喜出望外，因为可以就近向萧云从请教诗画艺术了。崔冕精心安排萧云从在巢湖的行程和生活，萧氏叔侄二人和崔冕及其友人吟诗作画，读书交流，不知不觉间逗留了一个月。崔冕后来有《萧尺木先生过巢城》诗追记此事：

艇放鸠江趁急湍，过巢休夏石林端。

庖厨官舍三旬久，风雨山楼六月寒。

弄笔绿窗常惜墨，披书白发不加冠。

新诗妙画留天地，日对真惭拜教难。

诗中"弄笔绿窗常惜墨，披书白发不加冠"写出了萧云从读书作画的勤勉，而结句"日对真惭拜教难"则真实表现了崔冕对萧云从才情学问的心悦诚服。

① 以下两首诗，均见崔冕《素吟集·卷八》，《四库未收书辑刊》第 8 辑第 16 册。

十三、补过斋主汤燕生

在萧云从隐居梅筑所交往的画友诗朋中,也有才情学问与之相当的高人,其中一位就是当时居住在芜湖东河沿的宁国府太平县人汤燕生。

汤燕生,字元翼,号岩夫。明末为诸生,甲申之后,他来到芜湖,起初在方兆曾家做塾师,两人关系很好。南明小朝廷的史可法及瞿式耜曾以书招汤燕生,但是他知道小朝廷病入膏肓,所以辞谢。汤燕生隐居在芜湖东河沿,筑"补过斋",达官贵人来访,闭户不见,日常交往的主要是萧云从、陈香士、张东田这些文人雅士。①

汤燕生有个侄子叫汤胤宜,为人豪侠仗义。他把儿子送到汤燕生那里请他教读书,看见"补过斋"非常简陋,就要送二百金给汤燕生,想让汤燕生置办点资产。汤燕生笑着推辞说:"你不了解我啊。"汤胤宜也不敢勉强他。汤燕生是个和蔼的人,从来不疾言厉色。因为一肚子学问,曾有人劝他著书,汤燕生回答说:"诗文非今世所崇,孔孟之道,愿学未能,而敢分先儒一席乎?"

汤燕生书法造诣也极高,篆籀功夫犹深,有人评论他的小篆得李斯笔法,与金陵郑簠齐名。他也酷爱吟诗,诗风庄丽凝厚。寓居芜湖不久,他就与萧云从、沈士柱成为好友。②

萧云从对汤燕生的才情很是欣赏,两人志趣相投,关系极好。某天,萧云从在家中忽然兴致勃勃,画了一幅《倒骑驴图》。来访的汤燕生看到了,抓起案桌上的毛笔就在上面题诗一首:

尘中宠辱横相惊,车马身将忧患并。

① 《民国芜湖县志·卷五二·人物志》。
② 吴肃公《街南文集·卷一一·汤岩夫先生传》。

惟有山翁闲策蹇，人间无路不教行。①

　　汤燕生的意思是，世俗中人常常是宠辱皆惊的，喜欢驰骋游乐的人难免乐极生悲，只有萧云从这样的"山翁"，可以悠闲地骑着毛驴，到处逍遥自在"任我行"。萧云从看了题诗，会心一笑，说："写得不错，画就送给你吧。"

《张果老倒骑驴图》

　　汤燕生本是诗人，又是关心民生疾苦的正直文人。清廷初期残酷镇压汉族百姓、肆虐江南的现实让他深切感受亡国丧家之痛；而那本应该奋发作为救民于水火之中的南明朝廷却因为内斗不息、贪腐至极而很快土崩瓦解，比刘阿斗还不如的南明弘光帝朱由崧，居然就在芜湖被手下将领绑送至清军处。这些事对汤燕生精神上的刺激太大了，他悲愤交加，时常发而为诗。

　　汤燕生后来把自己的诗集命名为《商歌集》。商声凄凉悲切，商歌即悲凉的歌。《淮南子·道应训》："宁越饭牛车下，望见桓公而悲，击牛角而疾商歌。桓公闻之，抚其仆之手曰：'异哉，歌者非常人也。'命后车载之。"所以汤燕生把诗集命名为《商歌集》是有深意的。

　　汤燕生和萧云从一样，在近体诗中，对七律这种诗体情有独钟，所以免不了时常切磋。某天，萧云从到汤燕生的"补过斋"去看他，汤燕生取出前两年写的《赭山怀古》诗稿，萧云从刚读到第一首，就明白他写的是弘光帝朱由崧在芜湖被捕的事，诗是这样的：

赤铸山头鸟不飞，上皇曾此易青衣。
无多侍从争投甲，有限生灵但掩扉。
五国城西边月苦，景阳楼下夜钟微。

① 沙鸥《萧云从诗文辑注》，第 207 页。

伤心莫唱零铃曲,未得生从蜀道归。①

　　传说弘光帝被捕前是在芜湖赭山脱下黄袍换上书生装束想趁乱逃跑的,诗中"上皇曾此易青衣"说的就是这件事。有关朱由崧的身世及上台胡乱执政并且最终在芜湖被捕的情况这里有必要花费一点笔墨。

　　弘光帝朱由崧(1607—1646),是明神宗万历皇帝朱翊钧孙,崇祯帝堂弟,老福王朱常洵长子。1641年李自成攻破洛阳杀朱常洵时,他逃脱而流落江淮。1643年袭封福王。1644年崇祯自缢后不久,朱由崧在南京被马士英等拥立为帝,是为弘光帝。

　　朱由崧称帝后,与农民军为敌,幻想和清军议和。他大难当头却又昏庸腐朽,不理朝政,只顾沉湎酒色,强征民女入宫,将大权委于马士英、阮大铖这些奸佞,排斥以史可法为首的东林党人。弘光帝在其内部的党争中偏向马士英、阮大铖等,对外又不做防御清军的准备,这直接导致了弘光帝的失败。

　　朱由崧在做世子时便以荒淫出名,此时在马士英等人的怂恿下更是忙于兴营造、选淑女、配春方,穷奢极欲,不问政事。执政的马士英集团则卖官鬻爵,贪污纳贿,横征暴敛。朱由崧即位时,曾许诺豁免练饷,裁汰漕粮中各种加派,取消崇祯十四年后各项积欠钱粮等,但实际上一项也未实行,不但三饷加派未减,而且继续加税,百计搜刮,民不聊生。

　　当时镇守南京上游的左良玉,早年是东林党人侯恂一手提拔起来的,跟东林党人关系很好,与马、阮等阉党和弘光帝相互猜疑。他以清君侧的名义浮江东下,与此同时,清廷豫亲王多铎率领的清军在进占西安,击败李自成农民军之后,正以狂风暴雨之势,横扫中原,直扑江北,进抵淮河一线。此时的弘光帝与马士英等人,却命令江北防线的明军回师攻打左良玉,以致江北防线大开,不战自乱。

　　1645年5月,清廷豫亲王多铎率清军血洗扬州后渡江直扑南京。警报传来,朱由崧还在饮酒作乐。他慌忙收拾行装,于5月10日深夜携带爱妃,暗暗从通济门出走,弃城逃至芜湖黄得功军中。第二天,清军追至,朱由崧及其爱妃避入黄得功船中。两军展开了水战,黄得功被冷箭射死,部将田维乘机反叛,捆绑了朱由崧及其爱妃,送与清军邀功。5月25日,朱由崧被押回南京。9月,被押送到北京。第二年,被杀于北京宣武门外的柴市。

---

① 《十百斋书画录·汤燕生诗翰》,转引自胡艺《汤燕生年谱》,见《书法研究》1992年第4期。

　　萧云从明白汤燕生在诗中用的"五国城"和"零铃曲"这些涉及宋朝徽、钦二帝和唐玄宗这三个倒霉蛋的典故的用意。五国城即五国部。辽时在今黑龙江省依兰县以东至乌苏里江口以下松花江和黑龙江两岸，是剖阿里、盆奴里、奥里米、越里笃、越里吉五国部的总称，设节度使领之，称五国城。其中越里吉城即今黑龙江省依兰县，称五国头城。北宋徽、钦二帝被金人迁于此，宋徽宗还死在这里。[①]"零铃曲"则是比较常见的典故。唐玄宗躲安史之乱途中杨贵妃被杀后，西南行，斜谷入蜀，于栈道雨中闻铃音，隔山相应，唐玄宗采其声为《雨零铃曲》，以寄思念贵妃之情。

　　那么，是谁把国家搞得一塌糊涂的呢？责任在谁？原因又是什么呢？汤燕生没有说，但是他的诗感伤弘光帝遭遇的同时又寓批判之意的主旨，萧云从是赞同的。读到第五首时，萧云从不禁击节赞叹了。

　　　　君王轵道已成尘，望祭春秋麦饭新。

　　　　见说义乌归老衲，莫轻罗隐是诗人。

　　　　苍鹅有穴飞仍迅，冻雀无家饮独屯。

　　　　曾笑偏安江左陋，只今烟月梦梁陈。

　　这第五首是最难懂并且含有强烈反清情绪的诗。此诗又涉及两个倒霉的末代君主——秦朝的子婴和晚唐的唐昭宗。"君王轵道已成尘"写子婴。"轵道"本为亭名，在陕西省西安市东北。《战国策·赵策二》："夫秦下轵道则南阳动。"鲍彪注："轵道，《秦纪》注：亭名，在霸陵。"《史记·秦始皇本纪》："子婴系颈以组，白马素车，奉天子玺符，降轵道旁。"后借指亡国投降。"冻雀无家饮独屯"这句借用唐昭宗受朱温胁迫，由长安迁都洛阳事。《资治通鉴·唐昭宗天祐元年》："（春正月）甲子，车驾至华州，民夹道呼万岁，上泣谓曰：'勿呼万岁，朕不复为汝主矣！'馆于兴德宫，谓侍臣曰：'鄙语云："纥干山头冻杀雀，何不飞去生乐处。"朕今漂泊，不知竟落何所！'因泣下沾襟，左右莫能仰视。"后以"冻雀唐昭"为典，指处于穷途末路境地的帝王。

　　至于"苍鹅有穴飞仍迅"中的苍鹅，据《晋书》载："永嘉中，洛城东北角步广里中地陷，中有二鹅，苍者飞去，白者不能飞。问之博识者，不能知。养闻叹曰：'昔周时

所盟会狄泉,此地也。卒有二鹅,苍者胡象,后明当入洛;白者不能飞,此国讳也。'"
这个典故在《晋书·五行志·中》《水经注·谷水》中皆有记载。后遂以"苍鹅出地"
喻外族入侵,国家有难。"有穴"暗指清人本来有满洲之地,"飞仍迅"暗指进攻侵占
速度之快。此典故中"苍者胡象"或曰苍鹅有胡人之相,清人从广义上来说也属于胡
人,可见,汤燕生用此典故是冒着很大风险的。

汤燕生也明白这一点,他并不想招来杀身之祸,所以他不轻易以《赭山怀古》示
人,只拿给像萧云从这样的至交看。① 萧云从读后,虽情不自禁赞叹汤燕生的才思和
勇气,但一想到国家弄到如此地步,又不禁唏嘘。与汤燕生默然相对许久,方才告别。

除了和萧云从交流诗文创作,因为汤燕生本人精通书画,他也是萧云从书画的
知音。汤燕生曾在观赏萧云从的山水册页之后,欣然题写跋文,其中首则跋文是用
四言韵文形式写成的"赞":

> 江枕鲁明,山当梦日。番番静士,惄有其室。文将起衰,谈能愈疾。
> 有祕皆探,匪奇弗述。攻晋人书,师元贤笔。意在有无,景分疏密。
> 巨然未亡,北苑更出。谁论先后,未许甲乙。时惠山翁,以遗渔逸。
> 山能改容,水或流芝。情于此移,誉非云溢。尺老此画,圆浑深厚。
> 正使一峰捉笔,无以相逾,漫系以赞。②

这篇赞辞,文辞古奥。文中涉及芜湖古地名还有若干典故。"鲁明"指鲁明江,
漳河下游别名。《舆地纪胜·卷十八·太平州》载,鲁明江"在芜湖县西南三十余里。
《旧经》云'鲁仲明居'"。"梦日"指梦日亭。北宋元丰八年(1085)芜湖东门承天寺
方丈蕴湘募建"梦日"和"玩鞭"二亭。亭名出典于《晋书》。晋明帝太宁二年(324)
六月,"王敦将举兵内向,明帝密知之,乃乘巴骏马,征行至于湖,阴察敦营垒。敦昼
寝,梦日环其城,惊起曰:'此必黄须鲜卑儿来也!'使五骑追帝。帝驰去,见逆旅卖食
妪,以七宝鞭与之,曰:'后骑来,可以此示!'追者至,问妪,妪曰:'去远矣!'因以鞭示

---

① 正是因为第五首诗情绪最为激愤,所以无论是朱彝尊的《明诗综》还是黄钺的《壹斋集》都
没有收录,因此后来除《十百斋书画录》外,其他各版本《赭山怀古》里都没有第五首诗。
② 汤燕生《题萧尺木山水册诗文》,见沙鸥《萧云从诗文辑注》,第205页。

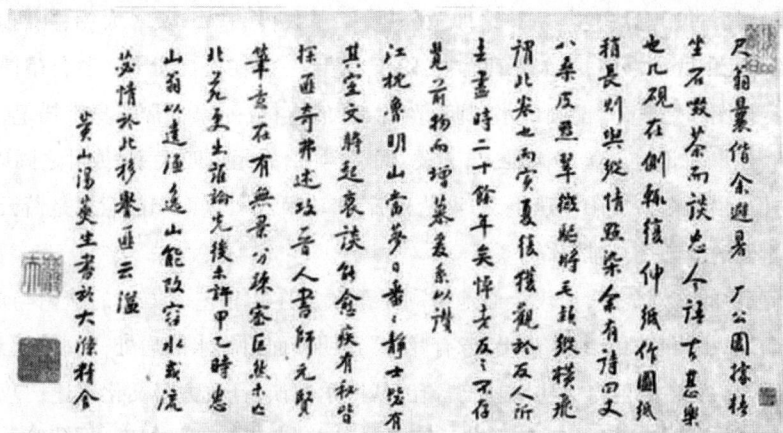

汤燕生《题萧尺木山水册》手迹

之。传玩良久,帝获兔。"萧云从的梅筑就在梦日亭附近。

"番番"本有"勇武貌"义。《书·秦誓》:"番番良士,旅力既愆,我尚有之。"番此处通"皤",番番,白貌,多形容白发。宋梅尧臣《送正仲都官知睦州》诗:"是以世间人,鬓发易番番。""毖"谓谨慎。《说文》:"毖,慎也。"这里或有低调的意思。

"文将起衰,谈能愈疾"这两句分别用苏轼《潮州韩文公庙碑》和枚乘《七发》的典故。苏轼在《潮州韩文公庙碑》里赞美韩愈"文起八代之衰,而道济天下之溺"。汉代辞赋家枚乘在《七发》中虚拟了一则楚太子有病,吴客前去探望,通过谈话使太子痊愈的故事。吴客认为楚太子的病因在于贪欲过度,享乐无时,不是一般用药和针灸可以治愈的,只能"以要言妙道说而去也"。于是分别描述音乐、饮食、乘车、游宴、田猎、观涛六件事的乐趣,一步步诱导太子改变生活方式;最后还要替太子引见"方术之士","论天下之精微,理万物之是非",太子乃霍然而愈。

赞辞中还提到几位历史上的著名画家,分别是巨然、董源和黄公望。巨然,五代宋初僧。江宁人,居本郡开元寺。工画山水。南唐李煜降宋,巨然随至京师,居开宝寺,知名于时。山水祖述董源,擅画江南山川烟岚气象,其作风格苍郁清润,为五代、宋初南方山水画主要流派。"北苑"指董源,五代时钟陵人,字叔达,又字北苑。事南唐李煜为后苑副使。工画山水,以状如麻皮皴笔画山峦,讲究以水墨表现江南云雾显晦、溪桥渔浦、汀渚掩映之景,极大地丰富了山水画表现手法。又工设色山水,山石少皴纹,景物富丽,有李思训之韵致。董源与巨然并称"董巨",为五代、北宋画坛之巨擘,对后世影响甚大。"一峰"即黄公望,字子久,号一峰,又号大痴、井西老人。元顺帝至元中辟为书吏,不久弃官而去,隐于富春,一度在松江卖卜。黄公望博极群书,通音律图纬之学,尤工画山水,师法董源、巨然,自成一家。常随身带描笔,见好景奇树,便摹写记之。笔墨高雅,与王蒙、倪瓒、吴镇为元末四大家,传世之画以《富春山居图》最著名。文中汤燕生说"谁论先后,未许甲乙",这两句的意思是萧云从与巨然、董源的绘画技艺难分高下。

汤燕生的这则赞辞,比较全面地赞颂了萧云从在文化艺术方面的造诣与成就。"江枕鲁明,山当梦日。番番静士,谥有其室"点明其面山临水的居处;"文将起衰,谈能愈疾。有祕皆探,匪奇弗述"是赞美萧云从博学健谈,且致力于文化著述;"攻晋人书,师元贤笔"是说萧云从刻苦研修王羲之等晋人书法和王蒙、倪瓒、吴镇等元贤的绘画技艺,最终与巨然、董源难分伯仲。

因为汤燕生自己也是著名的书画家和文化修养很高的文人,作为萧云从的至交,他的这篇"赞"对萧云从虽极力推崇,但所云皆内行人语,并非廉价的溢美之词。

一四、太平山水望太平

萧云从在《离骚图》版画印行以后，虽然名声更隆，但是他不好交结俗人。有时人来求画，萧云从只叫家人登记，留下定金，连面也懒得见。

顺治四年春夏之交的某日，太平府推官①张万选登门拜访萧云从。萧云从听朋友唐允甲介绍过这位"东海大儒，名臣胄裔"②，知道他字举之，山东济南人，贡生，是顺治元年到任的。③

张万选的家族在济南府邹平县是名门望族，张万选的爷爷张一亨，"累封礼部祠祭司主事，赠吏科给事中"。叔祖张一元，明朝隆庆五年（1571）进士，曾任阳曲县知县，光禄寺卿、河南巡抚、佥都御史。张一元无子，张一亨的独子张延登先过继给叔父再回归生父，而张延登就是张万选的父亲。张延登是万历辛卯（1591）举人，壬辰进士，历任内黄县知县等职，为官清廉。后告老还乡，不久病逝。张延登教子有方，曾将家训刻石，置于宗祠中。其中有言曰："凡人家子弟，宫室车马，衣服饮食，僮仆器用，事事要整齐，然后志骄意得。直是一副俗心肠。你看那老成君子，宫室不如人，车马不如人，衣服饮馔、僮仆器用不如人，他却学问才识强似人，存心制行强似人，功业文章强似人。"由于教子有方，张氏家族的子孙都很优秀，而且大都为文化人。张万选的父亲张延登就曾撰写《黄门纪事》十卷，另有诗文集二十卷；大弟张万钟著有《鸽经》，据说是目前已知的历史上最早的一部记载鸽子的专著；张万选的子侄张世居等亦有《红璟斋诗稿》《萧亭诗集》等问世。张万选本人还善书法，邹平县《长白山月歌碑》系其所书，"字学董玄宰，可谓分香光一瓣者也"。明朝大书法家董

---

① 推官，唐代始置。明代各府皆置推官，掌刑法诉讼等。
② 唐允甲《太平山水图序》，见《康熙太平府志·卷三七》。
③ 《康熙太平府志·卷一九·职官·五》："张万选，字举之，山东济南人，贡生，顺治三年任。改顺天推官，历刑部主事。"而据张万选在《太平山水诗画·图画·序》中自述，他是顺治元年任太平府推官。

其昌字玄宰,号香光,据此可知张万选书学董其昌。①

张万选在任四年,政声不错,所以萧云从这才开门纳客。寒暄几句后,张万选说明了来意。原来张万选到任推官后,政事之余,酷爱诗文,流连山水。眼看任期将至,离任之前的张万选萌生一个心愿,就是将历代名人吟咏太平山水的诗文汇集成书,且绘图供品味赏玩。于是公务之暇,就开始进行这项工作。他选取太平府景物名胜八十余处,下列诗人及作品,题名《胜概》,编成七卷,后来又加补遗一卷;又将游览登临太平府的历代一〇八位诗人,各人之下列其题咏之作,编成《风雅》四卷。

书编得差不多时,张万选想来想去,觉得太平山水如果不能貌写出来,终究是遗憾,要是再有《图画》一卷就好了。请哪位大家来画呢? 张万选也听说过萧云从的大名,可是萧云从不大和官府的人来往,他会不会答应呢? 想了几天,张万选决定登门拜访去试试。这才有了两人的见面。

萧云从与张万选坐定之后交谈起来。张万选认为,人通过山水之游除了获得精神上的放松,还有助于提高做人的品位,“游尽天下名山水,读尽天下奇书,方能不俗”②。这与萧云从一贯的理念正好符合。张万选又说起他计划编印《太平三书》的设想(所谓“三书”就是张万选自己编选的《胜概》《风雅》和打算邀请萧云从绘制的太平山水《图画》),萧云从一听他不是求画独自赏玩,而是想推广太平山水胜景和那些流传至今的诗文,萧云从本来就性喜山水,对姑孰名胜也很熟悉,再加上看到张万选一番谈吐,确实是文雅之士,于是愉快地应承下来。

萧云从答应张万选,还有两个原因。一是经济方面的考虑。张万选是世家子弟,自费刊印图书是没有问题的,萧云从此时刚回芜湖不久,养家糊口需要钱,修葺梅筑也需要钱;另外一个原因就是当时江南一带书商、刻工这些条件皆具备,且图画书也有市场,《太平山水图》一旦完成,刻印与销路都不是问题。③

萧云从送别张万选,很快投入创作中去了。因为有刊刻《离骚图》与刻工打交道的经验,萧云从一开始就考虑两个问题,一是画山水画不是问题,如何让读者了解太平山水全貌和画出太平山水的特色才是问题;二是如何在表现太平山水特色的同

---

① 沙鸥《萧云从版画研究》,第 127 页。

② 张万选《太平山水诗画·图画·序》,见沙鸥《萧云从诗文辑注》,第 198 页。

③ 安徽博物院藏《太平山水图》(一名《太平山水诗画》)为清顺治五年(1648)怀古堂万选刊本,系最早的版本,已入选第三批国家珍贵古籍名录。“万选刊本”证明是张万选私刻。

时，又能方便刻工奏刀，进行再创作呢？

萧云从首先解决了如何表现太平山水全貌的问题。现在的《太平山水图》首幅《太平山水全图》就是萧云从根据当时太平地区山水名胜而绘的鸟瞰图，他还专门标注境内各处名山的方位与名称，类似如今的导游图，使读者一目了然。

首幅图画中峰峦林立，草木翁郁，溪环水绕，阡陌纵横，一派江南水乡风光。画面左上角题南宋杨万里的诗："圩田岁岁续逢秋，圩户家家不识愁。夹道垂杨一千里，风流国是太平州。"杨万里将太平府誉为"风流国"，萧云从选择这首诗，他对于乡土的挚爱之情亦蕴

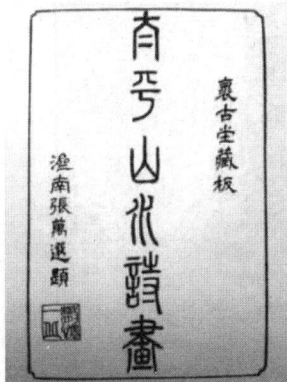

《太平山水诗画》书影

含其中。

《太平山水图》其余四十二幅为太平府所辖当涂、芜湖、繁昌三县的名胜风景图，其中当涂风景十五幅，芜湖风景十四幅，繁昌风景十三幅。这些图或描绘山川胜景、山村水郭，或刻画春雨秋云、晨曦暮霭，或实写当地居民的生活场景，展示了历史上姑孰优美的自然景色，深厚的文化积淀。图上还都题以古代名家的诗，亦均标明是拟仿古代画家如王维、关仝、郭熙、夏圭、马远、黄公望、唐寅、沈周等之技法而创作的山水之图。

实际上萧云从并没有完全按照前人技法创作，因为张万选请萧云从作画时，要求是否可以运用版画刀刻的特点去勾线，以便让徽州府最好的刻工来刻成版画，这样，这部山水图集就能与歌咏太平美景的诗作一起长久地保存下去了。萧云从因为《离骚图》的刊刻，已经知道雕版印刷与刻工的需要，所以，他的画稿多直笔线条，少皴染，就是为了满足其需要。

画出太平山水的特点离不开写生。萧云从对此是非常认真的，写生时他特别注意选取能够表现山川特点的角度，例如采石矶，就选取江边侧视角度，这样能够更好地表现采石矶的耸立之势。他的《采石图》，即使今人在萧云从当时选取的同一位置拍照，拍出的画面也是相似的。所以，萧云从所绘太平山水，大抵属于写实性的实景山水图。虽然是实景山水图，但是萧云从并不是呆板地摹写山水。《采石图》中，因为太白楼是与伟大诗人李白联系在一起的，所以萧云从特地用文与可《蜀道图》的折带皴法画翠螺山，太白楼耸立山中，山石遮掩其右角，这样既突出了主要建筑物，又

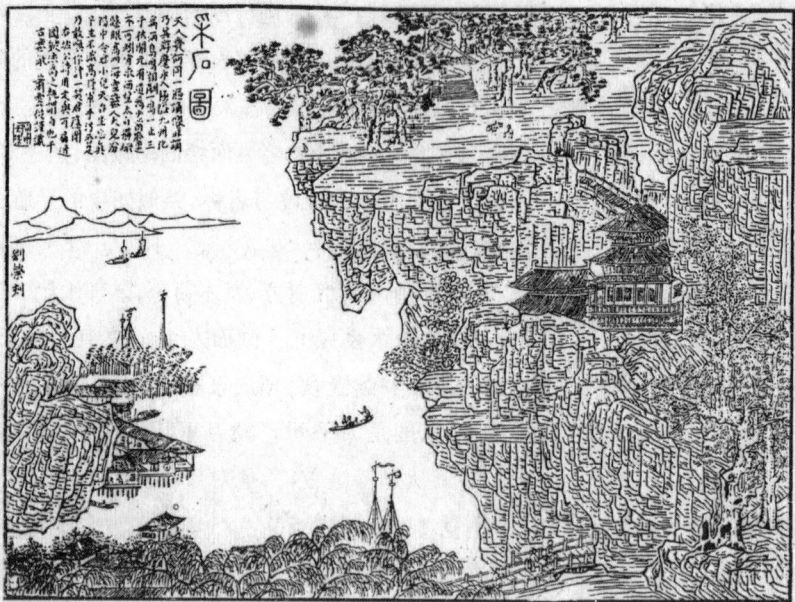

《太平山水图·采石图》

略有含蓄。画面上既有行人拾级而上,也有人独坐采石矶头远眺江景,令人联想起
当年李太白"孤帆远影碧空尽,唯见长江天际流"的诗句,想象诗仙在此饮酒赏月的
情景。

在萧云从倾心创作《太平山水图》的时候,由于清王朝采取的一些缓和民族矛盾
的政策,促进生产恢复的措施已经初见成效,所以在《太平山水图》中,萧云从描摹了
人民安居乐业的景象,寄托了他希望天下太平的心愿。想一想也是,如果连太平府
都没有太平,那岂不是极大的讽刺?

为了表示对汉人文化的重视,笼络人心,清廷除了很早就尊崇孔子,谥孔子以
"大成至圣文宣先师"的封号外,还诏谕规范"乡饮"仪式。"国朝顺治初,令京府及直
省府州县,每岁举行乡饮酒礼,于府留钱粮内支办。雍正元年奉谕旨,乡饮酒礼,乃
敬老尊贤之古制,近闻年久视为具文,所备筵宴亦甚不堪,应加谨举行。"①尊重汉人

---

① 《道光繁昌县志·卷一一·选举志》。

的习俗与文化,是清王朝统治逐渐稳固的重要原因。

　　作为汉族文化人,萧云从在他的《太平山水图》里,自然也注意反映地方的人文历史,从中可以感受作者的生活情趣和价值取向。

　　如表现芜湖景色的《赭山图》,萧云从用刘松年《雪景》之法绘赭山冬景,画的左面着重刻画了山中广济寺寺院及殿后高塔,画的右角描绘的是两人骑驴上山,随从两人在后步行,山上的树木,除松树外,均为枯树,用笔遒劲老辣。萧云从在画上题写黄庭坚诗并题跋:"'读书在赤铸,风雪弥青萝。汲绠愁冰断,村酤怯路蹉。玉峰凝万象,绿萼啄轻螺。古剑摩空宇,寒光启太阿。'赭山为干将铸剑之地,而黄山谷读书其间,遂作是诗,墨迹尚存,然郡刊文集皆未收。因以刘松年雪图摹之,庶古迹名咏则垂不朽云。梅石道人。"

　　萧云从因为地方志没有收录黄庭坚的诗而借作《赭山图》的机会特地推介,既有为家乡保存地方历史文化资料的想法,也很可能有借干将铸剑、山谷读书的故事激励士子奋发有为的用意。

《太平山水图·赭山图》

在《大小荆山图》上,萧云从题写的是曾任芜湖县令的元代诗人欧阳玄的诗:

> 一山西出一山东,八字分明在水中。
>
> 古往今来多少恨,客愁无不在眉峰。

萧云从特地题写欧阳玄的诗,有对"为官一任,造福一方"的官员表达敬仰之情的意思在里面。欧阳玄,字原功,湖南浏阳人。他的祖先居住在庐陵,系宋代欧阳修同一宗族人。延祐二年(1315),朝廷开科举选拔人才,欧阳玄考中进士,授职岳州路平江州同知,后调任为太平路芜湖县尹。欧阳玄任芜湖县尹三年,不畏权贵,清理积案,严正执法,注重发展农业,深得百姓拥戴,有"教化大行,飞蝗不入境"之誉。县里有很多不易判明的案件,长时间不能判决,欧阳玄审查案件的实情缘由,一一做了裁决。豪门大族不合法度,残害他们役使的奴仆,欧阳玄判决让奴仆赎身为平民。欧阳玄主政芜湖时,赋税征发都很适当,教育感化的政策得到普遍推行。[①]

在任内,欧阳玄对芜湖名胜古迹多加保护修茸,还为八处名胜各题七言律诗一首,遂有"芜湖八景"之名。其中一景为"荆山寒壁",因与家乡荆州的荆山同名,所以欧阳玄常去游览,"三年楚客江东寓,每见荆山忆故乡"。欧阳玄离任芜湖时,老百姓自发为其送行,步行很远,欧阳玄也是依依不舍,作《解任别芜湖父老》诗一首:

> 临歧分袂三千里,别骑回头第一书。
>
> 政绩在公从毁誉,交情临别见亲疏。
>
> 数声榉橹苍茫外,一点寒灯寂寞初。
>
> 好是心如窗外月,今宵都到故人居。[②]

这首诗虽明白如话,却也警醒动人。"政绩在公从毁誉,交情临别见亲疏"说明欧阳玄对个人得失早已置之度外。欧阳玄离任后,老百姓为纪念他,将荆山之水取名"欧阳湖",简称"欧湖"(萧云从在其诗文中经常写作"区湖","区"与"欧"同音)。萧云从非常尊崇欧阳玄,在弟弟萧云倩还在世时,曾与芜湖一班文友沈士柱、唐允甲

---

① 《元史·欧阳玄传》。
② 《民国芜湖县志·卷五九·杂识》。

等游览欧湖，"击楫狂歌思不穷，采芹酹酒奠欧公"[1]。

欧阳玄书法

《太平山水图》里还有两幅画绘写繁昌马仁山的山水胜状，其中一幅画的是洗砚池，题诗用的是明代繁昌人徐杰的诗。这是很有意思的事。因为《太平山水图》每幅画都有题诗，其他画上题写的诗，绝大多数是名人之作，如李白、苏轼、杨万里等，而徐杰则名不见经传。另外，十多年以后，萧云从又画了一幅同一题材的画赠好友方兆曾。萧云从一生画过几幅《洗砚图》不得而知，但至少可以说明"洗砚"是他喜爱的题材。

《洗砚池图》画的是唐朝的王翀霄在马仁山隐居读书的故事，图上题的是徐杰《洗砚池》诗，这首诗是其咏马仁山组诗之五，诗如下：

翀霄姓王氏，云是羲之儿。

性洁爱山水，好书复临池。

波间洗破砚，墨浪飞玄鱼。

羲之写黄庭，名声千载垂；

翀霄书涅槃，字画与并驰。

二子已仙去，遗迹人间奇。

春风翰墨香，秋雨蛟龙悲。

飞鸟不敢过，何必高藩篱。[2]

此诗吟咏的主人公是唐朝的王翀霄，据说他是王羲之儿子王献之的后代，因为他才有了马仁山洗砚池。《重修太平府志》介绍了王翀霄及洗砚池的来历：

① 唐允甲《同下萧尺木小曼沈昆铜泛欧湖》，见沙鸥《萧云从诗文辑注》，第198页。
② 《康熙太平府志·卷三八·艺文四》。

《太平山水图·洗砚池图》

　　王翀霄，正元间与陈商同筑室于繁昌马仁山讲学，昼夜不辍。翀霄雅志林壑，淡然自逸，江左士多从之游。翀霄厌所居不深密，益徙隐龙首峰之西。其后，陈商随荐书中第，益贵显，而翀霄终身不仕。今书室遗址、洗砚池皆存。①

与王翀霄一道在马仁山读书讲学的陈商是个怎样的人呢？该书亦有介绍：

　　陈商，字述圣，陈宣帝五世孙，左散骑常侍龚之子也。贞元间，与王翀霄为友，结庐马仁山。翀霄学黄老，而商欲用世，昼夜讲索，江表从学者众。累举不第，尝以文质之韩愈，愈答以书。后策射登进士第。会昌五年，以谏议权知贡举。六年，拜礼部侍郎。仕终秘书省监，封许昌县男。有文集十七卷行于世。②

---

① 《重修太平府志·卷八·人物·隐逸》。
② 《重修太平府志·卷六·人物·文学》。

陈商与王翀霄、李晕被称为"马仁三隐士",但他可能有作秀嫌疑。作为帝王之后,陈商在青山绿水间固然悠闲,可久而久之便耐不住寂寞,给当时的大文学家韩愈写了一封信,一来展示才学,二来毛遂自荐。这也是唐朝当时文坛的风气。韩愈也挺给面子,当真写了一封回信给陈商,原文如下:

> 愈白:辱惠书,语高而旨深,三四读尚不能通晓,茫然增愧赧;又不以其浅弊无过人知识,且喻以所守,幸甚!愈敢不吐情实?然自识其不足补吾子所须也。
>
> 齐王好竽,有求仕于齐者操瑟而往,立王之门三年不得入。叱曰:"吾瑟鼓之能使鬼神上下,吾鼓瑟合轩辕氏之律吕。"客骂之曰:"王好竽而子鼓瑟,虽工,如王不好何?"是所谓工于瑟而不工于求齐也。今举进士于此世,求禄利行道于此世,而为文必使一世人不好,得无与操瑟立齐门者比欤? 文虽工不利于求,求不得则怒且怨,不知君子必尔为不也。故区区之心,每有来访者,皆有意于不肖者也。略不辞让,遂尽言之,惟吾子谅察。①

这封信除了客套话,韩愈主要给陈商讲了一个齐王好竽而求仕者却在他面前鼓瑟的故事。韩愈借此规劝陈商,在当世求取功名利禄,而又是走文学的道路,这条路是所有的人都不喜好的,这与那个拿着瑟在齐国宫门前等待齐王的人不是一样吗?你的文采再好,对于你所求取事情是没有帮助的,求之不得就会生怒生怨,殊不知君子是不这么做的。韩愈有爱才之心,这封信等于劝陈商自己去寻找合适的人生道路。陈商后来也得偿所愿,先"登进士第"后做了官。

萧云从《洗砚图》之所以只画了王翀霄一人及一书童,没有以"马仁三隐士"为对象,其价值取向是不言而喻的。徐杰的诗里也没有提陈商其人,而是突出王翀霄"性洁爱山水,好书复临池"的特点,此诗得到萧云从青睐,题在画上,原因大概在此。

《洗砚池》诗的作者徐杰,字元定,后更名兴之。少颖异不凡,书过目成诵。登成化进士,官淄川县令,不数月,因效仿陶彭泽不为五斗米折腰,遂挂冠归,结庐马人山(马仁山),以诗歌自娱。葛巾芒履,朗吟浩歌,有渊明栗里之风……其著述最富,集

---

① 见《韩昌黎全集·卷一六·答陈生书》,题下注云:"生"下或有"商"字。

将成,心疾暴卒,时年四十六,有诗文数十卷。① 徐杰后来被乡人称为"繁昌的陶渊明",他曾作过两首悼亡诗,诗中表现的情感相当凄苦:

> 未老求闲未得闲,半生都为我艰难。
> 有儿留得痴如我,比似人间无一般。
>
> 官满归来依旧贫,时时乞米向亲邻。
> 未尝券纸数留在,此是家私遗后人。②

徐杰个人穷困潦倒的遭际,挂冠归隐的选择,可能也是萧云从《洗砚图》取意于他的诗的另外一个原因。

1648 年,《太平山水图》四十三幅全部完成。张万选花重金邀请旌德名刻工汤尚、刘荣等精心刻制。这些徽州能工巧匠充分展现了萧云从原作的神韵,将作者的笔触所至,线条或刚劲尖利若钢锋,或软嫩和润若流水,全部不失毫厘地传刻出来。张万选以"怀古堂"名义,把《太平山水图》编入《太平三书》中刊行,张万选还十分喜悦地作序,其中说:

> 余理姑四载,姑名胜日在襟带间,披臻涉巇,溯洄寻源,实愧未能,今适量移北去,山川绵眇,遥集为艰,岁月驱弛,佳游不再。于是属于湖萧子尺木为撮太平江山之尤胜者,绘图以寄。余思间一展卷,如闻鸟啼,如见花落,如高山流水环绕映带,如池榭亭台藻缋满眼,即谓置我于丘壑间,讵曰不宜。萧子绘事妙天下,原本古人,自出己意,正未知昔日少文壁上曾有此手笔否,异时布袜芒鞋涉迹五岳,当循是图为嚆矢,请洒酒与谢李诸公订盟而去。

在序中,张万选高度评价萧云从"萧子绘事妙天下",确非过誉之词。从画史看,《太平山水图》属于实景山水画,实景山水画是山水画的一种,大多以纪游图的形式

出现,有供卧游和导游的功能。明代吴门画派画家已有此类画作,如沈周的《苏州山水全图》长卷。随着商业社会的发展,明代亦出现了专门的旅行指南类图书,如黄汴的《一统路程图记》(隆庆刊本)、陶承庆的《华夷风物商程一览》(万历刊本)等。萧云从的《太平山水图》当然不是导游图,也与沈周的《苏州山水全图》有区别。沈周画苏州实景山水,点缀的多为文人结社交友、品茗清谈的场景,表现的是文人的趣味。萧云从则一方面重视反映地方历史文化,另一方面更难能可贵的是着眼世俗生活场景,表现百姓的劳动与生活。如《青山图》画田畴边一头耕牛趴在树荫下喘息,旁边一农夫似挥鞭促其起身继续耕田,这与一般表现田园风光的牧童骑牛场景就不同;在《行春圩图》中,萧云从画了挑担的行人,正在耕田的农夫与牛,踩着水车往田里灌水的三个农人甚至村口路上站着的家犬等。这些都反映了萧云从对普通百姓生活的关切,对他们能够安居乐业的欣喜和期盼,而这些在吴门画派那些画家笔下是罕见的。所以除了艺术上的成就,《太平山水图》从内容角度说,还具有历史文献的价值。

《太平山水图·行春圩图》

因此,对张万选说的"萧子绘事妙天下"这句话中的"妙"字,如果仅仅理解为绘画笔法等形式方面的高超是不够的,还应该包括萧云从在《太平山水图》中对生活场景的选择眼光（这种眼光又来自对家乡和百姓的爱）。萧云从同时拥有大艺术家悲天悯人的情怀、独特的审美眼光和高超的绘画技艺，《太平山水图》因而成为中国版画史上的又一部杰作。

一五、心潜羲颉学

萧云从除了"绘事妙天下",还对"小学"即文字学有兴趣并且在音韵学方面有很高的造诣。

萧云从晚年在赠给友人胡正言的山水画上题诗,其中有两句是"蜾扁心潜羲颉学,凌云大字光椒除"①。"蜾扁"是篆书的一体,形略扁,故名。"羲颉"则指伏羲和仓颉。传说《易经》八卦为伏羲所作,仓颉则是汉字创造者。②"椒除"指宫殿的陛道。③ 这两句诗赞美胡正言文字学造诣和书法艺术水平都很高,其实萧云从自己也是这样的人,否则大出版家胡正言也不会对他青眼有加。

从《离骚图》注文中就可以看出萧云从文字学修养。他在《灵蛇吞象厥大何如》注文中说:"南方有灵蛇吞象,三年然后出其骨是也。蛇属巳,巴益以舌,画者,象形也。"④这段话的意思是,南方有一种蛇叫灵蛇,传说能吞大象,三年后吐出大象的骨头。蛇属巳,"巴"字是在"巳"字上加一笔表示(蛇的)舌头,所谓画(字),就是象形文字。

汉字造字法历来有"六书"之说,也就是象形、指事、会意、形声、转注、假借六种造字方法,其中,"象形"是最初的造字法,"形声"则是产量最多的造字法。萧云从认为"巳"和"巴"都是用象形法造出来的字。从下面金文"巳"和小篆"巴"的字形,可以看出两个字都像蛇蜷曲之形,而"巴"字的那一横,表示蛇的舌头。

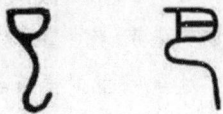

---

① 萧云从《赠胡曰从》,见沙鸥《萧云从诗文辑注》,第41页。
② 许慎《说文解字·序》:"黄帝之史仓颉,见鸟兽蹄迒之迹,知分理之可相别异也,初造书契。"
③ 《汉书·王莽传》:"自前殿南下椒除。"颜师古注:"除,殿陛之道也。椒,取芬香之名也。"
④ 萧云从《天问图注文》,见沙鸥《萧云从诗文辑注》,第90页。

义字学家对"巳"的本义尚有不同意见,但"巴"的本义是蛇是没有问题的,巴蛇特指大蛇。《说文解字》:"巴,虫也。或曰食象蛇。象形。凡巴之属皆从巴。"《山海经·海内南经》:"巴蛇吞象,三岁而出其骨。"蛇游走于地面,所以"爬"以"巴"为声旁;蛇身是长条物,所以有"尾巴"一词,而圆形物如锹把、把手的"把"也以"巴"为声旁;蛇身又是黏糊糊的,所以黏手的"糍粑"的"粑"仍然是以"巴"为声旁。由此可见萧云从是有文字学修养的。当然,由于甲骨文出土还是十九世纪末的事,甲骨文的研究成果则集中出现于二十世纪上半叶,所以无论是写《说文解字》的许慎,还是业余研究汉字的萧云从,都没有见过甲骨文及其研究成果,因此他们关于文字的解说不尽正确,也是可以理解的。

　　由于萧云从对文字学有兴趣也有一定的修养,他的朋友因此时常同他探讨或向他请教文字、音韵方面的问题,其中以方文最出名。方文后来在《赠汤岩夫》诗中对此有具体生动的记叙:

> 今人读书不识字,下笔淆讹十三四。
> 许徐训诂自分明,争奈人都不省视。
> 昔者吾友戴敬夫,磨砻字学天下无。
> 予少窃闻其绪论,虽知梗概心犹粗。
> 中年奉教萧尺木,尺木篆隶精且熟。
> 每与予言辄终夜,字学稍知其节目。
> 平生结交多俊民,此道茫昧恒失真。
> 何期晚遇汤元翼,奄有二子成三人。
> 犹记鲁江同作客,颇领微言恨匆迫。
> 别来十载梦魂劳,老去重逢须鬓白。
> 闲时缓步过吾庐,相对惟应话六书。
> 秦汉晋唐体多变,那能贯穿为发摅。
> 当时戴萧所未悉,今日询君得其实。
> 我亦著书曰蒙求,乞君厘正方成帙。①

---

① 方文《涂山续集·卷二》。

从方文的诗中可以知道，萧云从与戴重、汤燕生等经常探讨文字学问题，方文还谦虚地说自己是"中年奉教萧尺木"。康熙二年（1663），方文在南京完成《字学蒙求》一书，正好这时汤燕生到南京教书，方文就请他对自己的书提意见并写了这首诗。①

方文在诗中感慨"今人读书不识字，下笔涫讹十三四"，这么说是不是言过其实呢？其实不仅没有言过其实，而且现实中存在的问题更为严重。

如果有哪位中国人说"百分之九十的中国人不懂汉字"，估计他将会被听到这句话的百分之九十的中国人的唾液淹死。其实这话真的没有说错。普通人使用汉字难免犯错就不说了，现在就算有些所谓专家在解释古汉语词义或书画家在书画题跋时写繁体字犯错误也是司空见惯的。

比如说吧，有位"心灵鸡汤"专家解释《论语》中的"小人"时就说，小人有时候指儿童，因为连环画又叫"小人书"，就是给儿童看的，所以小人就是儿童。对这种解释，我们只能"呵呵"了。孔夫子如果听到了，大概只能目瞪口呆。

还有一位书法家写苏东坡的《赤壁怀古》，字写得蛮潇洒，可是把"雄姿英发"和"早生华发"写成了"雄姿英髪"和"早生华發"，他不知道"华发"的"发"应该写成"髪"，而"英发"的"发"应该和"发财"的"发"一样写成"發"。最可笑的是有人卖弄学问，把"王后"写成"王後"，他不知道甲骨文中就有"后"字了，指手拿棍子发号施令的人，所以有"君主"的意思，比如"皇天后土"中的"后"，而前后的"后"、落后的"后"才写成"後"。

所以，说百分之九十的中国人不懂汉字不一定是错的。现在谈国学的人如过江之鲫，可是国学的基础是"小学"，也就是文字学，并且文字学本身就是国学重要的组成部分，有的人却不甚了了。鲁迅虽然曾经说过要废除汉字这种极端的话，但是他在日本留学时跟国学大师、文字学家章太炎后面学过"小学"，实际上鲁迅属于懂汉字并且因为懂汉字而受益于汉字才写出好文章的人。

在漫长的历史过程中，汉字在不断演变，人们对它的研究和认识也在不断加深。我们首先得感谢秦始皇在统一中国后推行了"书同文"政策，没有他命李斯等人把大篆改造为小篆并且"清理整顿"统一前各诸侯国繁多的异体字，最终统一了文字，后

---

① 李圣华《方文年谱》，北京：人民文学出版社2007年版，第422页。

果不堪设想。到东汉时，许慎编撰《说文解字》首创汉字部首分类法，并且采用了"反切法"为汉字注音，这意味着那时的人已经发现汉字音节由声母和韵母两部分组成（零声母字除外）。到南朝时，著名文学家沈约又发现汉字发音声调可分为四声，因此撰《四声谱》。梁武帝曾问人："何谓四声？"那人回答"'天子圣哲'即平上去入四声"。萧云从在《韵通》中也说："沈韵用'天子圣哲'为平上去入之四声，盖咏汉魏诗无确韵，编之立法，初无意于声音之道也。"他自己则在《韵通》"例说"中把四声中的平声细分为阴平阳平，成为"阴平、阳平、上声、去声、入声"五声，并且用"天朝统万国"来表示（现代汉语普通话中已经没有入声）。

虽然秦始皇统一了文字，但是许多字的读音因为时代和地区的不同而有所不同。从时代说，同一个字的读音在上古、中古和近古可能会发生变化；从地区说，同一个字在各地的方言读音又可能不同。比如清初著名画家八大山人名叫朱耷(dā)，但是用近古音则要读成"朱驴"，这就非常影响交流了，即使在国家正式推行普通话几十年之后的今天这个问题还是存在的。据说历史上最早推行"普通话"的人是康熙皇帝，原因是各地高级官员进京汇报工作时，福建来的用闽南话，巴蜀来的用四川话，康熙皇帝听了他们的"鸟语"，顿时一头雾水。于是一气之下，下令举办官员"普通话培训班"，并且指定"普通话"为"官方用语"，简称"官话"。现代普通话之所以以北京话为标准语音，以北方方言为基础方言是有历史原因的——明清两朝，除了朱元璋定都南京，其他各代可不都是设在北京吗？

因为汉字读音变化复杂，于是诞生了专门研究它的一门学问——音韵学。萧云从诗文水平很高，也得益于其深厚的文字音韵学功底。萧云从的友人后光极（字集也）说："萧子尺木习韵三十年，始立五音二十母一百位四十四门径……为万古不易之法，韵学至此，真令鬼泣粟雨矣。"[1]习韵三十年的萧云从，至迟在五十岁左右开始撰写音韵学专著《韵通》。

不知道萧云从为什么对音韵学产生了兴趣，推测起来应该和他从小爱诵读古诗有关。他撰写《韵通》的初衷大概就是想帮助读者习韵。他在书后的跋文中有一段自述："余编韵既成，同学见者一览辄悟，以为泄未有之秘。乃知事本庸常，别无玄

---

① 后光极《读韵法》，见《韵通》影印本"附录"，本节后面引用文字未注出处者均引自该书，见古籍网 bookinlife.net。

解。"从萧云从自述看,如同《急就章》等是帮助人快速识字,《声律启蒙》等是帮助人记忆诗韵一样,《韵通》具有帮助人掌握汉字音韵的作用。

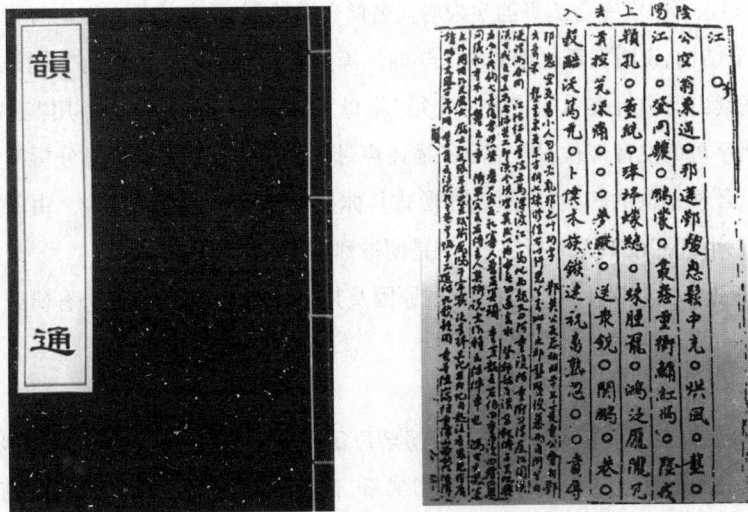

《韵通》书影

为达到这一目的,萧云从在书中把韵划分为四十四种,又按古汉字声调阴阳上去入五声列举常用字,分为五行,直排声母与韵字,如某字无某声调则用"○"标注,方便记忆。如"阴:公空翁东通……,阳:鹏蒙……,上:董统……,去:贡控瓮冻痛……,入:○"。

为了具体指点习韵方法,《韵通》书后还附录了后光极的《翻切捷法》。后光极是因"窃恐有不明者,乃代立读法'翻切捷法'如右,欲人同为研悉,不负作者之苦心尔"而编写此法的,萧云从为此特地加以说明:

> 读韵捷法已注于前,但读二十字先以三字作一句读之,有如公空翁(系喉音抵上颚)……此阴声二十字,调之极熟,则阳上去入四声皆熟矣。分附翻切捷法。平时先用四十字,二字一句,调之极熟……

萧云从的弟弟萧云倩、弟子凌良标二十年前就希望萧云从能够完成这部书,"以垂将来",可惜在萧云从历经多年辛劳之后,《韵通》终于成书之时,弟弟与弟子均已离世,萧云从为此不胜感慨:"今二子游矣,不获见此,为可惜焉。"①

《韵通》完成以后,一直以抄本的形式在民间流传。后来研究音韵学的专家把《韵通》归入等韵学专著。等韵学为唐代名僧守温始创,是音韵学中以审音为主分析汉字音节结构、说明发音原理的一门学问。等韵学通过韵图帮助人们掌握韵书的反切,正确读出反切所表示的字音。它用"字母"表示汉字的声母系统,用"五音""七音"说明字母的发音部位,用"清浊"描述声母的发音方法,用"等呼"分析韵母的结构,用"摄"概括韵的归类,用图表的形式具体显示反切所表示的读音。由于其突出的特点在用"等"的概念分析字音,于是便被称为等韵学。

关于萧云从这部书名为《韵通》的原因及其在音韵学方面的价值,有研究者这样评述:

> 重视实际语言是明代末期音韵学的很大优点,这时期之前的韵书音系与变化后的语言已经脱节,难懂且不切实用,因而备受批判,欲建立自己的新体系,不可能凭空虚构,必须合乎人们日常的语言,由实际存在的口语音去归纳,因此这一时期大量的韵书韵图都与口语紧密相关,都与具体的方言联系。萧云从正是身处这样的时代,由其序言所引可知,他已感受到实际语音的变化,平声已经分化,且全浊声母已然不存了,但无其理想中相应的音韵著作,因此将此一体系编纂成等韵著作他责无旁贷。……萧云从虽未针对《韵通》一书名称作说明,然观察该书可知萧氏所欲呈现的理想音系,兼容古音与今音的成分,意在熔铸一部可"通"古今的音系。②

所以这部书的内容涉及方言与古音研究,并且"《韵通》中的语音现象与现代芜湖方言的语音特征大多相符,反映了芜湖方言的历史面貌及其演变的历程。……根据《安徽省志·方言志》《安徽江淮官话语音研究》的方言调查资料显示,芜湖、当涂两地相近,皆为皖中江淮官话区,初步对照芜湖、当涂两地声母、韵母、声调的内容情

---

① 萧云从《韵通·序》,见沙鸥《萧云从诗文辑注》,第148页。
② 庄雅智《〈韵通〉音系研究》,台北:台湾中山大学中国文学系硕士论文2008年。

况，以芜湖地区方言与《韵通》的声、韵、调较为相近。"①由于《韵通》记录了明末清初江淮方言的重要资料，其韵图别具一格，因此后来成了研究明清之际江淮官话和方言的重要参考书，是一部很有价值的音韵学著作。② 这是萧云从始料未及的。

研究音韵学的萧云从，对诗词格律也很精通，只是有点奇怪的是，迄今没有发现他写的词，而在近体诗创作中，他明显偏好七律。读他的诗，能明显感受到杜甫的影响。这种影响，不仅是感时伤世的内容，也表现在形式方面。杜甫曾有一首《秋尽》诗感慨自己怀才不遇：

> 秋尽东行且未回，茅斋寄在少城隈。
> 篱边老却陶潜菊，江上徒逢袁绍杯。
> 雪岭独看西日落，剑门犹阻北人来。
> 不辞万里长为客，怀抱何时得好开。

诗中颔联用了"袁绍杯"这个典故，"徒逢"二字说明杜甫的心情是消沉的，而萧云从《题扁舟图》颔联虽用了"袁绍杯"的典故，但是全诗立意不同：

> 往事江南不尽哀，中流犹见片帆来。
> 残阳自弄桓伊笛，远道谁留袁绍杯。
> 到处飞花随燕子，有时乘雾跃龙媒。
> 万方多难无人济，一叶宁淹天下才。③

萧云从此诗不是感慨自己怀才不遇，而是抒发对"万方多难"时能够出现拯救百

---

① 庄雅智《〈韵通〉音系研究》，台北：台湾中山大学中国文学系硕士论文 2008 年。
② 由于《韵通》具有的价值，自民国以来还是不断有学者关注研究之。除了上条注释引用文章之外，还有赵荫棠的 1946 年版北大国学院文字学讲义《等韵源流》、吉林大学王思齐的《〈韵通〉研究》等专著。《等韵源流》第三编第六章目录中列有萧云从《韵通》、方以智《切韵声原》。《韵通》似乎在台湾地区更受重视，台湾铭传大学教授宋韵珊等长期研究《韵通》。近年来，台湾相关研究者也有关于《韵通》的专题研究计划。
③ 黄钺《壹斋集·萧汤二老遗诗合编》。

姓于水火的豪杰人士的期待之意。诗中颌联连用"桓伊笛""袁绍杯"二典故,感叹人才难以被君主发现、赏识和信任。"桓伊笛"典出《晋书·桓伊传》:"桓伊为江州刺史,善吹笛,独擅江左。……谢安位显功盛,为人所谗,孝武帝疑之。会帝召伊饮宴,安侍坐。帝命伊吹笛,吹一弄后,伊请弹筝,而歌《怨诗》曰:'为君既不易,为臣良独难,忠信事不显,乃有见疑患。'声节慷慨。安泣下沾衿,乃越席捋其须曰:'使君于此不凡!'帝甚有愧色。"后以"桓郎笛"为巧用乐曲传达心曲的典故。"袁绍杯"典出《后汉书·郑玄传》:"袁绍总兵冀州,遣使要玄(邀请郑玄——引者注),大会宾客。玄最后至,乃延升上坐。身长八尺,饮酒一斛,秀眉明目,容仪温伟。"后以"袁绍杯"表示尊重人才。结句"一叶宁淹天下才"[①]意谓天下英雄并没有全部归隐,关键是缺少具有雄才大略而又能慧眼识珠的君主。

比较一下不难发现,萧云从的七律用典自如,格律严谨,风格沉郁,与老杜是相仿佛的。这也说明,萧云从对杜甫诗的学习研究,不是一日之功。

萧云从花了很长时间研究杜甫诗的格律问题,五十五岁前后,又完成了一部《杜律细》。[②] 这部书一直以抄本的形式辗转流传,有弟子张秀璧等作序。书的内容主要是把杜诗之拗体各句皆考订为叶音,卷中朱○者仄作平,朱●者平作仄。[③] 所谓"拗体",就是古风式律诗,也就是字数、对仗、韵脚基本符合律诗要求,而平仄不合格律的律诗。[④] 在唐朝初期,律诗格律没有定型时存在这种律诗,最出名的是崔颢的《黄鹤楼》。后来律诗定型后,杜甫、苏轼等偶尔也作拗体律诗。以萧云从的诗歌修养,他不会不知道拗体的存在,因为这是常识。

萧云从的《杜律细》流传后,引起争议。同时代的诗坛领袖王士祯说萧云从"以为杜律无拗体",并且说他的一些观点"穿凿可笑"。[⑤] 实际上,《杜律细》的写作在《韵通》之后,《杜律细》绝不是没有音韵学修养的人的随意之作。后来的杜诗权威笺注家仇兆鳌在《杜诗详注》中多次引用萧云从《杜律细》中的见解,可以证明这一点。

---

① 一叶:一叶扁舟之省略语。宁:难道。淹:淹滞,有才德而不被录用或升迁。白居易《酬张太祝晚秋卧病见寄》:"高才淹礼寺,短羽翔禁林。"
② 《杜律细》今已亡佚,今人研究《杜律细》,运用的是散存于明清文人笔记或诗歌注疏著作中的材料。
③ 孙微《萧云从杜律细研究》,《古籍整理研究学刊》2005 年第 3 期。
④ 王力《诗词格律》,北京:中华书局 2000 年版,第 39 页。
⑤ 王士祯《池北偶谈·卷十二》。

康熙年间,陈醇儒撰写《书巢笺注杜工部七言律》时也对《杜律细》征引数条。如该书卷四《覃山人隐居》:"萧尺木曰:此皆《北山移文》之意,讽刺慨叹,宛在目前,而虞伯生以为嘉美之词,则失之矣。"①

可见《杜律细》不仅有对吴体拗句的叶音考辨,也有对杜诗的思想内容与艺术手法的分析及对旧注的辨析,所以这本书对研究、欣赏杜甫诗歌具有相当大的参考价值。顺便说一句,这位陈醇儒就是后来胡季瀛邀请萧云从为太白楼作壁画的联系人。② 萧云从完成壁画之后,与陈醇儒成为好友。对杜甫诗歌的共同爱好与研讨是他们得以结为好友的原因。陈醇儒是萧云从同时代的人,两人又是朋友,他一定见过全本《杜律细》,如果他在《书巢笺注杜工部七言律》中所引"萧尺木曰"均来自《杜律细》的话,那么,王士禛对《杜律细》的评价肯定是不全面、不公正的。

萧云从自己的诗歌创作实践也能说明近体诗平仄是不能完全根据今天的读音来评判的。例如他晚年写的《题梅竹图》:

> 乱竹飞花雨水天,阴森飒飒出寒烟。
> 怀春既是悲秋客,不怜幽芳万古传。③

末句"不怜"的"怜"读为古音"领"才合平仄,意思是"明白"。④ 全诗描写竹与梅在"雨水寒烟"的阴森、恶劣的环境下饱受摧残而顽强生存的形象,热情赞扬梅竹的"幽芳"一定会万古流传。三、四两句的意思是,多愁善感的普通人并不一定理解梅竹的"幽芳"为什么会流传。

萧云从的好友宋起凤后来说:"其《杜律细》一编,亦如读诗者调其字句,为易入口,非必欲力挽拗体而颠倒古人成法,毋讶也。"⑤这个评价是公道的。

---

① 转引自孙微、王新芳《陈醇儒及其〈书巢杜律注〉》,《杜甫研究学刊》2008 年第 1 期。
② 萧云从《太白楼画壁记》,见沙鸥《萧云从诗文辑注》,第 138 页。
③ 沙鸥《萧云从诗文辑注》,第 45 页。
④ 《集韵·迥韵》:"怜,憭也。"憭:明了,清楚。
⑤ 宋起凤《稗说·卷三·萧尺木画学》。

一六、文人相亲

顺治六年(1649),桐城文人方文带着家人来到芜湖,就卜居在芜湖南郊的鲁明江畔。方文,字尔止,号一耒,又号明农,是桐城名门之后。父亲方大铉是万历进士,任户部主事,在方文七岁时去世。

方文幼年就不同凡响。左光斗被擢为御史时,候命归里。方大铉与之友善,设宴款待。酒至半酣,左光斗注意到站在大铉身边玩的小男孩,双目流转,浑身灵秀。一问才知道是大铉之子方文,年方六岁,便问他常读何书,方文答:"常读杜诗。""能诵《秋兴》否?""能,但请赐一杯酒。"方文手持酒杯,放声吟诵。每吟一篇,就喝一杯,如是者八。方文吟诗音节激越,意态优雅。左公惊喜有加,掀髯大笑。当即与方大铉订下婚约,要将长女许配于方文。

方文也果然不负左公期望,年轻时就以诗文名播遐迩。不过他的侄子方以智名气更大,是赫赫有名的"明末四公子"之一。方以智比方文大一岁,与方文同学十四年,二人情同手足。

方文从二十岁左右时就开始出游,以金陵为中心,与复社、几社中人交游,以气节自励。明亡时,方文三十三岁,他干脆移居金陵,不再参加科考,与当时遗民文人诗酒流连,靠游食、卖卜、行医或充塾师为生。

方文自号涂山,他将诗集命名为《涂山集》,深含不忘故国之意。因为涂山在怀远县城外,传说周世宗曾临涂山,说"濠州有王者气",后来果然出了一个起家濠州、定鼎大明的朱元璋。方文自号涂山,以示不忘大明也。

方文的《自题其像》诗就活灵活现地表现了他自己是怎样一个人:

> 山人一耒是明农,别号淮西又忍冬。
>
> 年少才如不羁马,老来心似后凋松。
>
> 藏身自合医兼卜,涸世谁知鱼与龙。

课板药囊君莫笑，赋诗行酒尚从容。

方文早年有个诗友，名陈名夏。陈名夏降清为大学士后，一次在朋友的酒席上，方文与他偶然相遇。方文本不想理睬他，但是陈名夏执礼甚恭，还拿出诗稿请教。方文翻阅了一下，说："不错。只是须改三字，即必传无疑耳。"陈名夏隐约感觉方文是在开玩笑，但还是问了一声："不会吧？再说要改哪三个字？"方文厉声说："须改陈名夏三字！"顿时满座宾客一脸错愕，不敢出声。陈名夏知道他在羞辱自己，也厉声说："你以为我不能杀你吗？"大家赶忙劝解，陈名夏拂袖而去。有几位客人责怪方文不必如此，也有替他担心的。方文淡淡一笑："我自办头来耳，公等何忧？"过了一会儿，陈名夏忽然又返回，满面羞惭色，拉住方文的手，还没有说话，泪水先流下来，说："您责备我是很对的，难道不能原谅我吗？"方文见他诚恳悔过，就原谅了他。陈名夏良知未泯，后来因建议取消剃发令被顺治处死，其遭遇令人哀婉。

方文像

对于明朝的灭亡，方文也有沉痛的反思。《舟中有感》是表现反思之情的代表作。诗是这样写的：

> 旧京宫阙已成尘，宝马雕鞍日日新。
> 万劫不烧唯富贵，五伦最假是君臣。
> 诗书无恙种先绝，仁义何知利独亲。
> 三百年来空养士，野人痛哭大江滨。

仅从诗中"五伦最假是君臣"这句，就可以感受方文内心的痛楚与愤懑，而"宝马雕鞍日日新"则是对屈节侍奉新朝的那些文臣武将的辛辣讽刺。

方文就是这样一位有名士做派的遗民，他对萧云从的大名也是早就听闻的，两

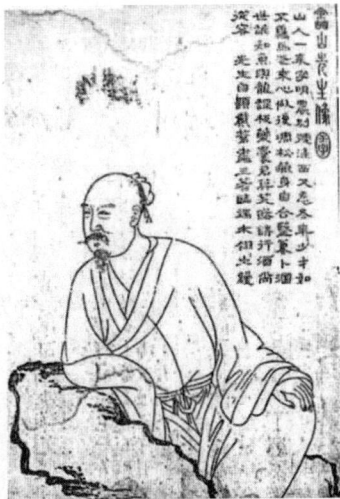

人可能以前在南京时就认识,所以方文到芜湖不久,就去拜访萧云从。二人见面之后,相谈甚欢,方文临别赠诗,诗曰:

> 山川悠邈叹离居,尝见君诗画与书。
>
> 四海相知惟草木,千秋不朽在樵渔。
>
> 偶停江上故人棹,为访城东处士庐。
>
> 握手匆匆言不尽,愁看烟水晚来疏。①

萧云从后来也写诗问候过方文,方文于是又写诗回复萧云从:

> 明江卜宅意如何? 只为情人此地多。
>
> 刷羽且凭鸥作侣,衔泥不见燕成窠。
>
> 迎家就客风犹阻,冒雨寻芳春又过。
>
> 安得一枝长傍尔,短墙朝夕共烟萝。②

这年,萧云从在家里设醮坛,也邀请了方文等好友参加。萧云从请来的道士登坛作法,不一会儿真有白鹤飞至,回翔久之。大家啧啧称奇,纷纷赋诗。方文也为此写了一首诗。③

顺治七年(1650),在方文生日这一天,他与萧云从、宋琬、罗天成等好友同登范罗山,宋琬还特地带来一坛好酒送给方文。方文就在山上打开酒坛,大家痛饮一场,尽欢而散。④

送酒给方文的宋琬,字玉叔,山东莱阳人,顺治丁亥进士,此时正在芜湖榷关任职。⑤ 任期将至,因为在外地久了,宋琬写了一首《芜关遣怀》诗抒发思乡之情:

----

① 方文《涂山集·卷七·芜阴访萧尺木有赠》。
② 方文《涂山集·卷七·萧尺木有诗见讯答之》。
③ 方文《涂山集·卷七·萧尺木建醮于庭有道士召白鹤至回翔久之予与绣铭皆有赋》。
④ 方文《涂山集·卷五·初度日宋玉叔计部载酒见访因偕萧尺木罗天成登范罗山限春光二字》。
⑤ 张宪华《皖江历史与文献丛稿》,芜湖:安徽师范大学出版社2013年版,第184页。

年来憔悴客芜关，草草经营水石间。

渐喜疏桐能受雨，尚怜修竹未成斑。

官同社燕秋南北，门对江鸥日往还。

归计只今余白发，移家终欲傍青山。

宋琬在诗中说"归计只今余白发"，似乎他年纪不小，其实他是万历四十二年（1614）出生的，此时才三十六岁，与汤燕生年纪仿佛，都是萧云从的忘年交。不久，萧云从与方文还有方以智的儿子方位伯等人到宋琬的官署为他送行。萧云从作诗一首，表达惜别之意：

粉署寒花自耐芳，升沉共叹在冰霜。

江边解醉鱼多旨，秋后题诗雁数行。

仙史有情邀待月，玉人无梦得还乡。

鸣笳苑外相催去，归度中流尚夕阳。①

此诗首联写与"寒花"共冰霜，实际上是感叹大家一样，人生命途多舛。领联写饮酒赋诗的场景。颈联的"仙史有情"是回忆宋琬以往的盛情相邀雅集，"玉人无梦"则是跟宋琬开了一个小玩笑，因为宋琬字玉叔，萧云从戏称他是"玉人"。尾联的"鸣笳"就是吹奏笳笛，古代贵官出行，前导鸣笳以启路——这应该是祝福宋琬仕途顺遂的话。如今老朋友真的要走了，夕阳余晖，益增离别的怅惘。从萧云从这首诗，可以看出他虽不乐于交际，但是与处得来的朋友一定是情谊真挚的。

顺治八年，也就是宋琬离任芜湖榷关的次年。这年秋天，芜湖水灾严重。萧云从虽然爱莫能助，但是内心如焚，在秋天作了《辛卯秋至南庄作》表达关切：

湖庄来往任飞蓬，不谓山田立钓翁。

旧日路旁松见顶，几年门外水连空。

秋烟已断千家爨，花穗重遭一夜风。

---

① 萧云从《同方尔止方位伯饮计部宋玉叔署中》，见黄钺《壹斋集·萧汤二老遗诗合编》。

叶叶白波无限恨,纷纷人哭雨声中。

这年十月,萧云从在生日那天,因为心情不好,又写了一首《辛卯十月初度》诗:

> 忆昔燕台称壮游,十年一别困沧洲。
> 读书漫说身当致,临老曾无国可忧。
> 青镜不堪霜鬓雪,黄花犹系九秋愁。
> 龙蛇又复嗟明岁,目极西山楚水流。

因为芜湖受灾,大家的日子都不好过。这期间,方文因为有事情赴宛陵,留在芜湖的家人乏食,几乎断炊。萧云从和友人听说后赠米一石与方文家人。方文归芜湖后知道此事非常感动,写诗答谢:

> 秋林旬日雨凄其,瓶罄难教小妇炊。
> 晚白忽春云子白,故人先送救公饥。
> 釜钟高义今应少,管鲍贫交更有谁?
> 灯火客窗儿女笑,老亲差不怨佗离。
>
> 十年戎马故园荒,百亩曾无儋石粮。
> 尽室畏途同剑阁,叩门乞食类柴桑。
> 壶餐每荷青山友,饮啄犹瞻白日光。
> 比夜留侯频入梦,忘询辟谷是何方。①

方文在诗中感慨如今世上像管鲍那样的贫贱之交已经难得一见了,但他真不愧是风流旷达的名士,在如此困境中,还有心情"幽他一默"——最后一句,方文说梦见了汉代张良,可是忘记询问他辟谷大法是怎么回事。张良修道辟谷不吃饭,方文一家人则是差一点没有饭吃,所以方文说"想请教张良如何才能不吃饭还照样活下去,

---

① 方文《涂山集·卷七·予去宛后家人乏食萧尺木罗天成胡允右张与瞻各饷米一石归日赋此谢之》。

可惜又忘记问了"堪称极致幽默。困境中的大文人与穷酸文人到底还是不同。

顺治九年(1652),方文要离开芜湖了,临行前,萧云从与好友汤燕生、弟子张秀壁等来送别,就连念念不忘反清复明,一直秘密筹划抗清活动的沈士柱听到消息也赶来了。方文大受感动,酒入愁肠,挥毫写诗留别萧云从等人:

> 鲁明江上每停舟,来及春风去及秋。
>
> 缘有数人同苦节,浑无一事只闲游。
>
> 诗篇妍雅交相勖,家计萧条且勿愁。
>
> 东海南湖消息好,岂应垂钓老沧洲?①

常言道,文人相轻。但是萧云从和他交往的朋友,无论相交的时间是长是短,也无论是分是合,总是这样相互砥砺,互相帮助。"诗篇妍雅交相勖,家计萧条且勿愁"是他们交往的真实写照。古人云"惟大英雄能本色,是真名士自风流",真正有大学问、大修养的文人之间是不会相轻的。经常看不起别人的文人或经常被人看不起的文人,往往不是没有真才实学,就是过于卑躬屈膝。

宋琬、方文这些好友相继离开芜湖,萧云从的内心还是满怀惆怅的。这年冬天,萧云从画了一幅《雪岳读书图》寄托情思。② 画面上崇山叠峦、树木葱茏,数间屋宇深掩其中;山石用浓墨勾勒,再用淡墨皴染阴面,以突出石之阳面积雪的效果,皴法清淡且多以侧笔皴擦,使山石肌理利索而清爽;树木则是以细笔勾写,赭色轻染,再缀白粉于树梢、松针之上作积雪,结构繁密,笔法严整,雅逸高洁的白粉装饰,有王维《辋川雪景图》的韵味;图的上方峰峦之上以青墨烘晕天空,衬出群山冻合、雪岳惨凛的气象,使构图呈繁而有序、多而不满的妙境。

全图最为引人之处,也是透出萧云从匠心独运的地方,首先是图下方正中"画眼"处在房屋窗前的读书之人,于这样的孤寒之境中,他并不孤寂,因为从图的右侧方可以看到,在积雪的山路之上拄杖而来的访客,或为老友相探,或为慕名者求教,皆会给雪岳之中的读书人带来无尽的欢愉;再就是从山下至山上呈"之"字形分布的

---

① 方文《涂山集·卷八·留别萧尺木沈昆铜汤玄翼张东图诸子》。

② 萧云从《雪岳读书图》,纸本浅设色雪景山水立轴,现藏于北京故宫博物院。

数栋屋宇,在山上高处呈现出的那个亮色,其用亮丽的朱赭之色点醒全图,使惨凛、冻合的群峰,透出一丝暖意;整幅画布局也是一种折高折远的脉络,使山峦不被青墨所染的天空压低,全图更显高远之势。图的左上方萧云从用小楷题诗作记,他题款所用书体常是随画面用笔而变化的,此作用笔谨严,故题款以小楷为之,天真虚恬,工整秀美,与图画互为映衬,相得益彰。

《雪岳读书图》整幅画皓峰冻壑、荒寒寂寥的空间景象,表现了萧云从淡泊纯粹、超然物外的文人襟怀,也让人感知萧云从内心对与友人再度相遇充满期待。古人云"莫放春秋佳日过,最难风雨故人来",何况是冰天雪地中踏雪而来的访客,会带来怎样的惊喜?

一七、故都夕照芜城荒

　　生命在于运动,感情在于走动。半隐于梅筑的萧云从静极思动,也偶尔远足,探访故地与老友。顺治八年,五十六岁的萧云从于夏初来到南京。到故都,钟山是不能不去的,那里帝王的陵墓也不知道如今是什么样子了。

　　在萧云从的记忆中,春天的钟山丹楹金瓦,鳞戢翠飞,曜云丽日。俯瞰其下,则"梅花万树,恣放纵横",可是如今"鞠为茂草矣",眼前的明陵一片荒凉景色。

　　萧云从晚上回到客舍,心情难以平抑,取出文房四宝,写下《钟山梅下诗》八首:

海天万里大明东,花气中朝令节同。
才见汉宫颁玉历,忽闻桓笛怨春风。
结庐山下无高士,挥泪霜边失侣鸿。
几度寻梅灵谷寺,云闲今古草连空。

苍天白发总难期,野径梅花两不知。
海内有春藏北斗,雪中无路觅南枝。
玉龙战退盈城湿,瑶爵轻寒引杖迟。
尘土飘摇香未散,乾坤今见几人诗。

空谷伤心只自酸,三更风发总无端。
春归但借花为历,僧老都忘岁已寒。
粉蝶一飞陵阙冷,铜驼半委雪霜残。
精神自足诸天外,好对西溪白玉盘。

老去芳游兴未删,愁多白日泪犹潸。

人瞻北阙春千里，香过西邻水一湾。
望帝不来翻玉树，洛神何处赠瑶环。
东风渐已回天地，鸺鹊空残冷雾间。

何处诗人宅灞桥，寒陵古树晚萧萧。
名花岭上供千佛，野雪香中阅六朝。
消息已通祠腊后，飘零不为买山饶。
俨然天竺先生矣，犹揽残枝看碧霄。

海树森森在古壕，空原不见夜悲号。
枝残蒋庙三更月，花乱秦淮一叶桃。
香雾有神晶殿冷，天寒相伴玉峰高。
可怜汉武坛犹在，何处风飘白凤膏。

灵峦千仞腐儒情，茅屋长年住帝京。
落日石鲸栖御道，孤山仙鹤散瑶琴。
瘦寒有句桥边影，巢许无心花并名。
敝履经行天路近，阳和更见一枝横。

三楹在昔筑湖阴，旧植梅花何处寻？
一折不堪伤岁暮，衰年空欲卧霜林。
南朝古木交龙气，西浦高人放鹤心。
藤杖经行山路偏，迢迢此恨白云深。①

    这组诗为八首，是萧云从有意为之的。自杜甫在安史之乱中写下《秋兴八首》感念乱离之后，历代诗人多有仿效采用八首七律组诗形式，所以萧云从这组《钟山梅下诗》也是八首七律，并不偶然。

    梅花本是早春开放，如明初诗人兼画家王冕《白梅》诗所说，梅花是"冰雪林中着

---

① 沙鸥《萧云从诗文辑注》，第9页。

此身，不与桃李混芳尘"的，初夏岂是赏梅时节？所以萧云从旧地重游，其意不在看梅，也并非泛泛感慨昔盛今衰、怀念"王孙"，而是对明朝沦亡的极度痛心。

这组诗中"梅"的意象内涵丰富，如"尘土飘落香未散"是讴歌梅的气节，"孤山仙鹤散瑶琴"借写林逋梅妻鹤子表达归隐之意——其实就是不欲出仕为清廷服务，凡此种种，均耐品味。萧云从在小序中说"荒凉之中，因感成诗，他无所及"，这是欲盖弥彰，意在提醒并且希望读到这些诗的人，注意品味诗中的"他有所及"之意。有兴趣的读者可以耐心读一读这八首诗，虽然诗中的典故确实是多了一点。

顺治十年（1653）夏天，五十八岁的萧云从又去了一趟扬州。在说萧云从因何事到扬州之前，先简单说说扬州为什么又叫"芜城"——因为经常看到有人望文生义，把"芜城"误作"芜湖"，所以花费一点笔墨还是必要的。

扬州说起来太复杂，因为它曾是古九州之一，辖境太大，行政区划变化太繁，所以这里只说"芜城"为什么指代扬州。本来秦汉广陵县治所在今江苏省扬州市西北蜀岗上，南朝宋孝武帝大明三年（459），竟陵王刘诞据广陵叛变，孝武帝派兵讨平，并下令屠杀城中全部男丁，仅留五尺以下小童。刘诞乱平不久，鲍照来到广陵，目睹眼前残败破乱、荒芜不堪的凄凉景象，俯仰苍茫，感慨万千，写了一篇《芜城赋》。因为鲍照用"芜城"指代广陵，而广陵治所在扬州，故以后扬州别称为"芜城"。唐李商隐《隋宫》诗"紫泉宫殿锁烟霞，欲取芜城作帝家"讽刺隋炀帝在扬州大建行宫，诗中"芜城"即借指扬州。

现在再说萧云从去扬州所为何事，他是去拜会老友郑士介的。萧云从是在南京应试时与郑士介相识的。和萧云从一样，郑士介也是中的崇祯己卯（1639）副榜。[①]这一年科举采用新制，副榜先正榜一日出，谓之中贡。结果两人都挂了彩。由于他俩同是安徽人，同年科举，又有共同爱好，因此很谈得来，成为好朋友；再加上同年落第，更成了同病相怜的难兄难弟。虽然此后各奔东西，但是一直保持联系。萧云从还多次赠其字画。所以，当前日郑士介托人捎信请他去玩，加上现在局面已经基本安定了，萧云从欣然允之。

郑士介此人很不简单，一生颇具传奇色彩。其名郑侠如，字士介，祖籍徽州歙县。祖父以盐商起家，后为扬州巨富。郑士介曾参加过南明抗清活动，协助防守南

---

① 李斗《扬州画舫录·卷八》。

京仲阜门，兵败被擒，趁乱逃脱后，郑士介回扬州继承祖业。他兄弟四个，皆以文章名闻海内。分家以后，各拥私家花园一座，分别名为影园、嘉树园和休园等。

休园为郑士介所有。园在流水桥畔，本朱氏园，其地产诸葛菜，亦名诸葛花。园宽五十亩，南向，在所居住宅后，间一街，乃为阁道而下行如坂，坂尽而径，径尽而门，门内为休园。①

郑士介经常在休园举行文化活动。前人如此描述："扬州诗文之会，以马氏小玲珑山馆、程氏筱园及郑氏休园为最盛。至会期，于园中各设一案，上置笔二、墨一、端砚一、笺纸四……诗成，即刻随时遍送城中。"用今天的话来说，郑士介还是著名的文化公益人士和社会活动家。

萧云从大驾光临，郑士介非常高兴，少不得又邀请当地文化名流一道雅集。老友的盛情款待，加上又结识了一批新朋友，萧云从心情总体上不错。尤其是这次扬州行，遇到了正在扬州养病的吴国对(吴敬梓曾祖)，两人谈得很投契，萧云从更是高兴。但是萧云从也听到一些令他不悦的传闻，就是陆续传来的昔时文化名流投靠清廷的事，如号称"江左三大家"的文坛领袖钱谦益、吴伟业、龚鼎孳，如今纷纷出任清廷官职；还有大书法家王铎，天启时已官至礼部尚书、东阁大学士，现在又被清廷授礼部尚书职。所以当郑士介向他求画时，萧云从复杂的内心世界，就通过笔墨，流泻于为郑士介所作八开拟古山水画中了。②

萧云从作画时精神十分投入，多年后吴国对应郑士介之请，为《碧山寻旧图》(彩图6)作题跋时对此有生动描述：

> 忆癸巳过士介先生斋头，肖然无点尘，亦无他客，惟见于湖萧先生日坐纱橱作画，辍笔立谈，分去时六月，暑气满空，觉此数尺地清冷如冰壶也。及今九年所矣。余养疴客舍，士介先生出此册属予作跋。予固不知画，而颇同宗少文山水之志，于此画卧游惟恐就之不及。阅一幅，真如置我于一丘一壑中矣。用墨如金，行笔如发，何其心细而气敛也。平生以文章自雄，不得志于有司，晚年借隐于画，噫！亦可悲矣。萧客广陵时，独士介先生敦笃同谱，绝无龋龈之作。萧

---

① 李斗《扬州画舫录·卷八》。
② 此山水八开为《万山飞雪图》《仙山楼阁图》《松溪渔隐图》《西台恸哭图》《闭门拒客图》《碧山寻旧图》《仿关仝》《学洪谷子法》(又名《岩壑幽居图》)，以上诸图现藏安徽省博物馆。

固自矜许,而郑亦不轻与人,所谓笔墨之好者,萧于湖之外,又有王西江。辛丑腊之后二日,南谯吴国对拜手题。①

文中说萧云从"日坐纱橱作画",这个"纱橱"并非是蒙有纱布或钉铁纱、尼龙纱等的储食橱,而是"碧纱橱"。"碧纱橱"是清代南方地区建筑内屋中的隔断,室内分隔的构件之一,类似落地长窗。落地长窗通常多安装在建筑外檐,"碧纱橱"则装修在内屋,也有叫隔扇门、格门的,通常用于进深方向柱间,起分隔空间的作用。上面蒙以布纱,可阻蚊蝇侵扰,布纱上常绘制花鸟草虫之类图案以作装饰。萧云从作画时正是夏天,有了"碧纱橱",自然可以在里面安心作画。② 吴国对在文中还用"绝无襦襫之作"高度赞美萧云从"用墨如金,行笔如发,何其心细而气敛也"的绘画艺术。③

在《碧山寻旧图》《仙山楼阁图》《松溪渔隐图》《岩壑幽居图》这几幅图中,萧云从抒发了归隐之情。而萧云从内心对降清文人的不屑,对国破家亡的悲愤,则在《闭门拒客图》(彩图7)和《西台恸哭图》(彩图8)两幅画中,难以遏制地表达出来。

《闭门拒客图》绘幽静山谷,山麓下有一庭院,周布翠竹,门前高柳垂丝,虬松盘曲,山涧泉水鸣石。穿过院前小桥,高柳下一身着官服的客人,似在伫候主人开门接待。而堂内主人,正在读书闲卧,书童回报,他也不应。这幅画是何意思?看萧云从画上题跋方可明白:"赵荣禄仕元,省其舅④子固,子固高卧松檐,闭门拒之,今就子固画法为图,荣禄笔意虽优,余无取焉。"

这赵荣禄就是大名鼎鼎的书画家赵孟頫。赵孟頫字子昂,号松雪,本系宋宗室,为宋太祖十一世孙。及至元朝统治中国后,他却屈节仕于元,封为荣禄大夫。虽然按照史实来看,其堂兄赵子固(孟坚)卒于1264年,而元结束南宋临安的统治是1276年,况且,赵孟頫1254年生,子固殁时,他才十岁。所以,赵孟頫以仕元者身份,探望遁迹山林的同宗兄长,显得不够客观。但是因为他仕于元,萧云从有自己的用意,无非是借此嘲讽那些变节仕于清廷的明朝官员。萧云从对赵孟頫的称呼也值得玩味,名、字、号一概不用,而称其"荣禄"——此乃一语双关:赵孟頫仕元后曾任荣禄大夫,

---

① 吴国对《碧山寻旧图跋》,见沙鸥《萧云从诗文辑注》,第203页。
② 《红楼梦》第三回写林黛玉初进贾府,当晚就宿于"碧纱橱"。
③ "襦襫"一词,本义是"夏天遮日的凉笠",后引申为"愚蠢、臃肿、累赘"等义。
④ 舅:古同"昆",兄。

而"荣禄"者,荣华富贵也。

相反,萧云从对赵子固则膜拜已久。前人说赵子固"清放不羁,醉则以酒濡发,歌古乐府,自执红牙以节曲",南宋人周密曾记其逸事:

> 子固襟度潇洒,有六朝诸贤风气。庚申岁,客辇下。会菖蒲节,余偕一时好事,邀子固各携所藏,买舟湖上,相与评赏。饮酣,子固脱帽,以酒晞发,箕踞歌《离骚》,旁若无人。薄暮入西泠,掠孤山,樯棹茂树间,指林麓最幽处,瞠目绝叫曰:"此真洪谷子等北苑得意笔也!"邻舟数十皆惊骇绝,叹以为真谪仙人。①

这样一位潇洒出尘的人物当然为萧云从仰慕,所以他在画《西台恸哭图》时特地注明:"宋谢皋父事,用赵子固笔法为之,盖其志同也。"

谢皋父,即南宋末文人谢翱。宋恭帝德祐年间,元兵南下,文天祥开府延平,谢翱率乡兵数百人投奔他,担任咨议参军。文天祥兵败后,谢翱脱身潜伏民间,避地浙东。后来文天祥被害的消息传来,谢翱悲不能禁。在天凉风急之时,独自携酒登上严子陵钓台,为文天祥设立牌位,跪拜祭奠,悲愤长号,痛不欲生。又取出竹如意,一边击石,一边作楚歌招之:"魂来兮何极?魂去兮江水黑。化为朱鸟兮,其喙焉食?"歌罢,竹石俱碎,失声大哭。②

《西台恸哭图》的题材就取自谢翱的名篇《登西台恸哭记》。画面上山石嶙峋,松木凋零,平远处芦荻瑟瑟,天空烟霾笼罩,阴郁不尽。右侧中段山石上居一老者,手持如意,似正要祭拜,却又回望山坡下岸边被木叶遮蔽的舴艋舟。船篷前有一妇人掩面抽泣,好像是在为失去亲人伤心。整个画面,情景凄凉,无声地控诉着异族入侵给老百姓造成的灾难。

虽然萧云从为郑士介绘制八开山水这年距甲申之变过去了八年,但萧云从还是把他的国破家亡之恨、对陆续传来的明朝高官和文人名流降清消息的悲愤,集中寄托在《闭门拒客图》《西台恸哭图》两幅画中。在这两幅作品里,萧云从明显流露出了反对清廷的政治倾向,这是非常大胆的行为。

另外,两幅画萧云从都强调用赵孟坚的画法和笔法,也是值得品味的。因为赵

---

① 《宋人轶事汇编·卷一九》引《齐东野语》。
② 《宋人轶事汇编·卷一九》引《遗民录》。

孟𬱖的画学声名远大于赵孟坚,而赵孟坚主要是擅花卉。萧云从画山水不取法赵孟𬱖却故意说取法赵孟坚,与赵孟坚的隐士身份有关。萧云从明面说的是学习赵孟坚的画法和笔法,暗里表达的是他在异族统治下,只能效仿赵孟坚那样的活法——做一个保持气节的隐士了。

一八、天地一沙鸥

顺治十三年(1656)，岁在丙申，这年萧云从步入花甲之年。大年初一，天气晴和，萧云从心情亦佳，感觉胸中有一股难以遏制的浩然之气，故晨起即"啜茗焚香"，展纸作画。萧云从画的是《云台疏树图》(彩图9)长卷，图上断崖平岗，峻石流泉，杂树松枝环绕着茅屋院落。树木皆直立，取向上之势，山石的笔意劲峭，并用方直线条简淡皴擦。整幅画敷色雅丽，萧疏淡远，气韵生动。萧云从自己也感到很满意，于是兴致勃勃题了一首诗：

> 朝起见红日，气象殊佳哉。
>
> 世事不与我，独登书云台。
>
> 得此丈余宣德纸，滑腻流光一带水。
>
> 啜茗焚香染数峰，疏树寒烟青欲雨。
>
> 吾生得意岂须多，月窟天根自筑窝。
>
> 安乐何庸处否吟，山高水长我奈何？
>
> 君不见海上集芝客，湖边配苣人。
>
> 鹏风龙气万千里，三月飞涛出禹门。[①]

题诗中最后这几句颇能表现萧云从丰富的内心世界，值得玩味。

"海上集芝客"谓求仙或隐居。古人以芝草为神草，服之长生，故常以"采芝"指求仙或隐居。汉张衡《思玄赋》："留瀛洲而采芝兮，聊且以乎长生。"又以"采芝"指遁隐。秦末有东园公、角里先生、绮里季、夏黄公四位老者见秦政苛虐，乃隐于商雒，曾作歌曰："莫莫高山，深谷逶迤。晔晔紫芝，可以疗饥。唐虞世远，吾将何归？驷马

---

① 沙鸥《萧云从诗文辑注》，第18页。

高盖,其忧甚大,高贵之畏人,不如贫贱之肆志。"①这几位后被称为商山四皓,都是张良的朋友。

"湖边配茝人"指屈原。屈原《离骚》多用嘉木香草喻美好品格,如云:"擘木根以结茝兮,贯薜荔之落蕊。矫菌桂以纫蕙兮,索胡绳之纚纚。"意思是"我用树木的根编结茝草,再把薜荔花蕊穿在一起。我拿菌桂枝条联结蕙草,胡绳搓成绳索又长又好"。

"禹门"即龙门。在山西河津县西北、陕西韩城县东北。相传为夏禹所凿,故名。唐黄滔《水殿赋》:"截通魏国之路,凿改禹门之水。"

综上理解,萧云从想像屈原那样保持高洁的品格是毫无疑义的,但到底是求仙隐居,不问世事,还是大鹏展翅,奋发有为一番呢? 萧云从似乎还拿不定主意。从这几句诗中我们可以看到萧云从内心的不甘,而从后来的情况看,不甘心的萧云从还是选择了归隐山林,优游岁月。

这年仲春,萧云从应宣城县令之邀,作宛陵(今安徽宣城)游。萧云从一路游山玩水,吟诗写生,访道问禅,这一趟竟然花去几个月时间。

萧云从取道当涂前往宣城。因为绘制过《太平山水图》,当涂的自然山水美景是萧云从熟悉的,也是百看不厌的,泥陂梅月、白纻松风、横山晚烟、凌歊夕照……使他流连忘返。到宣城,敬亭山、翠云庵、明镜湖、落虹桥、牢山洞、礼祖塔、白云楼这些名胜古迹也令萧云从赏心悦目,心旷神怡。萧云从的快乐心情在《姑溪放棹》这首诗里得到尽情抒发:

> 姑溪放棹胜瀛洲,墅外歌音韵自幽。
> 把酒论文称圣乐,花溪环绕水源流。

因为清廷近几年采取了一些怀柔政策,百姓逐渐安居乐业,眼前的太平景象使萧云从感到安慰。在《圩村农畴图》中,萧云从画了耕作放牧的农人、江南农村的水车甚至农户家里的豚犬。而在题诗中,他满怀喜悦地写道:

---

① 参见《史记·留侯世家》,皇甫谧《高士传·四皓》。

> 墅树莺啼农正忙,男耕女织遍村乡。
>
> 烟柳新抽桃挟景,池塘风动苻荷香。

　　此诗写江南水乡宜人的景色以及男耕女织繁忙的景象,寄托着诗人盼望人民能够得到休养生息的美好愿望,也客观表现了清朝统治者对汉族统治政策由高压调整为安抚所带来的积极变化。

　　探访古迹时,萧云从通过品评历史人物,表现了自己的人生价值取向与达观的态度,有的诗还蕴含了深刻的人生哲理。如《桓温故内》:

> 扼腕功名堪遗笑,声传李谢道风幽。
>
> 兴城治国开江左,古迹仙坛志永收。

　　此诗将桓温与李白、谢安对比,表达了建功立业的英雄人物亦当知进退之道,否则过于追求功名,只会物极必反、贻笑千年。诗中的"功名"指桓温不择手段地谋求权位事。桓温是晋明帝的驸马,因溯江而上灭亡成汉政权而声名大噪,又两次领兵北伐,战功累累。后独揽朝政十余年,操纵废立,有意夺取帝位,终因第三次北伐失败而令声望受损,受制于朝中王谢势力而未能如愿。桓温晚年逼迫朝廷加其九锡,但因谢安等人借故拖延,直至去世也未能实现。与对桓温的态度相反,诗中用"道风"赞美李白、谢安。所谓"道风",即超凡脱俗的风貌。[①] 李白"一生好入名山游",何等潇洒自在;谢安初次做官,月余便辞官隐居,游山玩水兼教育后代,四十多岁东山再起,成功挫败了桓温的篡权阴谋,声名远扬。萧云从的意思是,一个人本事再大,如果缺少"道风",最终也难逃功名化为泡影、贻笑大方的下场。

　　姑孰名士曹梁父听说萧云从来到当涂,热情相邀一酌。萧云从也久闻曹梁父和其父曹履吉的大名,便欣然应允。二人见面寒暄一番后,曹梁父先陪萧云从在自家庭院转转。萧云从见院中栽有梅花,很有兴趣。曹梁父告诉萧云从:"家父酷爱梅花,这些梅树都是他生前所栽。老人家已去世十四年了。"萧云从听后,不禁叹惋一番。曹履吉是萧云从景仰的姑孰先贤。他不仅是尽忠职守的官员,而且是关心家乡

---

① 慧皎《高僧传·义解三·慧持》:"远,持兄弟也。绰绰焉,信有道风矣。"

文教事业的有高深修养的文士①，曾经捐款修建家乡的三台阁。② 曹履吉文武双全，甚至还对明朝军队的武器装备做过一些改造。③ 转过了庭院，二人来到曹梁父的书房，萧云从怀着崇敬的心情写下一首《勋卿曹公梅》送给曹梁父：

> 当年种植是名人，历尽天功化育真。
>
> 瘦骨含香非艳色，冰肌独秀绝烽尘。

标题中的"勋卿"是对担任过光禄少卿的曹履吉的尊称。萧云从在诗中赞美梅花"瘦骨含香、冰肌独秀"，其实就是在赞美曹履吉的人品，最后一句中的"绝烽尘"是希望从此不要再有战乱的意思。

曹梁父谢过萧云从，正说话间，被邀请的一众文友也陆续来到。曹梁父就在湛亭设宴为萧云从洗尘。席间，大家分韵写诗。萧云从被曹梁父的热情好客、豪饮健谈所感染，亦赋诗一首：

> 谁识监门陋巷中，只缘璨薄是庸工。
>
> 齐侯养客还弹剑，楚伯亡猿已失弓。
>
> 七步传家名益广，千钟纸户士犹丛。
>
> 青梅晏识英雄志，谈笑倾怀尚义风。④

首联萧云从以战国四公子之一的信陵君喻曹梁父，将自己比作得到信陵君尊重的隐士侯嬴，而侯嬴只是魏国首都大梁夷门的一个看门人。当然，这是萧云从的自谦。颔联用的典故一是冯骥做孟尝君的门客为待遇不高发牢骚，二是涉及楚国及楚

---

① 《乾隆当涂县志·人物》："曹履吉，字根遂，号元甫，当涂人。明万历丙辰进士，授户部主事，升金事督河南，擢光禄少卿。"《明画录》："曹履吉，字提遂，一作根遂，当涂人。万历丙辰进士，官光禄少卿。诗字有唐晋风格，山水师云林，笔致简洁，堪推逸品。"

② 清康熙太平州守杨霖《采石三台阁记》："光禄公（曹履吉）又自捐三千金，建阁山巅，层累而上。"见沙鸥《萧云从诗文辑注》，第30页。

③ 《明史·卷九二·志第六八》："万历末，经略熊廷弼请造双轮战车，每车火炮二，翼以十卒，皆持火枪。天启中，直隶巡按御史易应昌进户部主事曹履吉所制钢轮车、小冲车等式，以御敌，皆罕得其用。大约边地险阻，不利车战。而舟楫之用，则东南所宜。"

④ 萧云从《曹梁父招，同诸子湛亭分韵》，见沙鸥《萧云从诗歌笺注》，第230页。

王的两个故事。① 意思比较深奥。最后两联容易理解，因为曹梁父姓曹，萧云从就赞美其既有曹植之文学才华，又有曹操的英雄气概。——东道主既然热情接待了你，说几句让主人爱听的话也是人之常情。曹梁父读了萧云从的诗，自然非常开心。

告别姑孰后，七月二十九日，萧云从宿于宣城白云山，山上奉圣寺僧净儒接待了他。吃斋饭时净儒跟他说了一些和奉圣寺有关的掌故，比如朱元璋有个女儿被封为"宁国公主"，就是因为在朱元璋率军攻下宁国城后，马夫人在宁国薛家山生下了她。朱元璋大胜之后又获千金，心情十分愉悦，率领众将到白云山奉圣禅院朝拜。萧云从听了，笑而不语。

这奉圣寺是唐朝裴休在白云山建的，初名"永清寺"。北宋治平年间（1064—1067），永清寺改为"奉圣寺"，熙宁时（1068—1077）又更名为奉圣禅院。万历十七年，时任宁国府知府的萧良誉视察调研农事，途经白云山时，见此处白云弥漫，山水秀丽，庙宇恢宏，不禁诗兴大发，欣然挥笔草就一首《游白云山》诗：

> 洞门深处见丹丘，近郭那知此胜游。
> 乔木骈萝封绝巘，危台发萃俯长洲。
> 双峰槛外联珠涌，小舸桥边一羽浮。
> 眺望不穷山色暝，登临还为白云留。②

斋饭毕，萧云从随净儒步入禅房随谈。这净儒比萧云从小十来岁，去年七月，净儒五十初度，画了一幅《白云山长松草堂图》，后来又加上一些桑梓风光。想到家乡姑孰只是"寓地"，而此处则是自己最终的"归地"，"归寓"其实是一回事，所以把画卷的名称改为《归寓一元图卷》。

净儒把画卷拿出来请萧云从观赏，介绍了题名的原因，最后说："古人说，达士心无滞，他乡总是家。虽是至理名言，可是自念学道无成，徒虚岁月，又怎能没有故地风烟之感啊！"

---

① 两个故事分别为：楚伯亡猿，北齐杜弼《檄梁文》："但恐楚国亡猿，祸延林木，城门失火，殃及池鱼。"楚王失弓，据《孔子家语》卷二载："楚王出游，亡弓，左右请求之。王曰：'止，楚王失弓，楚人得之，又何求之！'孔子闻之，惜乎其不大也，不曰人遗弓，人得之而已，何必楚也。"

② 《宁国府志·卷二五·艺文志》。

净儒这番话引起萧云从的感叹。是啊,李白云:"夫天地者,万物之逆旅也;光阴者,百代之过客也。而浮生若梦,为欢几何?"整个天地,都只是人暂时寄生的"寓"所,何处是家,何处又不是家呢?所以"归寓"一元,并无区别。萧云从赞同净儒的说法,称赞他"大有远公妙谛遗风"。这远公乃是东晋高僧,即释慧远,本姓贾,幼而好学,后沙门释道安为之讲般若经,豁然开悟。①

萧云从又在灯下把净儒的画卷仔细观赏一番,觉得净儒绘画功底不俗,笔下张弛有致,山川云气,缥缈悠远,不禁击节叹赏。画卷上还有一些净儒的题诗,萧云从吟哦数首,似有所感,请净儒拿出文房四宝,萧云从当即题写"静习平心法,寒烟冷雪诗"两句赠给净儒。这一晚,萧云从与净儒从研讨画理到谈佛论道,因为说得投缘,不觉时间已经过了子夜。

净儒看时候不早,说:"你这一趟,跑了不少地方,也够辛苦,早点休息吧。"

萧云从毫无倦意,呵呵一笑,说:"要说辛苦,孔夫子当年周游列国,还厄于陈蔡,七天没有粮食吃,他也没有觉得什么。"

净儒说:"释迦佛也曾于雪山苦行,修菩萨道。凡夫俗子做不到。"

萧云从说:"孔夫子周游列国,不畏艰难险阻,是为了布道;释迦牟尼雪岭刻苦修行,也是为了布道。所以有大志向、大慈悲心的人才能如此执着。"

净儒说:"记得唐人司空图曾有一首《与伏牛长老偈》,其中说'不算菩提与阐提,惟应执着便生迷。无端指个清凉地,冻杀胡僧雪岭西'。他是反对执着一念的。先生对此怎么看?"

萧云从答道:"坐禅修道是为消弭妄念,人生八苦,生老病死固然痛苦,但根本的苦是执着妄念。这样的执着与夫子和佛祖的布道与修行不是一回事。……"

回到芜湖以后,萧云从回忆这次姑孰宛陵之游,意犹未尽,动了创作的兴致。于是拿出写生稿和抄录的一些净儒题诗,揣摩回味一段时间后,画了一幅山水长卷,长卷上共绘有姑孰宛陵名胜古迹三十多处。萧云从还把净儒的诗筛选改定,在长卷上题诗四十七首。这幅山水长卷起个什么名字好呢?萧云从想来想去,觉得还是净儒

① 《神僧传·卷二》。

原来的《归寓一元图卷》名字好，遂在画上题了"归寓一元图"五字。①

民国时期神州国光社《归寓一元图》书影

《归寓一元图》这幅山水长卷因为既绘有皖南山水名胜，又绘有城池民居田畴、百姓劳作生活场景，地域风貌特征明显，又被后人称作《安徽全景图》。② 说是"安徽全景"固然不够恰当，但是称作皖南山水风物图是完全可以的。它是萧云从继《太平山水图》之后的又一力作，可与黄公望《富春山居图》媲美，只是国内未有其真迹，因此声名不彰，殊为可惜。

《归寓一元图》画好以后，萧云从想起那晚与净儒的对话，觉得自己既不如孔夫子，晚年还执意推行政治主张；也不如佛祖，能够在雪岭那样苦修；又不如那些修仙得道的人，能够白日飞升。萧云从想到这里，不禁笑起来，看来只能像严子陵那样做个隐士了，于是在山水长卷末端题了一首《自像赞》诗：

> 浪迹无名始自娱，非仙非佛亦非儒。
>
> 随时或钓鱼矶上，也学逃禅问智愚。

这首诗第三句写的就是东汉严子陵事。严子陵名严光，字子陵，会稽余姚人。他与汉光武帝刘秀曾一同游学。建武元年（25），刘秀建立东汉，严光于是隐名改姓，隐居在桐庐富春江畔，每日垂钓，后此地为桐庐严子陵钓台。史书上曾记载光武帝请严子陵出山被他谢绝的趣事：

---

① 萧云从此图现藏瑞士苏黎世伯格博物馆。1930 年，神州国光社珂罗版《萧尺木归寓一元图》为方便印刷，对画面进行分割制版，导致后来包括《萧云从》的作者王石城在内的许多人误认为画了二十四景。另外，《归寓一元图》题诗共四十七首，因此又有共画四十七处名胜之说。此说亦不正确，因萧云从在长卷上的题诗中还有怀古悼亡等其他诗，并非皆写景诗。按画面上题诗标题中明确写了地名的名胜统计，《归寓一元图》共绘三十多处名胜。印制《归寓一元图》的神州国光社系 1901 年由黄宾虹、邓实创办于上海，最初以珂罗版影印书画、字帖、金石、印谱等。

② 日本铃木敬《中国绘画总合图录》称其为《安徽全景图》；蒋谔士曾收藏该卷轴，亦称其为《安徽全景图》。参见何秋言《萧云从实景山水画研究》，长春：东北师范大学出版社 2017 年版。

　　（光武帝）车驾即日幸其馆。光卧不起，帝即其卧所，抚光腹曰："咄咄子陵，不可相助为理邪？"光又眠不应，良久，乃张目熟视，曰："昔唐尧著德，巢父洗耳。士故有志，何至相迫乎！"帝曰："子陵，我竟不能下汝邪？"于是升舆叹息而去。①

　　萧云从诗中"非仙非佛亦非儒"这一句可以视作他的人生宣言，诗人既不想做积极入世的"儒者"，为统治者服务，也非常清楚自己不是不食人间烟火的"仙佛"，而像严子陵那样，做个无视权贵、自由自在的隐士则是人生最大的快乐。

　　杜甫有两句诗，"飘飘何所似，天地一沙鸥"。在天地间做一只翱翔的沙鸥是自由自在的，同时又是孤独的。孤独就是为自由付出的代价，而人生最宝贵的除了生命，就是自由。所以，为了自由，付出孤独的代价与付出生命的代价相比，还是挺划算的。

---

　　①　《后汉书·逸民·列传第七三》。

一九、沈士柱就义

自宛陵回芜湖后,萧云从过了两年平静的日子。沈士柱就义的消息传来,萧云从陷入悲伤与回忆中。

也许是因为父亲沈希韶做过明朝御史,家庭出身背景不同,沈士柱头脑里的忠君报国意识比萧云从强烈得多,与萧云从把亡国之痛寄托于诗画创作不同,沈士柱在明亡后一直从事反清复明的实际斗争。

作为读书人,沈士柱在明末名气已经很大。他与黄宗羲是莫逆之交。黄宗羲曾说:"余束发交游,所见天下士,才分与余不甚悬绝而为余之所畏者,桐城方密之、秋浦沈昆铜、余弟泽望及子一四人。"①表明普天下除了弟弟黄泽望外,黄宗羲"所畏者"只有方以智(字密之)、沈士柱(字昆铜)和魏学濂(字子一)这三个人了。沈士柱是黄宗羲平生最服膺的可与大学问家方以智并列的两个安徽人之一,可想而知,沈士柱的学问与才情有多高。

沈士柱曾于某年重阳节,与友人周颖侯等登高赋诗,相互唱和,留下的这首《九日和颖侯》足以见证其才情:

> 何处登高去,邹阳尚系囚。
>
> 异乡逢九日,深殿送三秋。
>
> 雁晚飞无定,蛩寒咽不流。
>
> 西风吹梦好,湖海一扁舟。

沈士柱饱读诗书,故诗中驱遣典故自如。其他典故就不说了,最后两句似乎分别化用了唐朝唐温如的《题龙阳县青草湖》和宋朝苏东坡《临江仙》词中的句子,其情

---

① 黄宗羲《翰林院庶吉士子一魏先生墓志铭》。

感表达也集中于此,不妨引用一下。唐温如的诗是:

> 西风吹老洞庭波,一夜湘君白发多。
>
> 醉后不知天在水,满船清梦压星河。

诗人因为醉酒,所以"清梦"一场,不知道是人在天上还是天在水中,这是何等惬意的境界! 苏东坡的词写的也是醉酒之后,流露的则是归隐江湖的心情:

> 夜饮东坡醒复醉,归来仿佛三更。家童鼻息已雷鸣。敲门都不应,倚杖听江声。　长恨此身非我有,何时忘却营营? 夜阑风静縠纹平。小舟从此逝,江海寄余生。

沈士柱的诗虽然引用了前人纵酒忘情的诗句,但他又不是能彻底忘却民间疾苦和世上疮痍之人。无论是面对明末乱象还是清初异族占领,沈士柱都一直与志同道合者用实际行动进行着抗争。

早在崇祯六年(1633),沈士柱曾到西湖会黄宗羲等朋友,住在楼外楼。来拜访相聚的杭州名士很多,一时西湖的画舫都因之涨价。傍晚时分,黄宗羲、沈士柱等在画舫上听丝竹管弦,其他文人或闲人看见了,命船家摇着小舟尾随之。颇有几分如今追星族见到偶像的味道。沈士柱谈到国事,忧闷于心,酒后也和冒辟疆一样,破口大骂阉党和宵小之徒。[①] 崇祯后期,沈士柱牵头组织了芜湖读书社,成员有萧云从等人。后来,他们一道加入复社。沈士柱奔走于芜湖、南京之间,与阉党作斗争。沈士柱曾联络陈慧贞、吴应箕、沈寿民、黄宗羲等复社成员,撰写了《留都防乱公揭》,在南京的大街小巷到处张贴,让众人看清阮大铖的小人面目。

不久,南明弘光皇帝登基,当时已在政治上被打入另册的魏忠贤党余孽阮大铖看到了东山再起的希望,就抓紧活动,还撮合"秦淮八艳"之一李香君与"江南四公子"之一侯方域的婚事,想借此捞取资本,重新粉墨登场。此举也因为被李香君识破而未得逞。

---

① 黄宗羲《思旧录·附录·海外恸哭记》。

不料，小人自有上位的功夫。崇祯自缢后，福王被马士英、阮大铖一伙推上皇帝的宝座，福王成了弘光帝。阮大铖勾结弘光帝的宠臣马士英，成为兵部尚书。小人一旦得志，便开始了对复社一帮人的疯狂打击报复，大兴文字狱，顾杲、黄宗羲被捕，沈士柱因为提前远避到手握百万大军的武昌左良玉幕府，躲过了一场牢狱之灾。顺治三年（1646），听说阮大铖死了，沈士柱作《祭阮大铖文》，名为祭文，其实是一篇对阮大铖极尽嬉笑怒骂的嘲讽文章：

> 丙戌长至之后二日，近故降大司马阮公之丧至自浙东。芜湖沈某辱公知最深，为文以告其灵曰："古称知己，重于感恩，以余观之，岂独感恩为知己哉！汉之有孔融也，博文强记，一代师表；曹操非不知之。唐之有颜真卿也，纯忠大节，烂然与日月争光；卢杞非不知之。然惟知之深，故忌之愈切、杀之愈速；天下后世只知操、杞之妒贤荣身，戕善祸国，而不知于两公未始不称相知也。……弘光半载，公所行已登场涂面，自为玩弄。其语人曰：'宁使终身无子，不可一日无官。'与流芳遗臭语何异？及逃窜鸠兹，复谓敝乡衿友：'我必不学伯嚭钱塘！'毋论公自比宰嚭、作谶钱江，此语不出前史，作剧者神子胥之灵，以禳后世公辈逸邪之魄。公目不识史，胸中独有梨园稿本，以国为戏；余以知公之胆大而才小也。……今秋公降后，闻将有纶扉之命①；同人皆动色相戒，复为余危之。余笑谓人曰：'阮公，狡狯人也；其于余一发不效，有懈志矣。使复再为之，公自度向以博象全力，兔尚得脱；今游魂余烬，自救不暇，焉能钩致周内，复陷人于罪罟哉！'……公操利刃，设深阱，致我流离琐尾②，家业荡然，犹窃附于知己之谊。魂而有灵，当临风一笑也。"③

文章首先对"知己"作了新解，有知遇之恩的知己，也有因为深切了解而妒之恨之进而必欲置之死地而后快的"知己"，沈士柱把疯狂迫害自己的阮大铖幽默地称呼为后一类"知己"。文中既有对阮大铖"宁使终身无子，不可一日无官"丑恶嘴脸的揭

---

① 纶扉：犹内阁。明清时称宰辅所在之处为"纶扉"。谢肇淛《五杂俎·事部三》："弘成以前，内阁尚参用外秩，如陈山以举人，杨士奇以荐辟……皆入纶扉，五十年以来，遂颛用词臣矣。"

② 琐尾：谓颠沛流离，处境艰难。《诗·邶风·旄丘》："琐兮尾兮，流离之子。"朱熹《集传》："琐，细；尾，末也。流离，漂散也……言黎之君臣，流离琐尾，若此其可怜也。"

③ 《钦定四库全书·明文海》。

露,也有无畏其迫害的宣示。沈士柱的这篇祭文把阮大铖彻底钉在历史的耻辱柱上,一时海内流传。

　　顺治五年(1648),逃亡在外数年的沈士柱回到老家芜湖。当时清政权已经在江南站稳了脚跟,逼迫汉族人留小辫、穿夷服的"留发不留头,留头不留发"的野蛮政策也推行了几年。沈士柱不管清政权的严令,蓄发不剃,古冠大服,以示不忘明朝。沈士柱隐居芜湖后,"阔视尘埃金玉,食客不遗屠钓",并广散家财,支持反清义军,秘密从事反清活动。他曾率反清义士去芜湖的"海公祠"祭祀,说:"明朝官吏,都如海瑞忠诚,何至亡国!"江南遗民与义士到芜湖拜访沈士柱的有很多,如方文、彭士望、钱澄之等。顺治十年沈士柱曾因被人告发"勾结李定国"而被捕,后来由于证据不足获释。出狱后,沈士柱并没有停止秘密反清活动,在顺治十四年(1657)再次被捕。

　　沈士柱这次被捕与江苏如皋人李之椿有关。李之椿,字大生,号徂徕,明天启元年(1621)举人,天启二年(1622)进士。李之椿初任吏部主事,因直言遭忌,卸职回乡闲居。顺治二年,南明福王朱由崧即位于南京,起用李之椿为尚宝寺卿,迁礼部侍郎,督粮于浙江。不久清兵攻下南京,李再度弃官还乡。

　　顺治四年,如皋县民赵云、李七等举兵反清,自称都督,并奉李之椿为盟主。后兵败,李之椿亦被清军逮捕。审讯中清廷查不出李之椿为盟主的实据,遂以李拒不交出明朝廷的印信为由,将其流放,史称"故敕之狱"。

　　顺治六年,清廷大赦,凡顺治五年前"有故主之思"的明朝官吏不作反叛论处,于是李之椿获释。当时,鲁王朱以海仍在坚持反清,李之椿假借远游武夷之际,暗中与海上鲁王联系。其子李旦被鲁王任命为御史,往来江上搜集情报,联络义士,为海上郑成功的反清力量征集兵饷。顺治十四年,因为家佣谢庭兰至京师向清廷告密,李之椿、李旦父子均被捕,解至江宁。李之椿见到清总督郎廷后说道:"身为前朝大臣,国亡应死。子旦受国厚恩,死亦恨晚。"此后默然不语,绝食七天而死,其子李旦被斩于西市。李之椿妻许氏案发后被关于嘉兴玄妙观,闻夫死,亦绝食而亡。

　　被卷进李之椿案件的各地重要反清人物有几十人,沈士柱亦在其中,因此于同年被捕。民间传说,沈士柱被捕后,由芜湖知县李浚与游击刘世贤会审。审讯时李、刘二人问:"本朝大局已定,你为何仍着古冠大服?"沈士柱说:"我是故国人,应做故国鬼。"李浚道:"本朝法律,留头不留发,留发不留头!"沈士柱回答:"生为故国人,死为故国儿!"又厉声质问二人:"你们食大明禄,背叛大明国,可知罪,可知耻吗?!"李浚二人椷颜退堂,匆匆定下罪名,把沈士柱押解南京。

在狱中,无论是严刑拷打还是功名利诱,沈士柱都坚贞不屈,不为所动,完全没把生死放在心上,还吟诗不辍,写了《故宫词》二十四首。临刑前夜,沈士柱从容赋《绝笔诗》三首:

> 三百年恩总未酬,宸居何意卧羁囚。
> 先皇制就琉璃瓦,还与孤臣做枕头。

> 落日昭阳半照灰,寒鸦犹带影飞来。
> 上林无树堪留宿,唤醒羁人梦一回。

> 武英旧殿月轮西,袞袞朝臣待漏齐。
> 十八人今无别梦,冬青枝上鷓鸪啼。①

友人周颖侯后来读到沈士柱这些诗,感叹说:"昆铜故宫辞思致绵邈,忠见乎辞,情怀悱恻,义形于色,得风人劝戒之旨,动人望古之思。……缧绁之中,无生还之可能,绝笔诗反不似酒席中刻露。"

顺治十六年(1659),己亥年清明日,沈士柱在南京凤台门外,从容就义。一起遇害的包括李之椿儿子李旦在内,共四十八人。清廷此时处死沈士柱有个背景,就是当时张煌言与郑成功等抗清义师势头较猛,有攻占南京、芜湖一带的军事行动计划,清廷担心沈士柱等义士与他们相呼应。《南疆逸史》说:"己亥,郑成功将寇攻金陵,虑士柱通海上,乃杀之狱。"②

沈士柱牺牲后,有义士冒死收存他的遗体,悄悄葬于雨花台后西首"平岗之麓"。沈士柱妻方氏闻噩耗后绝食十天而亡,妾汪氏、鲍氏同时自缢殉难!三人被芜湖百姓誉为"沈门三烈妇"。沈士柱弟弟沈士尊(号五盐)负责处理三位嫂嫂的丧葬,他把三位嫂嫂同葬于范罗山前。乾隆年间,道台张士范为三妇坟墓"垒试封垄建丰碑",

---

① 转引自黄宗羲《思旧录》。
② 《南疆逸史·卷四五》。

后人称之为"三节妇冢"①。

萧云从、汤燕生等众多沈士柱生前好友为安葬的事出力且写诗记述经过,表达悲愤与钦敬交织的情感。好友奚自的《会葬沈门三节妇诗以纪之》表达了大家的心声:

> 一抔卜葬大江隈,为妥贞魂薙草莱。
>
> 云气近连灵泽庙,潮声遥接雨花台。(惕庵先生葬处)
>
> 泪凝湘竹沉烟冷,血染山桃带露开。
>
> 最是年年寒食日,杜鹃声里不胜哀。②

汤燕生更是情不自已,一口气写了十首《思悲翁》,第一首为:

> 城乌集戍罗,有雏不得顾。
>
> 四面石尤风,突出丁都护。③

该诗用隐喻手法,说沈士柱如被罗网所获的乌鸟,再也顾不上雏鸟,顾不得家中妻儿了。在四面悲风中,只听见一声声的"丁都护"。《丁都护歌》原是南朝乐府旧题,属《清商曲·吴声歌》曲名,一作《丁督护歌》。《宋书·乐志》记载了这个曲名的来源:南朝宋高祖刘裕的女婿徐逵之为鲁轨所杀,刘裕便派遣府内直督护丁去料理丧事。丁回来之后,徐逵之的妻子(也就是刘裕的长女)向他询问殡殓时的情况,每问一声,就哀叹一声"丁督护"!其声哀切,催人泪下。后来,人们便依声制曲,题为《丁都护歌》。

汤燕生《思悲翁》组诗的第二首写沈士柱被捕后被押解南京,大家着白衣为他送行的场景:

> 此别无返期,白衣送道左。

---

① 参见张宪华《沈士柱年谱》,转引自张宪华《皖江历史与文献丛稿》,第 92 页。

② 《民国芜湖县志·卷五九·杂识》。

③ 汤燕生《思悲翁》,转引自胡艺《汤燕生年谱》,见《书法研究》1992 年第 4 期。

意气如平时,一身披九锁。

"风萧萧兮易水寒,壮士一去兮不复还",送行的人知道沈士柱此去恐怕是回不来了,不免凄然;但沈士柱虽然因为是"重犯",身披九道锁链,却依旧神色自如。书生本色的沈士柱,表现出了罕见的英雄气概!

第二年,沈士柱的老友黄宗羲作庐山之游,返回江苏途经芜湖时,特写诗悼念沈士柱:

寻常有约在芜湖,再上高楼一醉呼。

及到芜湖君已死,伸头舱底望浮图。

黄宗羲诗中说的"有约"指沈士柱曾书约黄宗羲来芜共商反清大计。当时黄宗羲已看清南明小朝廷是扶不起的阿斗,故隐居致力著述,未应其邀。如今,幽明两隔,黄宗羲亦痛心不已。

其实黄宗羲是明末清初少有的真正实际参加过武装反清斗争的大儒。弘光元年(1645)闰六月,原明朝官员熊汝霖、孙嘉绩据钱塘江天险,划江而守。黄宗羲与兄弟黄宗炎、黄宗会在余姚黄竹浦招募义勇,声援孙、熊部,时人称为"世忠营"。不久,浙江余姚、会稽、鄞县等地的明官吏缙绅及各路抗清义军扶持明鲁王朱以海监国于绍兴。黄宗羲受鲁监国命任兵部职方司主事,专门为之编撰了《监国鲁元年大统历》。顺治三年五月,黄宗羲率孙嘉绩部与王正中部合师渡钱塘江,进驻潭山,北联太湖义军,俨然"有吞吴楚之气"。六月,清军趁浙江出现罕见旱情,钱塘江水位大降之际,冲破钱塘江屏障,占领了绍兴。鲁监国率随从仓皇入海。混乱中,黄宗羲仅收拾得余部五百余人避退入四明山,结寨固守。顺治六年六月,黄宗羲探得鲁监国由福建返还浙江沿海,遂渡海追随。顺治七年九月,清廷会兵攻打四明山,擒获首领冯京第及黄宗羲的弟弟黄宗炎。黄宗羲秘密赶往鄞县,与高斗魁等人合力将黄宗炎救出。顺治八年七月,清军再攻四明山,俘获首领王翊,然后出兵舟山。黄宗羲被迫隐姓埋名,在绍兴、杭州间辗转躲藏,逃避清廷的缉拿。此后见复明已经无望,黄宗羲这才奉母返回故居,隐姓埋名专心著述。

或许,沈士柱临就义前还为黄宗羲没有和自己共同进行武装反清而遗憾。沈士柱更不会想到,自己牺牲两三年后,埋头著述的黄宗羲写出了惊世骇俗的《明夷待访录》。假如沈士柱没有遇害,读到这部探究君臣关系、社会制度及学校教育价值等问题的专著,他就会明白黄宗羲做的事远比自己从事的反清复明意义更大。

　　萧云从和汤燕生等人虽然也没有直接参加沈士柱后来的反清复明活动,但是他们都理解沈士柱的行为,也没有回避与沈士柱的交往,甚至给予过道义上的支持。之所以没有受到牵连,与沈士柱被捕以后坚贞不屈,不出卖任何友人有关。从情理上说,萧云从应该会和汤燕生一样,有悼念老友沈士柱的诗文。可是,随着萧云从《梅花堂遗稿》的亡轶,他究竟有没有这方面的诗文,现在已经无从知晓了。

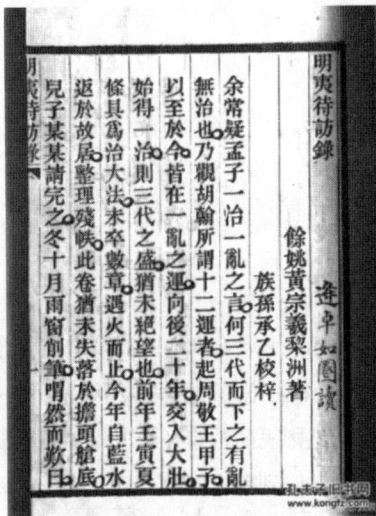

黄宗羲《明夷待访录》书影

二〇、太白楼画壁

康熙元年（1662）初，太平府知府换了一个人，新任知府名叫胡季瀛。这位胡知府，后来在芜湖的民间故事中成了一个为了巴结上司而逼迫萧云从作画的反面人物。

这则民间故事叫《萧尺木三拒胡知府》。故事大意是：第一次，胡知府由芜湖县知县陪同到萧家巷拜访萧云从，萧云从思忖胡知府想讨画攀附权贵，叫门童托词说"先生不在家"，让胡知府吃了闭门羹。第二次，鲥鱼上市时节，胡知府再度来到芜湖，想见萧云从，结果萧云从以"抱病在身"为由婉谢见面。第三次，胡知府改为微服私访，谁知道临近萧家门口，正好看见萧云从与朋友说说笑笑，胡知府想上前打招呼又怕跌身份，眼睁睁看他"云游去了"。胡知府三访，萧云从三拒，胡知府一怒之下，派人持文书把萧云从抓到采石矶，强令他为新修建的太白楼画壁画。萧云从一则迫于无奈，二则仰慕李白，于是为太白楼绘制了四大名山壁画。①

这则民间故事与明清时期的文人笔记记载内容大同小异。例如清代杨际昌的《国朝诗话》有这样一段：

> 渔洋、漫堂皆有《过采石矶太白楼题萧尺木画壁歌》，皆淋漓尽致。予心慕萧画，恨无由登楼一见。嗣观吴青坛震方所辑《说铃》内载吴宝崖陈琰《旷园杂志》云："胡季瀛守太平日，慕尺木名，三访之，俱辞不见，胡怒。时新修太白楼成，遂于案牍中插入尺木名摄之。比至，送诣楼中，曰：'图成即当开释。'尺木年已七十余，力疾应命，画匡庐、峨眉、泰岱、衡岳四大名山，七日而就。"

可见《萧尺木三拒胡知府》的故事主要内容与文人笔记所载差不多，只不过增加了一些胡季瀛为了升官想求萧云从作画送给上司的情节，使胡季瀛的"丑恶嘴脸"更

---

① 《中国民间文学集成·芜湖分卷·民间故事集成》，合肥：黄山书社1997年版，第48页。

加突出了。如果胡知府只是个虚拟人物，也就罢了，但胡季瀛确确实实是康熙元年任太平府知府的历史人物，与萧云从创作太白楼壁画有密切关系，因此有必要在此还原历史的真相。

　　话说胡季瀛到任太平府以后，首先自然是处理各种政务。不过他毕竟是文人，对附近的采石镇有座谪仙楼是为纪念诗仙李白而建造的也是知道的。视事半载以后，动了探访一下的念头。某天，在当涂知县葛元福等陪同下，往采石去寻访。因为游客不注意用火安全，这座始建于唐元和年间，后来多次修建的江南名楼，已经被焚三年，所见不过是丛草、断碑、残垣。胡季瀛满怀惆怅，对葛元福等人说："李白乃千古风流人物，最后在当涂辞世，安葬于大青山，也是我们这方山水之幸。如果募捐重修，各位以为如何？"同行的人自是纷纷赞成。

采石矶太白楼

　　没有过多久，胡季瀛带头捐资，启动了重修工程。康熙元年七月，胡季瀛特地写《募建采石谪仙楼记事》一文说明过程：①

　　　　时维秋七月，视府事几半载余，迎谒之暇，再宿牛渚。同视府厅事许双峒，

———————————

① 《康熙太平府志·卷三七》。

着屐攀藤，从万松林中登峰，凭楼倚望，惟见棂前静峙，槛外江练浮光，幻影野马与城郭万户，尘埃一色。古今之所为文章者，如是夫飘飘然有世外之想。纳凉半日，从者告以薄暮，请还。随移步燃犀亭，怪石衔江，纹澜洸洋又不觉动，六朝人物，仅江左之慨云。沿畔寻游，访至谪仙楼，而其楼为过客烟火失焚经三载，丛草卧断碑，颓垣挂灰木。其谪仙遗像，则有白衣庵僧人移至其庵，复为装塑，尚未加彩，因与双峒捐资，先饰遗像奉之更衣亭，遂题其亭曰："暂托一枝"。夫曰暂托者，盖将重建斯楼，弗为先贤废，致胜地缺如也。

嗟嗟！点烟落火，火忽焚楼，游览者自是不免留俗士嘲，然也否？否。昔日谪仙捉月龙宫蝉蜕时，真是天翻地覆。今日此楼与烟草同烬，安知非酒中三昧放光；此楼一焚，此楼之一醉也，宜无复赘。但昔人已往，昔人不可复作；而斯楼虽焚，斯楼尚可建。后人履其地者，不能不怀古情深，爽然自失为之俯仰，继之踌躇，江景依然如画，青山荒冢寂如。古今之所为文章者，诚如是夫，凡有志者幸其襄厥事云。

在太白楼重新修建过程中，胡季瀛有一次到工地视察，发现楼下四壁宽大，心念一动：如果能够请得丹青妙手绘壁，岂不是锦上添花？

胡季瀛对随行的人说出想法后，有人推荐了萧云从。胡季瀛开始有点踌躇，因为他听说过萧云从是位大画家，不太好接近。但为了太白楼，胡季瀛还是硬着头皮亲书一简，派府中掌理文书的陈醇儒先生，登门邀请萧云从作画。事后看，胡季瀛还真是英明，正是因为他选派对了人，才促成萧云从答应绘壁。

这位陈醇儒先生，字蔚宗，号书巢，是当涂采石人，太平府增生。[①] 善书画，尤工汉隶八分书。曾建育婴堂，参与纂修郡志，还酷好杜甫诗，著有《书巢笺注杜工部七言律诗》四卷，简称《书巢杜律注》。[②] 萧云从也十分喜爱老杜诗，有专著《杜律细》。因此两个人有共同语言，很谈得来。因为探讨杜甫诗和太白楼绘壁事，陈萧二人结为好友。三年后，萧云从重游采石，陈醇儒热情陪同，萧云从画《采江写意图》赠之。[③] 当然，这是后话。

---

① 明代生员都有月廪，并有一定名额，称廪膳生员。后又于正额之外，增加名额，称为增广生员，简称"增生"，无月米，地位次于廪生。见《明史·选举志一》。
② 孙微、王新芳《陈醇儒及其〈书巢杜律注〉》，见《杜甫研究学刊》2008 年第 1 期。
③ 萧云从《采江写意图跋文》，见沙鸥《萧云从诗文辑注》，第 140 页。

话说陈醇儒见到萧云从，说明来意后，把胡季瀛的信呈给他。胡季瀛在信中说：

> 飞白泼墨，人生快事，但乘兴含毫，醉后能作草书。而无声之诗，非凝神定想，终难淡描。①

萧云从看完胡季瀛的书信，还有些不太情愿。一则近来身体不好，二则他一贯懒得跟官府来往。不过他对派来的这位陈先生印象不错，对胡季瀛信中所说书画方面的见解也颇认同。陈醇儒见他没有峻拒，免不了为胡知府美言几句。

胡季瀛是浙江海盐人。他的父亲胡震亨（1569—1645）是个大大有名的人，万历二十五年举人，先后由任固城县教谕、知合肥县，荐补定州知州、德州知州，擢兵部员外郎。胡震亨家多藏书，学问渊博，有藏书楼曰"好古楼"，收藏图书万余卷，凡秘册僻典，莫不在搜罗补缀之列。

胡震亨在各地为官，政声也很好。胡震亨在任合肥知县五年间，大兴水利，改革官粮运输，颇多善政。时称"治状冠江北"——在江北一带郡县中合肥是治理得最好的。他后来还被称为"挽救唐诗的人"。此话怎讲？因为他所辑《唐音统签》共1033卷，可谓搜罗丰富。没有这本书，后来曹雪芹的祖父曹寅奉旨纂修、刊刻《全唐诗》则无蓝本，所以这部《唐音统签》为历代研究唐诗者所重视。②

胡季瀛出身书香门第，又有这样一位博古通今、为官清廉的父亲，怎么会不受熏陶？史书上也有记载，胡季瀛出守姑孰，非常重视以德化民，也能以身作则，为官清廉，拒绝不正当的请托。某一天晚上，有人拜访他，赠送数盆兰花。胡季瀛打开一看，发现盆底架子下还垫着几根金条。来人讪讪道："晚上来时，没人看见。"胡季瀛脸一沉，说："暮夜岂无知者耶？"留下兰花，退回了金条。③

萧云从应该曾多少耳闻一些这位胡知府的情况，如今陈先生又介绍了一些，再

---

① 关于萧云从太白楼作画原因，有两说。一是被逼。吴陈琰《旷园杂志》卷上"名笔往役"条载："胡季瀛守太平日，慕芜湖萧尺木能画，三访俱辞不见，胡怒。时新修采石矶太白楼成，遂于案牍中插入尺木名，摄之至，送至楼中，令白壁间若图成，即当开释。尺木年已七十余，方卧病，不得已画匡庐、峨眉、泰岱、衡岳四大名山，凡七日而就。"二是受邀。萧云从《太白楼画壁记》："（胡季瀛）知余为老画师，折简相招。"今采萧说。

② 参见黄小凡《胡震亨，挽救了整个唐诗命运的人》，见《看历史》2017年第5期。

③ 《光绪海盐县志·卷一六·人物志》。

想一想,绘壁太白楼也是一件有意义的事,终于点头应承下来。

　　说到壁画,中国人脑海里首先想到的大多是敦煌石窟或者龙门石窟里那些宗教
题材壁画。实际上,中国壁画历史悠久。远古时期就有表现狩猎、放牧、战争等题材
的岩画,秦汉时期又有大量的绘于陵墓或墓室墙上的神话、历史故事题材壁画。但
在萧云从绘制太白楼壁画之前,山水题材的大型壁画还比较少见。南宋名画家萧照
曾画过山水壁画。萧照能够知书善画还与一段传奇经历有关。《画学集成·画继补
遗·卷下》有这样一段记载:

　　　　萧照,世传建业人,颇知书,亦善画。靖康中,中原兵火,流入太行山为盗。
　　一日,群贼掠到李唐,检其行囊,不过粉奁画笔而已,遂知其姓氏。照雅闻唐名,
　　即辞群贼,随唐南渡,得以亲炙。唐感其生全之恩,尽以所能授之。后亦补入画
　　院。照比唐笔法潇洒超逸。予家旧有照画扇头,高宗题十四字云:"白云断处斜
　　阳转,几面遥山献翠屏。"

　　这段记载表明,萧照在宋钦宗靖康年间曾入太行山为盗,巧遇大画家李唐并且
解救了他,后随李唐南渡,得到李唐悉心传授的画技,工画山水和人物,得到宋高宗
欣赏。绍兴年间,宋高宗任萧照为画院待诏,萧照成了宫廷画家,曾受命画山水壁
画。《西湖梦寻·孤山》里这样介绍:

　　　　西湖凉堂,绍兴间所构。高宗将临观之。有素壁四堵,高二丈,中贵人促萧
　　照往绘山水。照受命,即乞尚方酒四斗,夜出孤山,每一鼓即饮一斗,尽一斗则
　　一堵已成,而照亦沉醉。上至,览之叹赏,宣赐金帛。

　　如此说来,画壁画也是萧家的传统。萧云从对山水壁画确实也并不陌生,早几
年他应邀为芜湖劳公祠画过壁画,山水长卷画过不少,对如何布局也胸有成竹。
　　芜湖劳公祠是芜湖百姓为纪念知县劳永嘉而建造的。劳永嘉,字无施,号金粟,
崇德(今浙江桐乡)人。万历二十五年举人,万历三十年(1602)任芜湖县令。因为劳
永嘉对芜湖百姓有恩,调任后,芜湖百姓建祠以祭之,还特邀萧云从作壁画。
　　劳公祠和萧云从为其所作壁画后均毁,现在只能从道光年间见过这幅壁画的黄

钺的描述中窥知一二了。黄钺的诗是这样写的：

太白祠前萧公所画壁，风帆上下人人能见之。

百余年来题咏凡几辈，至今犹诵绵津山人诗。

岂知芜湖亦有画一堵，近在城北二里劳工祠。

口传亦是尺木手所作，我生八十七岁今始知。

宾樊两目欲瞎恐不见，急邀许子同往观勿迟。

入门先叩画壁在何所，山僧导我殿后趋连簃。

墙纵八尺其横亦如之，四松矗立翠叶交纷披。

划然五丁擘开两青壁，中有白龙掉尾从天垂。

玢玢琤琤不知几千尺，凉雨洒面谡谡松风吹。①

……

从黄钺的诗中，可以看出，这是一幅山水壁画，其题材似乎取自李白的《蜀道难》。所以接受太白楼绘壁的工作，对萧云从来说不是困难的事。萧云从先让陈醇儒及跟自己来的弟子准备材料，颜料啊、画笔啊、梯子啊，等等。萧云从自己则考虑具体画什么山水才好。不过一天时间，萧云从豁然开朗：李白一生"好入名山游"，留下大量有关峨眉、庐山等名山的诗篇，对，就画这些名山！

因为太白楼第一层北壁镶嵌有镌刻诗文的金石，陈列着胡季瀛"榜锓以矜式来学"的"素所摹临晋唐宋元真楷行草"作品，萧云从于是就在其余三壁上打画稿。因为成竹在胸，他落笔很快，加上有几个弟子做帮手，所以一周时间就完工了。不过，萧云从也累得不轻，仿佛大病一场，加上年事已高，从此以后，萧云从不再绘制壁画。

萧云从为太白楼所绘壁画为设色山水，他于西壁绘峨眉，东壁画匡庐，南壁东西段则各绘泰岱和华岳。壁画内容大致为春夏秋冬四景：泰山为春景，森林滴翠，有虬松怪树，烟雨空蒙，山下有杂花点缀，猕猴玩耍，空中有黄鹄高飞；庐山为夏景，上有两座主峰如同石门，间有瀑布如银河直下，山下有渔翁垂钓，樵夫担柴；华山为秋景，

---

① 黄钺《道光丙申夏五月廿二日，与许小琴劳公祠观萧尺木画壁，口占九言长歌记之》，见《壹斋集·卷三七》。

山峰林立,悬崖峭壁,泉水叮咚,日出云海,皆朱砂色调;峨眉为冬景,画面有大小山峰,相依冷峻,峭壁处有亭台楼阁,山下有危桥石阶荒村,围绕瞿塘而生,塘中有一小舟静卧,皆积满白雪。整个壁画有云海飞瀑,有秦松汉柏,有繁花似锦,有野水纷披,加之渔翁樵子往来其间,真可谓"龙拿虎攫腕环悬,万里奇观归咫尺"。

壁画绘制成功以后,萧云从亲自撰写《太白楼画壁记》记述其过程,这篇文章很能反映萧云从对书画艺术的见解,且文采斐然,故抄录于下:

　　　　郡守胡公念斋,重建采石唐供奉李太白祠与其楼居。既落成矣,诗文纪胜,倡和流连,镌之金石,传大雅焉。复简供奉集中有姑孰诸咏,出素所摹临晋唐宋元真楷行草,榜锓以秣式来学。是以星斗龙蛇,烂焉腾跃,观者如堵,几铁限其门也。又以供奉瞻泰岱、登峨眉、读书匡庐、飞杯华岳,古风高韵,不殁人间,则名山之胜,仙魄攸存。乃顾瞻四壁,粉若空天,欲秃笔貌之,以为迎神之曲,招魂之辞,巍然俎豆,知有谪仙人在焉! 时以郡务云集,不遑经营。知余为老画师,折简相招,且云:"飞白泼墨,人生快事,但乘兴舍毫,醉后能作草书。而无声之诗,非凝神定想,终难淡描。"是则先生知画者也。先生以书法教余画法乎? 窃谓庖牺画卦,画即是书。孔子曰:"枣棘之字如画树,牛羊之文以形举。"后之论书法者,如卫夫人比于高峰崩浪,庾肩吾拟于碧海琼山。至于龙跳虎卧,芙蓉柳枝,皆以象书之,为画家之事。愧余衰且病,秃草不润,断松无烟,解衣坐于先生书碣之末,偶馨遐思,急宏其气,以摅于丹青,推拖槭挩,疑有神助。竭道子一日之功,生少文众山之响,小豁胸中,狂焉叫绝。余但知为书,不知其为画也。古有之张彦远论伯英书,气脉连接不断。王子敬悟之,为一笔书;陆探微悟之,为一笔画。吴道元之画,受笔法于张旭。李龙眠书画精妙,黄山谷谓:"书之关窍,透入画中。"则余不知之为画,只知为先生之书也。先生曰:予老矣,河图洛书,殊途一致,何解之迟耶? 姑存其说,以见吾书中有画已尔。羲靖在前,吮毫皆怯,谨为汉隶,以贞阙珉。时陈子醇儒共研撰事,资余不逮者,并记之。①

由于萧云从确实技艺高超,胡季瀛和一班随从及文人雅士观赏壁画后大为赞赏,一时远近传开,来登楼参观的人络绎不绝,当时以及后人题诗赞美的更是数不胜

---

① 沙鸥《萧云从诗文辑注》,第 138 页。

数。可惜萧云从的太白楼壁画后来毁于兵火,现在只能从当时人的描写中见其大概了,其中最有代表性的一首,当推萧云从友人宋荦的《谪仙楼观萧尺木画壁歌》:

> 谪仙楼外长江流,谪仙楼内烟云浮。
> 悬崖峭壁欲崩落,虬松怪树风飕飕。
> 泉声山色宛然在,渔翁樵子纷遨游。
> 细观始知是图画,扪壁惝恍凌沧洲。
> 古来画手倾王侯,笔墨恒令神鬼愁。
> 每入胜地亦挥洒,元气直向空墙流。
> 呜呼!
> 维摩真迹不可得,通泉群鹤无颜色。
> 当今画壁数何人,鸠兹萧叟称奇特。
> 前年挂帆牛渚来,登楼一望胸怀开。
> 解衣盘礴使其气,倏忽四壁腾风雷。
> 画出青莲游赏处,千年魂魄应去来。
> 匡庐云海泰山松,华岳三峰点秋树。
> 朦胧细景不知数,一一生成出毫素。
> 杂花窈窕溪涧深,野水逶迤洲渚露。
> 危桥坏磴荒村连,多少林峦莽回互。
> 横涂乱抹总精神,河泊山灵不敢怒。
> 我闻画苑有本源,北宋董巨品格尊。
> 后来大痴与黄鹤,气韵超脱同法门。
> 叟也涉笔非徒尔,黄王如在称弟昆。
> 此画此楼并不朽,残山剩水奚足言。
> 我家赐画旧满箱,年来卷轴多沦亡。
> 每与名流讲绘事,辄思鸿宝为彷徨。
> 今也见此心飞扬,众山皆响殊寻常。
> 不用并州快刀剪秋水,但愿十日寝食坐卧留其旁。①

---

① 宋荦《西陂类稿·卷一》。

这首诗有对壁画内容的生动描绘,有对萧云从技艺的由衷赞美,最后用"但愿十日寝食坐卧留其旁"抒发难以言表的喜爱之情,确实是一首好诗。只是,宋荦"此画此楼并不朽"的美好愿望落了空。

萧云从太白楼山水壁画毁于兵火固然令人扼腕,玉成壁画其事的胡季瀛长期被人误解也是件令人痛心的事。实际上,胡季瀛是萧云从太白楼壁画的伟大"助产士",可是为什么他的形象却在文人笔记和民间故事中遭到严重歪曲呢?

其中的原因也不难理解。萧云从处于明清鼎革之际,清军在占领中原的过程中以及在立朝之初为强化统治大肆镇压汉族人民。胡季瀛身为汉人,却为清廷服务,自然"不是好人"。而萧云从则是"一贯坚持反清复明立场"的人——这是萧云从研究者比较普遍的看法。其实这是违反历史唯物主义,思维僵化的体现。于是胡季瀛"三访",萧云从"三拒"的故事不仅在文人笔下被炮制出来,而且至今还有人以为这是"信史"。悲夫!

萧云从自己保持着民族气节,并且对历史上有操守的文人非常尊敬,如何看待他并没有完全拒绝与服务清廷的汉族官员交往这个问题?章士钊曾有一篇名文《汉奸辨》,对"汉奸"这一名称的来历、真假汉奸的判别等有一番很好的论述,或许可以帮助我们理解萧云从的行为。他说:

> 中国汉初,始防边患。北鄙诸胡,日渐交逼。或与之和亲,或与之构兵。由是汉人之名,汉奸之号创焉。汉人为汉奸者有之,外人称汉人为汉奸者亦有之。积自二千年来,传至今日,汉奸名号,未有定评。故往往有视爱同类为汉奸者,泾渭不分,殊甚痛叹!

> 所谓真汉奸者,助异种害同种之谓也。教单于进兵之管敢,劝石勒灭晋之张宾,以父事契丹之石敬瑭,率犬羊残同类之赵延寿,为元灭宋之张宏范,扶清灭明之吴三桂、耿继茂、尚可喜,助满洲歼灭太平王之曾国藩、左宗棠、李鸿章等,今日之死汉奸也。如谄媚那拉氏枉杀中国义士之张之洞,为满清阻止游学生进步之蔡钧,助满清官吏搜括中国货财孝敬满洲,承拍各行之巨商劣绅等,今

之生汉奸也。①

　　这段话的核心意思,概括起来就是,汉奸是滋生于民族危亡之际"助异种害同种"的汉人。如果入侵者已经统治了原来的天下,那些主动或被迫出来帮助入侵者治理天下的汉人,尤其是其中体恤百姓并没有为非作歹的汉人官员是不是应该一概被视为"汉奸",一概拒绝与其来往呢?对此,萧云从用行动作出了自己的回答。

　　太白楼壁画也好,《太平山水图》也好,萧云从能够创作出这些杰作,其背后推手正是那些自身具有良好文化修养因而才会真正重视中华文化传承的官员。胡季瀛如果地下有知,他最感伤的或许并不是自己被后人妖魔化,而是萧云从的太白楼壁画杰作最终在清咸丰年间毁于兵火。

　　如今重建后的太白楼依然屹立在采石江边,太白楼上历代诗赋楹联也是琳琅满目,其中道光年间丙午之秋,有一位不太知名的文人黄琴士泊舟翠螺山下撰写的一副长联,既写出太白气度与名楼景色,又能够反映胡季瀛、张万选这类文人官员的人生志趣,堪称佳构。不妨抄录于下:

　　　　侍金銮,谪夜郎,他心中有何得失穷通,但随遇而安,说甚么仙,说甚么狂,说甚么文章,声价上下数千年,只有楚屈平、汉曼倩、晋陶渊明,能仿佛一人胸次;
　　　　踞危矶,俯长江,这眼前更觉天空地阔,试凭栏远望,不可无诗,不可无酒,不可无奇谈,快论流连四五日,岂惟牛渚月、白纻云、青山烟雨,都收来百尺楼头。②

　　此联赞美李白集楚国屈原、汉代东方朔(字曼倩)和东晋陶渊明的品格、才情与襟怀于一身,李太白之后的文人,能当此誉的恐怕只有苏东坡了吧?

---

①　章士钊《章士钊全集·第一卷》,上海:文汇出版社 2000 年版,第 158 页。
②　方浚师《蕉轩随录·卷九》。

二一、晚年治易

从当涂回来以后，萧云从好好地休息了一段时间。他本是闲不住的人，身心调养后感觉好了一些，不禁又拿起那本还没有修改完毕的《易存》来。

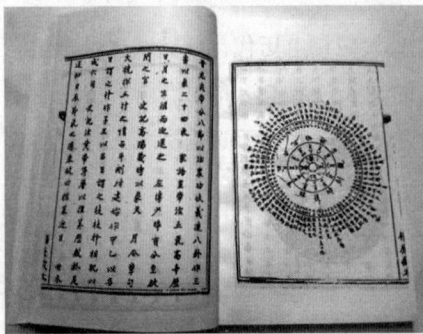

《易存》书影

萧云从在绘画之余，总是博览群书，手不停披。除了诗文创作，也一直没有停止对历史文化问题的思考。和孔子晚年治易一样，六十岁以后的萧云从，主要专注于对《易经》的研究，而研究的成果就是这部待定稿《易存》。

《周易》这部书在中国文化典籍中具有特殊地位，号称"六经之首"。由于《乐经》已经失传，所以只有五经。关于五经，特别是《易经》，《四库全书总目提要》中有一段话说得还不错：

圣人觉世牖民，大抵因事以寓教。《诗》寓于风谣，《礼》寓于节文，《尚书》《春秋》寓于史，而《易》则寓于卜筮。故《易》之为书，推天道以明人事者也。

这段话中，"推天道以明人事者也"抓住了《周易》的关键。孔子晚年之所以读《易》，以至韦编三绝，恐怕也是因为"人事"还有不明之处，所以《论语·述而》中说"五十以学易，可以无大过矣"。这是一部充满智慧也充满神秘色彩的书，而在《易经》的研究过程中，似乎有神秘色彩越来越浓厚的趋势。《四库全书总目提要》对此也作了概括，下面这段话几乎可以看作是一部简明易学史：

《左传》所记诸占,盖犹太卜之遗法。汉儒言象数,去古未远也。一变而为京、焦,入于禨祥,再变而为陈、邵,务穷造化,《易》遂不切于民用。王弼尽黜象数,说以老庄。一变而胡瑗、程子,始阐明儒理,再变而李光、杨万里,又参证史事,《易》遂日启其论端。此两派六宗,已互相攻驳。又《易》道广大,无所不包,旁及天文、地理、乐律、兵法、韵学、算术以逮方外之炉火,皆可援《易》以为说,而好异者又援以入《易》,故《易》说愈繁。夫六十四卦大象皆有"君子以"字,其爻象则多戒占者,圣人之情,见乎词矣。其余皆《易》之一端,非其本也。今参校诸家,以因象立教者为宗,而其他《易》外别传者亦兼收以尽其变,各为条论,具列于左。

秦始皇焚书坑儒时,《周易》因为被当作卜筮之书,幸免于难。在汉武帝采纳董仲舒的"罢黜百家,独尊儒术"建议,把维护专制统治的所谓"儒学"定于一尊(这里给"儒学"加了双引号,是因为董仲舒的三纲五常那一套学说,与先秦原本的孔孟之道已经不是一回事了),认为其他学说均属"歪理邪说"以后,对《周易》的研究,却似乎网开一面,以致"易学"倒是呈现出"百花齐放,百家争鸣"的局面,各种说法都有。一直到今天,说《周易》是哲学书、史学书、医学书乃至预测学专著的也还大有人在,甚至十八世纪初发明二进制的德国数学家莱布尼兹,也说他发明二进制的灵感来自中国的八卦。据说,莱布尼兹发现古老的《易经》的六十四卦和二进制的数码相对应后,受到极大的启发和鼓舞,于1705年发表了题为《关于仅用0和1两个符号的二进制算术的说明,并以此解释古代中国伏羲图的探讨》的论文。真乃"《易》道广大,无所不包",《周易》的确是一部堪称中国历史上最古老的"百科全书"式的著作。

萧云从对《周易》也长期保持浓厚的兴趣,但直到六十岁之后,才开始动笔写《易存》。①

在写作过程中,萧云从曾把书稿给几位好友看,可是理解欣赏的人不多。方兆曾和他的姑父汪悔崖倒是经常与萧云从交流,也提出过修改意见。萧云从为此很高兴,书稿完成后,萧云从把自己写的序列为第二篇,而把方兆曾为《易存》写的序置全

① 萧云从《易存·自序》:"至六十岁外,才明太史公律书以易逆数法得三合四气五行及十九年七闰日食星变占推之法,著有《易存》之书。"

书之首,可见他对方兆曾的重视。

　　方兆曾,字沂梦,号省斋,先世歙人,长期寓居芜湖。因为是汤燕生的朋友,擅长诗画,故与萧云从也成了好友。方兆曾比萧云从要小二十多岁,是萧云从晚年来往最多的忘年交。

　　顺治十四年,岁在丁酉,七月十七日这一天,方兆曾携带上好的宣纸,到范罗山来送给萧云从。时序已至初秋,天气还是炎热,但是山上树林荫翳,别有一番清凉。两人于松阴之下品茗聊天,方兆曾见萧云从兴致颇高,不失时机地请萧云从作画。萧云从欣然而起,与方兆曾一起移步画室,作《洗砚图》(彩图10)。画毕,萧云从在画上题七绝一首:

　　　　笔墨之耕倩石田,洮泓冷碧积寒烟。
　　　　先生自爱春流水,池上融冰写太玄。①

　　这首题画诗表现了与友人隐逸山林、习艺参道的高雅情趣。诗中的"石田"指沈周,沈周是明朝画家,字启南,号石田、白石翁、有竹居主人等,是萧云从景仰的高人。"太玄"指《太玄经》,汉代扬雄撰,故也称《扬子太玄经》,简称《太玄》《玄经》。扬雄将源于老子之道的玄作为最高范畴,并在构筑宇宙生成图式、探索事物发展规律时,以玄为中心思想。这首诗反映了方兆曾与萧云从有着共同的爱好。

　　这里插叙一件趣事。却说方兆曾得到萧云从赠画非常喜爱,次年把《洗砚图》带到金陵给他姑父汪悔崖欣赏,谁知汪悔崖看到后爱不释手,方兆曾只好很不情愿地转赠之。这也算是艺坛留下的一段佳话吧,它也从侧面反映了萧云从的画作艺术性之高。

　　萧云从为什么要写《易存》呢?方兆曾在《易存·序》中对写作原因作了说明:

　　　　夫《易》以"河""洛"统数,二律历之用由此以生,声音象数各协其致而相通焉。后人弃本逐末,穿凿附会,弊端杂出。其夫益远,其锢益深,遂使聪明之士,束缚其中而不可解,谈理著书,几如聚讼,将不息之余蕴数千年,而谁抉之乎?

────────────
① 沙鸥《萧云从诗文辑注》,第32页。

无闷先生以绝人之智,运博物之思,深观天下之理,于是著《易存》一书。①

序中的"无闷先生"指萧云从。"无闷道人、无闷老人"都是萧云从晚年的自号,萧云从 1656 年作《归寓一元图》,在"金柱平高"那幅图上钤印时用过。萧云从时年六十一岁,这与著述《易存》的时间正好吻合。萧云从在研究《周易》期间给自己起这个号,是有寄托的。"无闷"出自《周易·乾卦》:

初九曰"潜龙勿用",何谓也? 子曰:"龙,德而隐者也。不易乎世,不成乎名,遯(同'遁')世无闷,不见是而无闷。乐则行之,忧则违之,确乎其不可拔,潜龙也。"

萧云从自号无闷,一方面在内心里认为自己是一条生逢乱世因而在渊的"潜龙"——《周易集解》卷一引虞翻注疏:"确,刚貌也。乾刚潜初,坤乱于上。君子弗用,隐在下位。确乎难拔,潜龙之志也。"另一方面表示自己虽处乱世,但能坦然处之。《庄子注疏》说:"无闷者,谓逃遁避世,虽逢无道,心无所闷。"②萧云从一生行状尤其是晚年心境,确与此合。

《易存》这部书由三个部分组成。一是卷首方兆曾和萧云从两人的序。二是正文前一篇起导读作用的文章《易存四学》。所谓"四学",就是"理、象、气、数"。萧云从如是说:"理、象、气、数,理具于象、气、数之中,前辈论之殚矣,精矣,故不复悉。"他建议如果要研究《周易》,应该"先读《易》卦爻词、《大传》著法,次学卦气以及支干阴阳、五行生克、气运衰旺,次学算归、除、因、乘,次学音律、词曲、声调、管弦以及翻切诸法方得"。萧云从对天文历法、音韵学和音乐等都有较高深的造诣,从这段话看,《易存》涉及了对这些学科的研究。按照方兆曾的说法,《易存》是为了纠正"后人弃本逐末,穿凿附会,弊端杂出"而作,因此萧云从主观上想提供正确的学《易》途径,这就是书前列《易存四学》的原因,也是萧云从研究《周易》的方法。

三是《易存》正文部分。此部分由数十篇题目均以"论"字居首的论文组成,如"论大衍之数与克典禹畴律吕以证三合之原""论河洛交错为历律之见端""论卦气岁

---

①　沙鸥《萧云从诗文辑注》,第 212 页。

②　郭象注、成玄英疏《庄子注疏》,北京:中华书局,2011 年版。

差同于律数""论岁差当本卦气律元以立法"等。这些论文构成了《易存》的主要内容。

因为《易存》具有一定的价值,所以被收入《四库全书》(存目),但是编者的评价似乎并不高,其中有"其说颇属支离"的话。这个结论也许是不公正的,因为从萧云从创作态度一贯严谨来看,他的治学态度理应也是如此。萧云从不是缺乏学养,更不是哗众取宠的人,不妨拿《易存》中研究"岁差"的文章来略作说明。

在《论卦气岁差同于律数》的开头,萧云从说:"陈希夷曰:冬至日在坎,夏至日在离,春分日在震,秋分日在兑。四正之卦,每卦爻主一气,每时之卦爻配成三卦,而十二月之卦备,而每爻主一候焉。"这是从卦象爻辞角度看二十四节气。这里要注意的是,萧云从把"气"与"候"是分开说的,且分别与"卦爻"与"爻辞"相关。今天有"气候"一词,通常理解为天气,而"气候"在古代作"天气"解,则是后起的词义。南朝宋谢惠连《石壁精舍还湖中》诗中"昏旦变气候,山水含清晖"的"气候"指天气。"气候"本义则是指一年的二十四节气与七十二候。宋朝高承在《事物纪原·正朔历数·气候》中说:"《礼记·月令》注曰:'昔周公作时训,定二十四气,分七十二候,则气候之起,始于太昊,而定于周公也。'"后来"气候"指云气等变化,古代多据此来预测吉凶。《三国志·蜀志·周群传》中有这样的记载:

> (周)群少受学于舒,专心候业……常令奴更直于楼上视天灾,才见一气,即白群,群自上楼观之,不避晨夜。故凡有气候,无不见者,是以所言多中。

这段话中,周群令值更的人随时报告天上云气变化,他再去"夜观天象"预测"天灾",竟然"所言多中",他或许就是依据主"气"的卦爻来作的判断。

萧云从这篇论文倒不是研究吉凶预测而是研究"岁差"的,在他看来,"岁差"现象同于律数,可以由卦爻作出解释。何谓"岁差"?岁差是由于太阳和月亮的引力对地球赤道的微小影响,使地轴在黄道轴的周围作圆锥形运动,慢慢向西移动,约二万六千年环绕一周,同时使春分点以每年50.2角秒的速度向西移行的现象。我国古代天文学还是比较发达的,晋代的虞喜是我国最早定出较为精确岁差值的人,他经过观测,得出"五十年退一度"的结论,使我国的历法较早地区分了恒星年和太阳年。此后,比虞喜更精确计算岁差的是南北朝祖冲之,他的《大明历》认为"每四十六年,却差一度"。此结论距今已经有一千六百年了,可见祖冲之确实了不起。

　　至于萧云从从"易学"角度研究"岁差"等天文现象并提出"论岁差当本卦气律元以立法"的主张是否科学,还有待后人进一步研究。但是作为一位画家和诗人,萧云从研究"岁差"等天文历法问题本身就说明他是一位"文理兼通"的奇人,而《易存》自然也是一部奇书。

　　萧云从去世前不久,在外地的方兆曾忽然梦见萧云从要把《易存》《杜律细》等生平著述托付给自己,不禁惊醒。[①] 俗话说,日有所思,夜有所梦,可见,萧云从对于自己的文化著述,一直心心念念,生怕后人忘记他曾费过的苦心,在晚年肯定经常向方兆曾流露这个心思。

---

① 《民国芜湖县志·卷五九·杂识》。

154

二二、于湖画友

晚年的萧云从虽然潜心文化著述,但他始终如一的主业还是绘画。此时他绘画的题材大多是超然物外的高士,除了赠给方兆曾的《洗砚图》,还有《古木高贤图》(彩图 11)和《秋林曳杖图》(彩图 12)等。

《古木高贤图》与《洗砚图》绘于同年。萧云从一直对保持民族气节的赵孟坚非常敬仰,赵孟坚曾画过一幅《古木高贤图》,所以萧云从特地画了一幅同题的山水画并在题跋中明言:"《摭古录》载有《古木高贤图》,是宋赵子固笔。余虽未见而期慕最深。丁酉谷雨后仿佛其义。"萧云从还在题诗中抒发了追慕高贤之乐:"吾生遭末季,吾性因自然。从俗习矫诬,只觉累厥天。栖迟入空谷,众卉竞芳妍。雅志好素琴,春风拂漪涟。……"①

顺治十七年(1660),六十五岁的萧云从在盛夏作《秋林曳杖图》并题跋:"庚子夏伏晨起,雨后新凉,闲窗弄笔,偶仿云西巨然合作,不识有合处否?"从题画跋文看,萧云从依然孜孜于画艺的提高。此时围绕在他身边的除了弟子和芜湖本地的一批书画家,短期寓居芜湖和路过芜湖的书画家亦时相过从,彼此切磋画艺。萧云从乐此不疲,真"不知老之将至矣"。

因为家中生齿日繁,又或者梅筑邻近芜湖东能仁寺,附近渐渐有些喧嚣,影响他安心地绘画和读书,此时的萧云从在范罗山设了画室,又在离梅筑不远的萧家巷新购置了一所宅子。②

---

① 沙鸥《萧云从诗文辑注》,第 31 页。
② 萧云从七十二岁作《百尺明霞图》,题跋云:"于梅筑寄赠子远季弟清玩。七十二翁云从。"证明梅筑仍然是晚年萧云从的居所,而黄钺在《壹斋集·萧汤二老遗诗合编》序中又明确说:"所居萧家巷,屋址犹存。"故可以推断,萧云从在萧家巷的居所,是他晚年另外购置的。另外,萧云从《江山胜览图》题跋云:"余家范萝之松,载于郡乘,晨夕相对,读书其间,可以娱老。……七十又二萧云从。"而据萧云从为方兆曾绘《洗砚图》落款为"萧云从",钤印为"萝山授画室、□竹园"来看,范萝山上的"家"实际上是"授画室"。

曾有人说萧家巷是因为萧云从而得名。此说未必正确。因为萧家巷这个地名，江南好几个城市都有。苏州有萧家巷，《姑苏志》载"里巷有萧家巷"①。清代著名藏书家姚觐元居住于此，《石遗室诗话》中说："归安姚彦侍方伯名觐元，罢官后寓苏州萧家巷。"②到了近代，专在报纸副刊写小品文，有"补白大王"之称的郑逸梅亦曾居住于此。扬州有萧家巷，《扬州画舫录》载"萧家巷（中为萧家井，通皮市街）"③。江西饶州也有萧家巷，鼎鼎大名的东晋名将陶侃就居住于萧家巷，《世说新语笺疏》说："饶州延宾坊在萧家巷，世传为陶侃所居。"

各地的萧家巷应该是因为居住户以萧姓聚族而居或萧姓为主而得名，这又与中国历史上几次大移民有关。别的地方姑且不论，单说芜湖历史上的大移民。第一次是两晋时期特别是南朝宋文帝元嘉年间，大批北方民众南渡。第二次是北宋末靖康年间，由于北方国土沦陷，老百姓也只好南渡。萧姓郡望本在北方，南北朝时的萧衍在南京建立梁朝，萧姓方始大量移民江南。这是江南各地有萧家巷的原因，芜湖萧家巷的来历应该也如此。另外，在萧云从生活的时代，芜湖还有纪念昭明太子萧统的文孝祠。④ 如果不是大量北方萧姓百姓迁徙到包括芜湖在内的江南一带，芜湖又怎么会和萧统扯得上关系？

萧云从选择萧家巷为其晚年主要居所，除了宗族情结，还与萧家巷在芜湖古城的位置与环境有关。萧云从的梅筑在古城的东北角，萧家巷则在城中偏南，其东边是文庙，也是芜湖县学所在地；从萧家巷南边巷口向左经过官沟沿就是儒林街，是读书人聚居地，传说汤显祖经过芜湖小憩几天，曾在街口的雅积楼里构思过《牡丹亭》；巷口向右经过丁字街、打铜巷再右转，就是古城最古老也最繁华的商业街——南正街。传说后来写《儒林外史》的吴敬梓曾在这里品尝过芜湖小吃，因味道鲜美，他都不想走了。所以萧家巷左邻文化区，右接商业区，是文化生活与物质生活都很方便的地方，但是又闹中取静——毕竟与南正街还隔着两条街。

萧家巷内多二层结构、白墙黛瓦的徽派民居，也夹着少量穷苦人家的茅草屋；巷子不宽，中间铺着麻条石板路，路两侧有的地方铺的是小方块石或大鹅卵石，墙角和路面阴湿处还长着青苔；有大户人家院内栽种着梧桐等高大乔木，夏天荫翳蔽日，蝉

---

① 王鏊《姑苏志·卷一》。
② 陈衍《石遗室诗话·卷六》。
③ 李斗《扬州画舫录·卷九》。
④ 《民国芜湖县志·卷五九·杂识》。

鸣不休，平时显得非常幽静。住在这里，至少从环境角度看，无闷老人萧云从晚年确实没有多少令他气闷的事了，何况还有一些新朋旧友，一道品茗谈艺。感谢清圣祖康熙"天子圣明"，总算让这位伟大画家的晚年生活得以安度了几年。

晚年的萧云从按他的老友宋起凤的说法，"性厌人事，常谢客杜门"①，一般人或者官府里他看不上的人，萧云从是不见的。萧云从日常交往的除了老友汤燕生、方兆曾等，就是孙逸、韩铸、孙据德、释海涛等画家。② 他们有的是芜湖人，有的是寓居芜湖的外地画家，以徽州籍居多。因为向萧云从学习绘画的亲友、弟子众多，受他画学思想和绘画风格影响的画家也多，自然形成了一个被后来的美术史研究者公认的画派——姑孰画派，萧云从也被后人尊为开宗立派的祖师爷。本来这个画派被称为"于湖画派"才更准确，因为这些画家不是芜湖人就是寓居芜湖的画家，而芜湖习惯上被称为"于湖"。但是萧云从的代表作《太平山水图》《归寓一元图》等都画了大量的太平府辖境内的山水，而太平府的府治在当涂，当涂境内又有一条姑孰溪，当涂因此别称姑孰，于是这个画派被称为姑孰画派。

在萧云从的于湖画友中，有几位个性非常突出。如寓居芜湖的新安人韩铸，字冶人，性情高旷，喜爱吟诗。③ 他的趣事不少。有一回，有个亲戚把出生不久的女孩遗弃于野，韩铸发现了悄悄把女孩捡回来抚养，等女孩长大了他又送还其父母。还有一回，已经五十岁的他可能因为开玩笑不当，被邻居的小青年打了一顿。韩铸自己请医生调治，有人很奇怪问他为什么不告到官府，他说："那人是个孤儿，何必计较？"韩铸懒得搭理达官贵人，有个富人想结交他，送了不少钱，他也没有收。④ 韩铸晚年喜欢画泼墨山水，诗也日臻佳境，如这首《春日饮读画园》：

湖天春逼岸花香，探胜园林亦辟疆。
树色昼凝清夜露，钟声寒带去年霜。
壁间蝌蚪空文字，石上烟霞足酒肠。

① 宋起凤《稗说·卷三·萧尺木画学》。
② 参见黄钺《壹斋集·画友录》。
③ 《民国芜湖县志·卷五二·人物志》。
④ 《民国芜湖县志·卷五八·杂识》。

共际升平筋力健，不妨老入少年场。①

观这首诗，韩铸确实是高旷之人。所以虽然他与萧云从年龄相差四五十岁，属于忘年交，但萧云从亦乐于与其交往，指点他作画。

还有个人叫孙据德，他侠肝义胆，但是脾气未免太火爆，气性未免太大了。有一回，孙据德为了救朋友，在街上卖画，因为一时没有人买，气得点火烧画。这时有个人在火中抢出一幅画给他钱，他却又追上去把钱还给人家。等最后变卖资产救出朋友，他就不再画画了。这件趣事，前人是这样记载的：

> 侠者孙据德，芜湖人，工画山水，与萧尺木为友。少偕某客扬州，某以事系狱。据德思脱其罪，无资，悬所画于市，连不售，愤甚，裂焚之。有过者于烈焰中攫一幅，委金而去，据德追还之。徒步归芜湖，尽斥产，得千金，卒出某于狱。遂焚笔砚，终身不复画。②

孙据德"终身不复画"，萧云从却还是乐此不疲。他是以山水画闻名天下的，然而人物画、花卉画也是功底非凡。萧云从画山水时喜欢画松柏，而花卉最喜欢画的是梅花，兰竹也比较多。有一回，汤燕生题了一首《萧尺木画兰》诗：

> 冒雪停霜韵早酣，惊香悼色散余酣。
> 燕妃梦里芬如积，蜀客琴中思未堪。
> 念欲操壶临水岸，誓将毕赏就烟岚。
> 高情散朗传疏叶，逸事犹夸郑所南。

诗中典故不少，涉及好几个历史人物，但最重要的是尾联中"逸事犹夸郑所南"提到的郑所南。郑所南就是南宋著名的遗民画家郑思肖，他字所南，号忆翁，一号三外野人。"三外"就是三界之外，表示自己已经在众生轮回的欲界、色界和无色界之外了。郑思肖少为太学上舍生，应博学宏词科。元兵南下，他痛国事日非，叩阙上

---

① 《民国芜湖县志·卷五九·杂识》。
② 况周颐《眉庐丛话·卷九》，《近代中国史料丛刊》第二辑。

书,朝廷却没有回音。宋亡后隐居,把住处命名为"本穴",隐含"大宋"二字——把"本"字下面的"十"移到"穴"字中,就变成"大宋"。郑思肖坐卧从来不北向,闻北语则掩耳走,誓不与北人交结。他工诗善画,尤以墨兰闻名,宋亡后,画兰不画土根,表示国土没有了。去世前,他把诗集《心史》用铁函封缄,沉入苏州承天寺井中,一直到明末才被人发现,故世称"铁函心史"。汤燕生在诗中敢提郑所南,可见他的遗民情结是相当浓重的。

二三、慧眼识渐江

　　除了汤燕生这些老友，萧云从也结交了一些新朋，大画家渐江就是其中之一。渐江，本名江韬，字六奇，安徽歙县人。清初推行"留头不留发，留发不留头"的"剃发令"后，渐江削发为僧，法号弘仁。

　　顺治十二年（1655），渐江客居芜湖。顺治十五年二月初，渐江客居南京，年底又在芜湖湾沚作《沚埠册》。顺治十六年元日，寓居湾沚的渐江作《梅花书屋图轴》并在其上题款："度腊沚水，己亥元日，偶成短句，并为拈此，寄直遇亭口一啸。弘仁。"据此可知他在顺治十六年正月初一仍在湾沚，"沚水"乃指湾沚境内的青弋江。①

　　萧云从在渐江客居芜湖期间，二人开始交往，这一时期的交往对双方的绘画艺术发展都产生了积极的影响。寓居芜湖多年的渐江住锡②准提庵，平日食粥汤菜叶，生活十分清苦。他与汤燕生本是同乡，是汤燕生引荐他与萧云从相识的。汤燕生先把萧云从的一幅青绿山水长卷带给渐江看，渐江细细观赏，赞叹道："这位尺木先生，深于画道，三百年来无复此作。"③后二人遂相来往。

　　渐江比萧云从小十四岁，人品高古，二人经常相互切磋画艺，画风上萧云从对渐江影响很大。渐江喜欢云游名山，尤其是在家乡黄山写生作画。

　　渐江为了画好黄山，多次登临黄山，经常寄住于山上寺院，与黄山文殊院宝月禅师甚相得。渐江曾为宝月禅师绘《古柯寒篆图》且赠以诗，其中有两句诗是"闭门千丈雪，寄命一枝灯"。后来汤燕生到黄山见到宝月禅师，宝月禅师就把这幅画转赠汤燕生，还跟他讲述渐江在黄山写生作画的往事。有一回，渐江登上文殊峰，恰逢秋月圆明，清光朗照。画了一白天画的渐江就坐在文殊石上吹笛，友人江允凝倚声和之，

---

　　①　王永林《芜湖萧云从与新安画派》，《大江晚报》2014 年 10 月 22 日。

　　②　住锡，谓僧人在某地居留。锡，锡杖。汪廷讷《狮吼记·住锡》："精舍何缘得暂过，禅师住锡爱烟萝。"

　　③　汤燕生《萧云从青绿山水长卷题跋》，见沙鸥《萧云从诗文辑注》，第 208 页。

渐江像（范曾作）

声音嘹亮，响彻云霄。山中悄绝，而莲花峰顶老猿，亦作数声长啸，似相应和。一直坐到三更，实在是衣服单薄，凉风寒露不可抵御，渐江方回寺院就寝。此种境界，实非俗世易得。[①]

渐江与萧云从一样，既是画家，又是诗文修养极高的文人。例如前文提到的《梅花书屋图轴》，渐江在其上有题诗一首：

> 雪余冻鸟守梅花，尔汝依栖似一家。
> 可幸岁朝酬应简，汲将陶瓮缓煎茶。[②]

此诗前两句用拟人手法写鸟，其实也是在写自己，因为顺治十六年元日，也就是春节前，湾沚"大雪弥漫，舟车胶涩"，渐江只能困居于屋，哪里还有什么应酬？"岁朝"就是农历正月初一，别人也许会为过春节冷冷清清而沮丧，但是渐江能"汲将陶瓮缓煎茶"，把清贫平淡的生活写得很有诗意。

有一次渐江在游览吴中后，作《吴中山水轴》并题诗：

> 漂泊终年未有庐，溪山潇洒树扶疏。
> 此时若遇云林子，结个茅亭读异书。[③]

诗中的"云林子"，不是指自号"云林居士"的元代大画家倪瓒，而是指宋代的大学问家黄伯思。倪瓒家很富有，曾筑清閟阁藏书数千卷。黄伯思，字长睿，别字霄宾，号云林子，宋哲宗元符三年（1100）进士，官至秘书郎。他纵览册府藏书，以学问渊博

---

① 胡艺《汤燕生年谱》，《书法研究》1992 年第 4 期。
② 张国标《新安画派史论》，合肥：安徽美术出版社 1986 年版，第 163 页。（以下只标页码）
③ 张国标《新安画派史论》，第 172 页。

闻。好古文奇字，能辨正古器款识。渐江当
然不指望能像倪瓒那样有豪华的藏书阁，他
只要有个茅亭，就可以享受"读异书"的快乐
了，而黄伯思"好古文奇字"的特点正合"读
异书"。

可以说，萧云从乐于交往的画家，除了绘
画技艺高、人品好，还必须是有学问的人。渐
江自号全称是"渐江学人"，他确实和萧云从
一样，是有学问的画家。

渐江画名渐盛以后，追随他学画的人很
多，大多是新安籍人，后人遂称有成就的这批
人为"新安画派"画家。

在渐江之前，萧云从已经与多位寓居芜
湖的新安籍画家交往，如孙逸等人。孙逸，字

渐江《黄山图册》之一

无逸，安徽休宁人，流寓芜湖。山水兼法南北
宗各家。萧云从与孙逸的关系，画史记载很简单，只有寥寥数语。清张庚《国朝画征
录》中说："萧云从善山水，不尊宗法，自成一家，笔亦轻快可喜，与逸齐名。"孙逸旅居
芜湖后，与萧云从并称"孙萧"，又称"江左二家"。萧云从年龄略长于孙逸，但是萧云
从很推崇他，他在孙逸临唐六如《鹤林玉露册》中这样写道：

> 余髫时便模唐解元此册，不能淡远，与子西所云超轶尘外之义殊失也。无
> 逸静者也，太古小年，硪缉于一豪端，故落笔有青蓝之异……无逸服其神骏，胶
> 乳之合有自来矣。是以无逸之真迹所留实多，不受促迫，纡徐经营，玩者一日如
> 两日，烟云益寿，讵百四十年哉。①

题画之时萧云从已是六十三岁的老人，无论是从画的数量上还是质量上看，萧
云从实际上都超过了孙逸，但他谦逊地说自己在临摹唐寅画的淡远静泊方面不如
孙逸。

---

① 萧云从《孙逸临唐六如〈鹤林玉露册〉跋文》，见沙鸥《萧云从诗文辑注》，第136页。

　　萧云从与宣城大画家梅清亦有交往。梅清（1623—1697），字渊公，号瞿山，黄山画派的代表人物，和渐江、石涛并称为黄山画派三巨子。梅清与萧云从相识较早，他在二十岁左右即专程到芜湖拜见当时已颇有名气的萧云从，萧云从长梅清二十七八岁，属于两代人，为忘年交。梅清在作于1653年的《芜江萧子尺木》诗序中写道："宛水距芜江不二百里，乃一别竟十余年。回首昔游，不胜怅望。"其诗云：

　　　　江上才名独有君，画师词客总难群。

　　　　西庄自足王摩诘，坐客何忧郑广文。

　　　　按卷近翻新律吕，开图长见旧烟云。

　　　　春来小阮曾相问，书到扁舟可一闻。

　　从诗中"江上才名独有君"可以看出梅清对萧云从非常尊崇，两人之间有着很深厚的感情。1662年梅清游金陵时，又到芜湖拜访萧云从，萧云从作《题画赠渊公》诗：

　　　　秋华揽尽日幽闲，放艇开尊暮未还。

　　　　有句惊人怀老谢，松风直到敬亭山。①

　　此诗赞美梅清才华与品格皆高，也表现了两人之间的深厚友情。诗中引与敬亭山有关联的谢朓的故事是为了写梅清。"放艇开尊暮未还"表现二人游兴谈兴俱浓，是情趣相投的好朋友；"有句惊人"是说梅清才华出众，"松风"是说其品格高洁。从梅清的画中，明显可以发现萧云从对他的影响，尤其松树画法与萧云从的几乎一致，透露出其青出于蓝。

　　除梅清等人之外，萧云从还和新安画派的其他画家有过亲密接触，如汪之瑞、程邃、戴本孝以及前面提到的韩铸等人。萧云从对新安画派的形成与发展起到了重要作用。因此他也被公认为新安画派形成的重要推手之一。

　　1663年，渐江圆寂于故乡的宝相寺。汤燕生赶赴其家乡，帮助料理后事。安葬时，名士百人齐负土，绕塔栽梅数百株，后人遂称渐江为"梅花古衲"。汤燕生作《哭

---

　　① 萧云从《题画赠渊公》，见沙鸥《萧云从诗文辑注》，第57页。

渐江师》七律四首吊之,其二曰:

> 先期一日弄寒烟,乞与贫家度腊钱。
>
> 索取匡庐峰上履,濯来宝相寺中泉。
>
> 脩然待尽松门远,及尔闻声夜壑迁。
>
> 人事纷吾征应急,知师飞遁阿谁边。①

据汤燕生自注,渐江去世前一天还赠予一穷人画二幅,让那人卖了换钱用。又到宝相寺沐浴,沐浴后要家人把曾到庐山穿的草鞋带给自己,似将远行。遂坐化。汤燕生与渐江感情甚笃,不仅为其料理后事,写悼亡诗,后来还作诔文以及多篇回忆的诗文,伤感之情久久不能平复。

萧云从则以《梅花轴》诗抒写失去好友之悲:"梦转三更空自语,心伤一折待谁来?"②原来渐江与萧云从一样,爱梅之高洁,曾为汤燕生作梅花图,现在萧云从写再无人共同赏梅写梅,自然心伤不已。

第二年,萧云从又在渐江的《黄山图册》上题跋,萧云从以此方式,表达对老友深切的怀念之情:

> 山水之游,似有前缘,余尝东登泰岱,南渡钱塘,而邻界黄海,遂未得一到矣,今老惫矣,扶筇难涉,惟喜听人说斯奇耳。渐公每由我言其概,余恒谓天下至奇之山,须以至灵之笔写之。乃师归故里,结庵莲花峰下,烟云变幻,寝食于兹,胸怀浩乐。固取山中诸名胜,制为小册。层峦怪石,老树虬松,流水澄潭,丹岩巨壑,靡一不备。天都异境,不必身历其间,已宛然在目矣。诚画中之三昧哉! 余老画师也,绘事不让前哲,乃睹斯图,令我敛手。钟山梅下七十老人萧云从题于无闷斋。③

为了创作山水画,萧云从游历名山大川颇多,何止"东登泰岱,南渡钱塘",不过

---

① 汤燕生《哭渐江师》今只存三首,详见胡艺《汤燕生年谱》,《书法研究》1992 年第 4 期。
② 萧云从《题渐江为汤玄翼写梅》,见沙鸥《萧云从诗文辑注》,第 9 页。
③ 渐江《黄山图册》,现藏北京故宫博物院,后有萧云从等八家题跋。

他也为未曾到过黄山("邻界黄海,遂未得一到矣")感到遗憾。在绘画艺术上,萧云从是下过苦功夫,也是颇自负的,所以他说"绘事不让前哲"。但是他对渐江的推崇更高,他说"乃睹斯图,令我敛手",意思是看到渐江的《黄山图册》,就再不敢画黄山了。这就有点像李白登上黄鹤楼,说"眼前有景道不得,崔颢题诗在上头"了。自负的李白没有说错,崔颢之后写黄鹤楼诗的人没有超过他的。萧云从也没有说错,渐江在中国美术史上的地位确实非常高,超过了萧云从。两位大师目光如炬,慧眼识珠,当时的预言经受住数百年、上千年的检验。

那些热衷于自我标榜或互相吹捧,经常把"一不小心写出一部当代《红楼梦》"或者"五百年来汉字写作第一名是我,第二名是我,第三名仍然是我"挂在嘴上的人,不知道有没有读过克雷洛夫的一篇寓言——有只蛤蟆,硬要鼓起肚皮与牛比身材大小,结果把肚皮给鼓炸得了。

二四、七十大寿

　　康熙四年(1665)十月,是萧云从七十大寿。萧云从对做寿的事向来不在意,但是"人生七十古来稀",老妻与儿子萧一都,以及在芜湖的亲友少不得还是要贺一贺。

　　萧云从自己心情也不错,这一年接连画了《停琴共话图》《松间草屋图》等好几幅设色山水图。萧云从在五月仲夏时,到采石旧地重游,与因绘制太白楼壁画而结为好友的陈醇儒见面晤谈。二人相见甚欢,谈诗论画颇为投机。临别时,萧云从作《采江写意图》赠陈醇儒。①

　　转眼到了十月,虽然节令已是初冬,但十月五日这天,气温仿佛初秋,正午天气还有点热。萧云从中午喝了寿酒后,也不午休了,兴致勃勃地在画桌上铺开宣纸,挥笔画了一幅《三清图》,并题诗一首:

　　　　　　　香兰野竹岁高韵,只有梅花便见春。

　　　　　　　独唱老夫声晴暖,笔锋墨阵断蛟冰。

　　　　　　　莫怪山阴水田月,古今谁是知心人?②

　　三清,本系道教所指玉清、上清、太清三清境。这里指梅兰竹。春兰吐香,夏竹清幽之后,诗人想象冬梅即将绽放,又一个美好的阳春就要到来,内心无比欣喜。萧云从在诗中特地用"蛟冰"一词来含蓄地表达这种心情。蛟冰就是冰块,唐朝诗人沈佺期在《奉和立春游苑迎春》诗中用过,而那正是一首表达对春天热切期盼的诗——

---

　　①　萧云从《采江写意图跋文》,见沙鸥《萧云从诗文辑注》,第140页。

　　②　萧云从《题三清图》跋文:"乙巳十月五日,燠如秋初,随手纷披,恰有奇况,遂无状乃尔。七十翁云从。""燠如秋初"说明当天天气较热;"无状乃尔"说明当天言行举止与平时有别,应该是因兴奋而"失态"。

> 东郊暂转迎春仗，上苑初飞行庆杯。
>
> 风射蛟冰千片断，气冲鱼钥九关开。
>
> 林中觅草才生蕙，殿里争花并是梅。
>
> 歌吹衔恩归路晚，栖乌半下凤城来。

不过梅兰竹"三清"的高节雅韵，古往今来却没有几人"知心"和欣赏，萧云从不由得联想起被人目为"怪人"的徐文长，其实乃超凡脱俗者。这徐文长名徐渭，他曾经把自己姓名拆字为"秦田水月"，"秦"隐"徐"字，因为"秦"与"徐"均可析为"三人禾"；而"田水月"合在一起则是"渭"。①

大概毕竟年事已高，又或许酒稍微多喝了几盅，萧云从在诗里把"田水月"误写成"水田月"了。萧云从写好诗和题跋以后，把毛笔往画毡上一掷，哈哈大笑。笑声甫止，目光横扫一圈身边的亲友，问："哪个晓得水田月是谁啊？"大伙面面相觑，答不上来。萧云从又是一阵哈哈大笑，得意地说："就是徐文长啊！"说完，径自往卧室里睡觉去了。

老友方文、孙枝蔚等特地提前作好并从外地陆续寄来以贺萧云从大寿的诗，让萧云从开心、感动了好一阵子。

方文与萧云从已经分别十四年之久，他屈指一算，尺木翁今年正是古稀之庆，于是展纸命笔，作《寄萧尺木先生七十》：

> 国朝画苑谁集成，启南徵仲垂大名。
>
> 两翁年皆至耄耋，天生人瑞当升平。
>
> 后来继起者谁子？于湖遗民尺木氏。
>
> 画在两翁伯仲间，风义孤高亦相似。
>
> 独惜君生离乱时，中怀抑郁人少知。
>
> 读书万卷诗千首，自晦宁称老画师。
>
> 我昔羁栖赭山日，从君问字胶投漆。

---

① 褚人获《坚瓠补集·隐括》："山阴徐文长名渭，尝隐括徐渭二字为秦田水月。"徐渭有《田水月评西厢记》二卷及《田水月红梨记》。

> 别去江干十四霜，群疑满腹无由质。
>
> 屈指今年是古稀，云山相望情依依。
>
> 定知眉寿同文沈，他日重过愿不违。

诗中对萧云从充满真诚的钦敬之情，这种情谊不是一般人能与萧云从结下的。方文在开头就把萧云从与明朝大画家沈周（字启南）、文徵明（初名璧，以字行，字徵明，更字徵仲）相提并论，三人不仅画艺同样高超，而且"风义孤高亦相似"。方文还特别提到在芜湖期间向萧云从请教文字学的事，对他渊博的学问也是佩服之至。最后用"定知眉寿同文沈，他日重过愿不违"表达祝福萧云从长寿的美好愿望，希望还有再度重逢的日子。《诗·豳风·七月》中有"为此春酒，以介眉寿"的句子，古人以眉毛长为长寿特征，故称"眉寿"。

萧云从寿诞之际，得到知音方文寄来的贺诗，自然非常欣慰。他也注意到方文称呼自己为"于湖遗民"，还径自用"国朝"称明朝——此时清朝立国已经二十一年了，普通人用"国朝"就是指清朝——几个人敢说这么犯忌讳的话？但是方文就敢。萧云从理解老朋友的脾气，读后赶紧把诗收藏起来。

在读到另外一位老友孙枝蔚的七律诗《寿萧尺木七十》时，萧云从不禁频频颔首，抚髯而笑：

> 饱看人事掩柴荆，曾见蓬莱海浅清。
>
> 画里江山如故国，诗中琴酒即平生。
>
> 洪崖在右浮丘左，烈士长歌老骥鸣。
>
> 何似名贤多识字，白头高卧傲公卿。

诗中"洪崖在右浮丘左"暗用了晋郭璞《游仙诗》之三中的句子："左挹浮丘袖，右拍洪崖肩。"洪崖先生又称"洪涯先生""洪先生"，名伶伦，相传为轩辕黄帝的乐官，后来修道成仙。《吕氏春秋·古乐》称其曾为黄帝作律，他从大夏之西走到昆仑山脚下，根据凤凰的鸣声区别了十二律，后铸十二钟，以和五音，以施英韶。《列仙全传》则称其修道成仙，并称帝尧时洪崖已经有三千岁，汉朝时洪崖仍在，曾与仙人卫叔卿在终南山巅下棋遣兴。

关于洪崖先生还有一种传说，称其曾隐居于豫章郡境内的西山。此山又称"伏

乐祖洪崖先生像

龙山""散原山",因洪崖先生曾居此山,故又称"洪崖山"。隋文帝开皇九年(589)还因此改豫章郡为洪州。山上有一炼丹井,又称"洪井"。井上方有古坛,洪崖先生曾于此炼丹,岁旱之时,在此祈祷。祈祷后,井内即有红蛇浮出水面,随即天降大雨。井北一里之外的沙石上,有五只舂臼,直径、高度皆二尺许,色如丹砂,是洪崖先生捣研丹药之处。

"浮丘"即浮丘伯,传说中的仙人。相传浮丘伯是汉初大儒,从荀子学《诗》,又传于申公培。[①] 汉高祖之弟、楚元王刘交亦受诗于浮丘伯,刘交即刘向之父,故浮丘学说对刘向也有影响。又相传浮丘伯后来得道成仙,繁昌隐玉山是其炼丹处。他还撰有《相鹤经》,为研究仙鹤的著作。后世往往将浮丘伯与安期生、洪崖等人一起作为仙人的代称。

萧云从精通音律,出入经史,然而又超凡出尘,确是洪崖、浮丘一路人。所以孙枝蔚用的这两个典故,深切萧云从的特点,萧云从读后自然非常开心。

孙枝蔚这个人值得在此补充介绍几句。他在给萧云从写这首贺寿诗时四十几岁,按年龄属于萧云从的忘年交。康熙十七年(1678),萧云从已经去世五年了,朝廷诏开"博学鸿词科",孙枝蔚因为学问和名声都大,被陕西举荐参加。第二年三月一日开科考试时,全省总共选派九人,有的以死相抗,未至京城;有的托词说有病,拒上考场。孙枝蔚被迫勉强进了考场,但是试卷未答完即出了考场。即使如此,孙枝蔚内心也十分痛苦,一生引为憾事,曾有诗自遣:

---

① 《毛诗指说》:"丘伯,齐人,秦时诸生,本荀卿门人。吕太后召入南宫说诗,又遣王子郢与申公俱诣长安,终其业。"

浪得声名悔已迟，如今檄恐北山移。

自经乱后无恒产，误喜朝中有故知。

魏野方思看舞鹤，庄周只愿作生龟。

忽蒙匠石频相顾，栎社神应替我悲。

所以孙枝蔚绝不是那种卖身求荣的人。唯其如此，加之学问、人品、才情都得到萧云从的欣赏，两人才成为好友。

最让萧云从高兴的事，就是这年的冬天，友人宋起凤远道来到芜湖，特地登门为萧云从祝寿。虽然生日已经过了，但萧云从还是异常高兴，赶紧让老妻卖画沽酒杀鸡，要好好款待宋起凤。

宋起凤，字来仪，号紫庭，又号觉庵。河北沧州人。顺治八年副贡生。历任灵丘、乐阳县令。康熙元年（1662），擢升广东罗定州知州。宋起凤在罗定州任上，勤政爱民，体恤当地的老百姓，深受当地人民的爱戴。据地方志载，宋起凤"抚恤民徭三载，众建祠以祀。旋丁内艰归，民诣大府乞留，环跪载辕竟日，允其请，起凤坚不可夺，罗民泣送千余里"[1]。不过之后宋起凤退隐富春江畔，这次特地远道而来看望萧云从。

梅筑此时梅花盛放，篱落如雪。萧云从身着粗布大褂，坐于草堂之中，招呼宋起凤品茗，又拿出自己的书稿，包括《易存》《杜律细》，请宋起凤评点。宋起凤惊讶于老人精神如此健旺而思维依旧敏捷，学问做得也更深了。两人是三十年前就认识的，所以宋起凤也不说什么客套话，有啥说啥。两人谈兴正浓，萧云从夫人端来烹调好的佳肴，萧一都奉上酒具，两人边喝边谈。

白天交谈也就罢了，宋起凤没有想到，老人谈兴这么浓，两人几乎又连续谈了两夜。不过，他还是能够理解萧云从。萧云从对他说："你千里迢迢来，人生知心又有几个？我老了！后会未可知，你不要急着走，再待几日，虽然现在天冷了，我呢，还想为你画几幅画，你能留作我身后念想就行了。"这话说得让宋起凤既高兴又伤心。他知道萧云从不轻易为人作画，连好几年前答应著名诗人钱澄之（字饮光，号田间）的

---

[1] 《沧州志》，见脉望《亦官亦儒宋起凤》，http://blog.sina.com.cn/s/blog_68bd70170100jdyr.html.

画,萧云从都没有及时给他画,惹得田间先生写诗来催,所以得到萧云从的画是十分荣耀的事。可是想到老人说的"身后念想"几个字,宋起凤不免伤感,不过宋起凤还是应萧云从的请求在梅筑逗留了半个月。①

　　临别时,萧云从设简单的家宴为宋起凤送行。席间,宋起凤忍不住好奇,问:"几年前听说田间先生向您求画,您好长时间都没有画给他,有这回事吗?"萧云从听了,呵呵一乐:"有这回事。五六年前,他还写诗责备我呢!"说着话,萧云从起身进书房,拿出一页信笺,说:"我读给你听听。"于是朗声而诵:

> 吾怜萧尺木,白发老江天。
> 埋迹市廛里,闭门风浪边。
> 供僧惟一饭,卖画有闲钱。
> 许写青山寄,欠来已十年。②

　　诵毕,萧云从又笑一笑,说:"我是唐寅一路人,'不炼金丹不坐禅,不为商贾不耕田。闲来写就青山卖,不使人间造孽钱。'那段时间忙于卖画为生,所以先把老朋友的事往后放一放。答应田间先生的画,拖是拖了一段时间,但哪里有十年呢? 文人就会夸张。"宋起凤听后,也不禁笑起来。二人说说笑笑,时辰已是不早。宴毕,宋起凤带着萧云从的赠画依依惜别。

　　要说萧云从对宋起凤确实是另眼相看,第二年,萧云从到扬州的时候,还寄给宋起凤一书一画,可见他对宋起凤这次特地来看望他是多么感动。同样,宋起凤也很珍惜与萧云从的友情,后来他把这次见面写入《萧尺木画学》,收进自己的笔记《稗说》中。③

---

① 宋起凤《稗说·卷三·萧尺木画学》。
② 钱澄之《寄萧尺木索画》(作于 1659 年),见《田间诗集》。
③ 《稗说》当时未刊行,其稿本后来被学者谢国桢觅得,他也为萧云从与宋起凤二人友情所感动,特地作诗赞叹:"老屋荒寒风雨声,割鸡煮酒话离情。元见梅隐云从画,写来稗说见平生。"(谢国桢《宋起凤〈稗说〉》)见脉望《亦官亦儒宋起凤》,http://blog.sina.com.cn/s/blog_68bd70170100jdyr.html。

二五、扬州城会冒辟疆

　　也许是因为朋友、弟子纷纷祝寿,康熙五年(1666)即过完七十大寿的次年,萧云从心情不错,创作如井喷,所绘《松荫温旧图》、《山斋归去图》、《秋景山水》立轴、《梅花》十开册页、《仿古山水》十开册页等都是传世之作。[①]

　　夏末的时候,老友郑士介再次来信邀请他到扬州去玩。萧云从欣然允之。到了扬州,在郑士介处,令萧云从非常高兴的是见到了名士冒辟疆。[②]

　　其实三十年前,萧云从就在南京因为参加复社活动见过冒辟疆,但是与桐城方以智、宜兴陈贞慧、商丘侯方域并称为"明末四大公子"的冒辟疆是风云人物,没有注意低调的萧云从。

　　冒家在如皋是名门望族,对冒辟疆的人格和他在社会上的影响萧云从十分清楚。曾有人在朝廷上夸冒辟疆是"天际朱霞,人中白鹤",要"特荐"他,但冒辟疆以痼疾"坚辞"。后来清廷开"博学鸿儒科",下诏征"山林隐逸",他也属应征之列,但他视之如敝屣,坚辞不赴。冒辟疆曾有一首诗表明心迹:

> 盐官留滞叹蹉跎,遗老飘零事若何?
> 万里烽烟横塞雁,五都荆棘没铜驼。
> 遥瞻吴苑乡关隔,近接邗江涕泪多。
> 闻道子山消息在,白头红豆只悲歌。[③]

　　尾联中的"子山"指阮大铖,因为阮大铖号圆海,又号百子山樵,亦有简称其"子

---

　　①　《松荫温旧图》现藏安徽省博物馆,《山斋归去图》现藏广东省博物馆,花卉十开册页《梅花》现藏天津市艺术博物馆,《秋景山水》立轴和十开册页《仿古山水》现藏北京故宫博物院。
　　②　萧云从《仿古山水十开跋文》,见沙鸥《萧云从诗文辑注》,第143页。
　　③　冒辟疆《寄吴梅村先生》,见《清诗别裁集·卷六》。

山"者。冒辟疆结句或暗讽阮大铖已然白头,却不顾名节,投靠清廷新主,结果未得善终,徒留悲歌。

不过冒辟疆在社会上影响最大的还是他与董小宛的爱情故事。董小宛名白,字青莲,南京人,因父母离异生活贫困而沦落青楼。她十六岁时,已是芳名鹊起,与柳如是、李香君等同为"秦淮八艳"。崇祯十二年乡试落第的冒辟疆与董小宛偶然在苏州半塘相遇。她对冒辟疆一见倾心,连称:"异人!异人!"虽然董小宛才艺出众,能诗善画,尤其擅长抚琴,也多次向冒辟疆表示过倾慕之情,却均未得到他的首肯。因为他早已属意吴门名妓陈圆圆,并于1641年与陈圆圆"订嫁娶之约"。次年冒辟疆乡试途经苏州,重访陈圆圆时,却已是人去楼空,加上科场失意,他情绪沮丧到了极点。就在这年冬天,在柳如是的斡旋下,由钱谦益出面给董小宛赎身,然后雇船将董小宛从半塘送到如皋。次年春,冒、董结为伉俪。

冒辟疆与董小宛

董小宛入冒氏之门后,与冒家上下相处极其和谐。闲暇时,董小宛与冒辟疆常坐在画苑书房中,泼墨挥毫,赏花品茗,评论山水,鉴别金石。董小宛画的小丛寒树,笔墨楚楚动人。到如皋后,她保持着对绘画的特殊爱好,时时展玩新得长卷小轴或家中旧藏。后来逃难途中,她仍把书画藏品捆扎起来,随身带走。

董小宛最令人心折的,是把琐碎的日常生活过得浪漫美丽,饶有情致。夏夜纳凉,董小宛喜欢与冒辟疆的两个小孩背诵唐人咏月及流萤、纨扇诗。为领略月色之美,她常随着月亮的升沉移动几榻。半夜回到室内,她仍要推开窗户,让月光徘徊于枕簟之间。月亮西去,她又卷起帘栊,倚窗而望,恋恋不舍。

可惜花容易殒,顺治八年,董小宛便因病去世。冒辟疆后来虽与多位美女联姻,但再也没有当初与董小宛那般恩爱缠绵。

冒辟疆这些缠绵故事在民间广为流传,萧云从多少也有耳闻。顺治十年,萧云从曾去扬州游玩,在郑士介著名的休园看到冒辟疆所画的《深雪归猎图》,不禁为之惊叹,不仅因其笔力深厚、设色素雅,更重要的是从画中透出一股清新脱俗、磊落超群的浩然之气。

多年神交,一朝聚会,萧云从与冒辟疆似乎有说不完的话。冒辟疆自董小宛逝世后人生受到极大的打击,再也没人既能照管他的饮食起居,又能与他诗词唱和。十多年来他处于压抑状态,整天感到神情恍惚,最终他将无边的思念全部倾诉于《影梅庵忆语》之中。

冒辟疆在这篇洋洋四千言的散文中,深情回忆他和董小宛九年缠绵悱恻的爱情生活,热烈赞美她的民族气节和智慧才能。如今冒辟疆对萧云从说起往事,说着说着,情不自禁地从背包里取出线装本的《影梅庵忆语》,双手捧着赠予萧云从。此刻,萧云从从他的眼神中,看出冒辟疆至今内心深处还保存着那段难以忘怀的恋情。

当晚,萧云从与郑士介、冒辟疆餐叙后,回到郑士介为他准备好的净室,拿出《影梅庵忆语》在灯下翻阅。冒辟疆在文中以"姬"称呼董小宛,他确是情种,回忆的文字既细腻,又蕴含无尽情意。萧云从读到下面这几段时,也不禁动容叹惋:

> 虞山宗伯送姬抵吾皋时,余待家君饮于家园。仓卒不敢告严君。又侍饮至四鼓,不得散。荆人不待余归,先为洁治别室,帏帐、灯火、器具、饮食,无一不顷刻具。酒阑见姬,姬云:"始至,止不知何故不见君。但见婢妇簇我登岸,心窃怀疑,且深恫骇。抵斯室,见无所不备。旁询之,始感叹主母之贤,而益快经岁之矢相从不误也。"自此,姬屏别室。却管弦,洗铅华,精学女红。恒月余不启户。耽寂享恬,谓骤出万顷火云,得憩清凉界。回视五载风尘,如梦如狱。居数月,于女红无所不妍巧。锦绣工鲜,刺巾裾如虮无痕,日可六幅,剪彩织字,缕金回文,各厌其技。针神针绝,前无古人已。

> 姬在别室四月,荆人携之归。入门,吾母太恭人与荆人见而爱异之。加以殊眷。幼姑长姊,尤珍重相亲。谓其德性举止,均非常人。而姬之侍左右,服劳承旨,较婢妇有加无已。烹茗剥果,必手进;开眉解意,爬背喻痒。当大寒暑,折胶铄金时,必拱立座隅。强之坐饮食,旋坐旋饮食旋起。执役拱立如初。余每课两儿文,不称意,加夏楚,姬必督之改削成章。庄书以进,至夜不懈。越九年,与荆人无一言枘凿。至于视众御下,慈让不遑,咸感其惠。余出入应酬之费,与荆人日用金错泉布,皆出姬手。姬不私铢两,不爱积蓄,不制一宝粟钗钿。死能弥留,元旦次日,必欲求见老母,始瞑目。而一身之外,金珠红紫尽却之,不以殉。洵称异人。

……姬能饮。自入吾门,见余量不胜蕉叶,遂罢饮。每晚侍荆人数杯而已。而嗜茶与余同性。又同嗜芥片。每岁半塘顾子,兼择最精者缄寄,具有片甲蝉翼之异。文火细烟,小鼎长泉,必手自吹涤。……每花前月下,静试对尝。碧沈香泛,真如木兰沾露,瑶草临波,备极卢陆之致。东坡云:"分无玉碗捧蛾眉。"余一生清福,九年占尽,九年折尽矣。

萧云从读罢心想,这董小宛真是一位奇女子,琴棋书画无所不能,还上得厅堂,下得厨房,拜得舅姑,使得仆役,会得女红,跟冒辟疆原配夫人(文中的"荆人")的关系也处得很好。冒辟疆酒量小,酒量大的董小宛入门之后就不再豪饮,只每晚陪侍冒夫人喝几小杯酒而已。难怪冒辟疆说"洵称异人"。可惜,"人有悲欢离合,月有阴晴圆缺,此事古难全",萧云从为冒辟疆老弟失去佳偶叹惋了半夜。有人说萧云从曾为董小宛画像,后来道光年间画家周序所绘《董小宛小像》(彩图13)特地注明"临摹",据说就是根据萧云从原作临摹的。[①] 此画设色淡雅,线条柔美,恰到好处地表现了拈花微笑的董小宛清新脱俗的气质,非丹青妙手莫能为此。不过此事有待进一步考证,如果属实,则又是古代艺苑一段佳话。

过了几天,萧云从从郑士介书桌上抽出绵软的宣纸,调好色盘中的颜料,抖擞精神,为冒辟疆作设色山水长卷《涧谷幽深卷》,以此作为回礼。他一气呵成,神完气足。冒辟疆不禁拊掌称奇,萧云从亦兴致勃勃地在画上题跋,然后落款钤印。题跋云:

丙午菊月,卧居静斋,倏忆河阳李晞古年近八十,多喜作长卷大障,至为高宗所眷爱,爰题其卷曰:"李唐可比李思训。"余草野中人,无缘献纳。近虽衰老,犹不肯多让古人。于是极力经营,勉为此卷。自觉落笔矜慎,涧谷幽深,峰峦明秀,亦平生所仅有者,藏之以俟知我。[②]

萧云从很少为人作画,由此可见他对冒辟疆之敬重。(这里插叙一句,这幅画后来几经辗转,被乾隆朝侍郎曹文埴得到并进献给乾隆。)萧云从还在冒辟疆画的《仿

---

① 周建锋《〈董小宛小像〉考》,http://www. docin. com/p-2101304064. html。

② 萧云从《涧谷幽深卷跋文》,见沙鸥《萧云从诗文辑注》,第144页。

摩诘读书图》上题诗一首,纪念这次的会面:

> 君年五十六,吾年七十一。
>
> 相遇在芜城,白发借银织。
>
> 读书欲何为,才名空赫奕。
>
> 旅馆自萧条,偶然见灵璧。
>
> 将以攫之归,袖短焉能得?
>
> 嵯峨百窍生,时有烟霞集。
>
> 命我貌其形,供养垫双舄。
>
> 呼之起共语,只此寒山石。①

诗中萧云从提到共赏灵璧石的事。因为郑士介这个人,雅好颇多,赏玩奇石是其中一项。故其园内设有一处雅室,名语石堂,藏有美人石等;又立有巨石一块,名米颠石。在休园内米颠石畔,三位老友切磋书画技艺,同赏灵璧石,把酒临风,一时忘却多少人间浑闲事。临别前,冒辟疆又请萧云从画了一幅赏石图,萧云从欣然应允,作画并题跋:"丙午七月既望,余将还,过士介年翁,话别于语石堂。偕冒子辟疆看所宝之灵璧,高三尺,横五尺,余之扣,铿然声同金玉,峰峙壑隐,音调不一。辟疆爱之,命予图之于襫侧而去,复图此。虽戏事,欲以知吾三人之石交也。七十一翁云从。"②七月十六日,萧云从与郑士介、冒辟疆依依话别于语石堂。

冒辟疆本来是富家子弟,潇洒风流大半辈子,甲申之变后,他隐居不出,"家故有园池亭馆之胜,归益喜客,招致无虚日,家自此中落,怡然不悔也"③。以致晚年生活穷困潦倒,只能靠卖字度日。七八十岁的老人了,还每夜灯下写蝇头小楷数千,朝易米酒。虽然生活极其困难,但是冒辟疆一生保持风骨,笑傲公侯,是一位真文人。

冒辟疆是万历三十九年(1611)生人,比萧云从小十五岁,比萧云从还要高寿,1693 年,冒辟疆虚岁八十三时辞世。旷达的心性,是他得以长寿的主要原因。

---

① 萧云从《题冒巢民仿摩诘读书图五十三岁小像赞》,见沙鸥《萧云从诗文辑注》,第 39 页。
② 萧云从《仿古山水十开跋文》,见沙鸥《萧云从诗文辑注》,第 143 页。
③ 《清史稿·列传二八八·冒襄传》。

二六、共创芜湖铁画

　　萧云从话别冒辟疆后，回到芜湖。毕竟年过古稀了，所以此后萧云从基本上不再出远门，只是在古城萧家巷里安度晚年。他没有想到，一个名叫汤鹏的后生小子会找上门来求教；他更没有想到，两人的切磋交流，竟然催生出被后人称作"中华一绝"的工艺美术奇葩——芜湖铁画。

　　芜湖铁画以低碳钢等金属材料冶铁锻制，吸取了我国传统国画构图和制作金银首饰、剪纸、雕塑工艺等特点，锻锤焊接，精工制成山水、人物、花卉、虫鱼、飞禽、走兽等。铁画运用黑白对比、虚实结合的手法锻成，富有较强的立体感。它以挺拔豪放、刚劲有力、古朴典雅的特点独树一帜，成为陈设室内、馈赠亲友之佳品。不仅在国内受欢迎，而且远销日本、欧美及东南亚诸国，誉满中外。

　　铁画诞生于芜湖，似乎是冥冥之中的"天意"。芜湖是很早就与"铁"结缘的城市，民间有"铁到芜湖自成钢"之谚。考古资料表明，公元前三世纪，芜湖铁匠已经能够制作各种铁质农具和生活用品。传说干将莫邪就是在芜湖的赤铸山为吴王铸剑的，山上至今还有火炉山、铁门槛、试剑石、淬剑池等遗迹，北宋诗人黄庭坚、明代戏曲家汤显祖均相信此说，并有诗题咏。南宋时，为逃避金人祸乱，山东冶铁师卜七南迁至芜湖，利用当地矿藏，开设过颇具规模的冶铁作坊，今卜家店有其遗迹。后来，芜湖铁匠已不满足于简单的农具制造，为了美化居家环境，丰富文化内涵，他们打造出各种精巧细致的生活用品，如鼠形油灯、莲花烛台、蝴蝶形的蚊帐钩子、如意形的鞋拔子，还有与门环配套的虎头叩钉、门楣上的蝙蝠镜以及装饰在屋脊上的朱雀等等。这些寓意吉祥、寄予愿望的饰物，就是旧时随处可见的铁花。它们源于制铁工匠丰富多彩的灵感，也是后来的铁画源头之所在。

　　到了明末清初，芜湖的能工巧匠们已不再局限于"灯屏烛檠"一类的小物件。他们在吊灯、屏风、镂窗上打造出"鸳鸯戏水""八仙过海""岁寒三友"等多种铁花，并将"梅、兰、竹、菊"一类题材的铁花衬板镶框，挂于粉墙之上。（彩图14）这时的铁花

大型铁画《芜湖铁画发展史》(局部)

已不再是简单的实用品,而是纯粹的器物配件或更具观赏价值的装饰画了。

这些题材更加广泛、内容更为丰富的铁花,基本具备了初期的铁画雏形,具有一定的审美价值。但这时的作品还是比较粗糙的,还不是真正意义上的铁画。唯有汤鹏在萧云从的帮助指导下,把国画的笔法、意境融入铁与火的锤炼中,冷冰冰的铁块才脱胎换骨,化为半浮雕式的完整画面,才诞生了内涵丰富隽永、风格独树一帜的芜湖铁画。(彩图15)

却说这位后生汤鹏,字天池,顺治元年生人。祖籍徽州,后迁居溧水明觉镇西南五里许的罗村。溧水明觉镇,百姓多以锻铁为业而远近闻名,汤鹏儿时耳濡目染,初步掌握了打铁铸铁的本领。汤鹏少时家贫,家人听说芜湖生产钢铁,铁工技艺优异,便把他送到芜湖学铁匠活。

寒来暑往,汤鹏出了师。出师以后,他便租用乾隆朝进士黄钺曾祖的一间门面房,自己开了个铁业作坊。①

这黄家大院靠近县衙,东邻花街,西至河蚸巷,北接十字街,南望薪市街,是芜湖

---

① 黄钺《汤鹏铁画歌·引》:"鹏字天池,钺乡人,幼闻先大父言甚详,初赁屋于先曾祖,贫甚。"

当年最热闹的地方。芜湖既是江南水陆交通要道和各种物资集散中心，又因为邻近中国佛教圣地之一的九华山，不仅万商云集，人流如潮，而且还有众多前往九华山朝佛进香的香客。他们都喜欢购买芜湖铁匠铺打制的铁花枝、铁花灯以及一些佛堂专用的灯盏灯檠，作为上山敬佛之用。汤鹏铁匠铺也供应这类产品，但汤鹏又与别人不一样，他天资聪慧、勤奋好学，同时还是个精力充沛、"不太安分"的人。

汤鹏由家乡来到芜湖后，先在一家铁匠铺里做学徒工，白天劳作，夜晚只能寄宿在南门湾外老浮桥边的一艘破船内，与"芜漂者"为伍。

这南门湾可说是芜湖最早的商业步行街了——其历史比芜湖人津津乐道的十里长街早得多。南门湾东侧是儒林街，住着不少文人画师；再往东，便是县学所在地，自然是读书人会聚的地方；西头转过一处小弯折向北与花街相通，据说花街之所以被称为花街，是因为居住在花街之上的人大多以经营篾器为主，以扎花灯而扬名；其南则直接古城的长虹门，门外就是青弋江码头，外地人坐船到芜湖，四近乡里农民进城贩菜买货、走亲访友，南门湾也是必经之路。所以一直到二十世纪七八十年代，这里都是老芜湖最繁华热闹的地方之一。

汤鹏打铁之余，免不了四处逛逛。花街的花灯好看，他凑上去瞅瞅；画店里的画师作画，他也在边上瞧瞧。身为铁匠，他却在这特定的环境中对绘画感兴趣，由起初的无意变成常常去观赏画师们作画，晚上就在青弋江边的沙滩上用竹枝练习。青弋江两岸的芦苇，陶塘（镜湖）之畔的垂柳，南塘湖里的虾蟹，扬子江上的渔舟，都成为他的写生对象。天长日久，他竟无师自通，初步掌握了绘画技艺。

于是，除了锻打农具及生活用品以糊口外，汤鹏把主要精力用于锤制铁花工艺。汤鹏在打制一些诸如铁花灯、铁花枝以及佛堂专用的灯盏灯檠的基础上，还经常将铁花枝与铁花灯的内容嫁接在一起，增加了一些艺术的气息。

黄钺曾祖后来告诉儿孙，他租房给汤鹏，不收租金，到年终岁末，汤氏则用铁花作品作抵，其中灯屏烛檠收了不少。

可是汤鹏一开始只能锤制知了、螃蟹、柳枝、芦叶等小物什，虽然形象逼真，但不脱匠气，缺乏艺术性，容纳更多景物的大幅铁画难以制作。所以产品不仅价格低廉，销路也不广；再加上娶妻生子，开销越来越大，这样的境况使得他生计日见窘迫。

窘迫的境遇虽然没有使汤鹏低下头来，但也迫使他不得不思考怎样另辟蹊径。这时有人点拨汤鹏，可以向居住在萧家巷的画师萧云从请教。于是，汤鹏决定去拜访萧云从，求其提供适合锻制铁画的画稿。

某天，汤鹏带上精心选择的几个铁花作品去拜访萧云从。萧云从被他的诚意打动，也觉得这个比自己小了近五十岁的年轻人很有想法，于是接受了汤鹏的请求，并且积极支持汤鹏在铁画锻制方面的探索。他不仅提供了画稿，而且将国画中的绝技"减笔皴"笔法毫无保留地传授给汤鹏。

芜湖铁画《江山无尽图》

萧云从在考虑提供什么样的画稿给汤鹏时，颇费了一番心思。有一天，他忽然联想起《太平山水图》交给版画刻工再创作的往事来，当年为了方便刻工，萧云从采用的是以线条为主的绘制手法。萧云从觉得，现在所画山水也应该方便铁匠打制，便根据锻铁的特点，提供了"皴为减笔林不稠"风格的画稿，汤鹏依稿而作。在萧云从的指导下，汤鹏这才知道，无论是绘画还是以铁作画，要表现山水、峰峦、奇石和竹木，就必须掌握披麻皴、解索皴、牛毛皴、括铁皴以及鳞皴、绳皴等技法，将它们运用到铁画锻制当中。

由于掌握了一定的画技，具有创新意识的汤鹏开始了他的探索之路。他将铁料形之于画，"冶之使薄，且缕析之，以意屈伸"，于炉锤焊接之中，"为山水，为竹石，为败荷，为衰柳，为蜩蟧，为郭索①，点缀位置，一如丹青家，而无襞积皴皲之迹"②，制成了"山水花卉，各极其妙"，别具风格而"前代未有"的铁画。

汤鹏打制的铁画，借鉴了传统水墨画的笔意、章法和布局，画面明暗对比鲜明，线条苍劲古朴，兰竹草虫均入妙境，大幅山水画作更是气势宏伟，生趣宛然，再配以精心定制的画框，挂在墙上就是一幅立体感非常强的水墨画。铁技就此变成铁艺，进入了艺术殿堂。萧云从看到汤鹏制作成功的铁画作品，非常欣慰。

---

① 郭索，借指螃蟹。赵翼《醉蟹诗》："霜天稻熟郭索行，双螯拗折香珠梗。"
② 《民国芜湖县志·卷八·地理志》。

　　芜湖及其周边的文人雅士看到萧云从指导创制的铁画，都叹为观止。一时，从汤鹏那儿定制购买者甚众，在书房或客厅里悬挂一幅铁画成为时尚，渐渐地，铁画的名声甚至远传至北京。文人墨客记录或题咏铁画的笔记和诗歌也有许多，例如下面这则题为《汤鹏铁画》的清人笔记：

　　　　芜湖铁工汤鹏，字天池，煅铁作草虫花竹及山水屏幛，精妙不减名家图画。山水大幅，非积岁月不能成，其流传者，多径尺小景，以木范之，若琉璃屏状，名曰铁画。或合四面，以成一灯，曰铁灯。每幅数金，一时争购之。炉锤之功，前代未有也。①

　　芜湖人王泽系嘉庆朝进士，官至徐州知府，精篆刻，善画山水，笔墨古厚。他亦为汤鹏技艺惊叹，作《汤天池铁画歌》：

　　　　　　绘画之事先考工，两汉石刻推文翁。
　　　　　　图写圣贤类古拙，略具大意开群蒙。
　　　　　　从来金石固一理，范铸当更艰磨砻。
　　　　　　汤生技也进乎道，十三科具炉锤中。
　　　　　　述者谓明作者圣，此事创见真豪雄。
　　　　　　倕形象物出新意，造化在手天无功。
　　　　　　我闻汤生得异授，太乙下视烘苍穹。
　　　　　　遂令煅灶发光怪，役使群动生灵空。
　　　　　　拔钉泥里皴有法，斧劈大小兼能通。
　　　　　　文苏潇洒妙竹石，荃宰琐细工鱼虫。
　　　　　　蛸蟵冉冉欲起蛰，戛击叶叶皆含风。
　　　　　　乃知能事贵独绝，丹青易落纸易裂。
　　　　　　蠹鱼不蚀鼠不啮，吁嗟汤生寿如铁。②

---

① 陈康祺《郎潜纪闻三笔·卷一一》。
② 王泽《观斋集·卷一》。

汤鹏的铁画作品存世不多,他制作的包括牡丹绶带、荷花鹭鸶、菊花鹌鹑、梅花喜鹊的《四季花鸟》铁画条屏藏北京故宫博物院,《翠竹图》藏湖南省博物馆,《溪山烟霭》山水画藏镇江市博物馆,草书对联《晴窗流竹露,夜雨长兰芽》和《竹石图》藏安徽省博物馆,这些都是中国民间艺术的瑰宝。

"何意百炼钢,化为绕指柔。"如今,芜湖铁画这朵工艺美术之花,绽放得愈加多姿多彩;而纪念萧云从与汤天池共同创制芜湖铁画的雕像则矗立在长江之畔美丽如画的芜湖滨江公园里,供后人瞻仰。

汤鹏铁字草书

二七、老来诗画随时健

　　晚年的萧云从日常起居于萧家巷（彩图16），他在范萝山（今作范罗山）上还设有"授画室"，除了会会老友，写写画画，还授课带徒。此时带带后生小子与谋生已经没有什么关系了，萧云从觉得和年轻人在一起生活会多一分乐趣，再说范罗山清净幽雅，足以颐养天年。

　　范罗山，俗称饭箩山，在芜湖古城西郊，系赭山向西南延伸的余脉，与雨耕山毗连，西濒长江。传说古代该地有一户渔民老夫妇，在打鱼时，从江中捞起了一只金盆，只要往盆中丢下七粒米就能煮满一箩筐白米饭。当时芜湖正逢水灾，老夫妇就用金盆煮饭，装满箩筐，摞起了一座山头，用米赈济灾民。后人为了纪念他们，就把这座山叫作饭箩山。

　　范罗山满山苍翠，寺庙错落，著名的有三大寺庵：法华庵、护国庵、园照寺。园照寺又称铁佛寺，内供铜佛、铁佛各一尊。南宋画家萧照有诗赞范罗山景色："萝翠松青护宝幢，烟波万里送飞艭。真人旧有吹箫事，俱傍明霞照晚江。"

　　此际与萧云从日相来往的主要就是老友汤燕生、张躔楚、方兆曾，侄儿萧一箕、萧一荐及弟子张东图等。有一回重阳节，大家相约到张躔楚家饮酒赏菊，虽然那天飘着细雨，天气不是太好，但萧云从兴致颇高，一口气写了三首七律，下面是第一首：

> 冒雨频将野菊寻，先生三径绕芳林。
>
> 书摊白日浑无事，酒对黄花只此心。
>
> 晚节篱边游履散，残秋松下闭门深。
>
> 由来汐社存吾辈，相纳明朝更抱琴。[1]

---

[1]　唐俊《萧云从诗歌笺注》，芜湖：安徽师范大学出版社2019年版，第170页。（以下只标页码）

末句中"相纳"就是相互结交(成为朋友)的意思。赏菊之余,萧云从还与大家相约明天再带古琴来聚会,可见心情非常愉悦。

将近二十年前,萧云从曾在其《幽谷村居图》题诗中赞誉明朝画家沈周"老来诗画随时健"①,现在的他也是这种状态。为什么萧云从数次在题画诗中提到沈周呢?

沈周是位早慧的书画家。十一岁的时候,就能写长达百韵的诗,有人拿去交给巡抚侍郎崔恭看。崔恭当面用《凤凰台赋》来试探他的真实水平,沈周挥笔而就,崔恭大为惊叹。等到长大,没有沈周没看过的书了。沈周尤其善于绘画,有评论认为他是明朝绘画第一。

沈周对父母很孝顺,对做官则没有兴趣。他父亲去世后,有人劝他入仕途,他说:"你不知道我的母亲拿我当命根子吗?我怎么能离开她呢?"他在城里住久了不想再住,就在村外置了房子,有事的时候才进一趟城。有郡守想征画工绘屋墙。乡里有嫉恨沈周的人,将他的姓名告诉郡守,郡守就准备派人来抓他。有人劝他去拜访权贵以免去苦差事,沈周说:"我去当仆役,还可以说是为义,去拜访权贵求情,岂不是更辱没我吗!"最后他就去绘制壁画,完成后回家。

沈周因为母亲的缘故,终生没有远游。在沈周悉心照料下,他母亲活到九十九岁高龄去世,这时,沈周也已经八十岁了。又过了三年,沈周也去世了。②

沈周还未成名时,曾与一众诗人在一个高官家聚会,席间高官拿出一幅《秃妪牧牛图》,求其他诸位题诗,结果并不满意。这时大家就看着沈周,意思是:要不你来试试?沈周也不说话,站起来提笔就写:

> 贵妃血溅马嵬坡,出塞昭君怨恨多。
>
> 争似阿婆牛背稳,笛中吹出太平歌。

诸公愧服,高官也觉得诗写得蛮有意思。沈周从此诗名传扬开来。他的咏物诗尤妙,如《咏钱》云:"有堪使鬼原非缪,无即呼兄亦不来。"③也许"有钱能使鬼推磨"

---

① 萧云从《幽谷村居图》:"放浪风茎又一年,烟光相照见春妍。老来诗画随时健,不愧吴门沈石田。"

② 《明史·卷二九八·列传第一八六》。

③ 蒋一葵《尧山堂外纪》。

这句俗语就是从他这首诗中概括出来的。

沈周才华出众而又蔑视功名富贵,旷达诙谐,这就是他得到萧云从钦仰的原因吧。

从顺治后期到康熙临朝,清廷更加注意调整统治政策,缓解民族矛盾,促进生产发展。虽然三藩等问题还没有解决,但是中原和江南大部分地区,社会局面是安定的。顺治十七年春正月丙寅,顺治帝下诏停止若干庆贺活动及减免灾赋等,诏曰:

> 自古帝王,统御寰区,治效已臻,则乐以天下;化理未奏,则罪在朕躬。敬天勤民,道不越此。朕续承祖宗鸿绪,兢兢图治,十有七年。乃民生犹未尽遂,贪吏犹未尽除,滇黔伏戎未靖,征调时闻。反复思维,朕实不德,负上天之简畀,忝祖宗之寄托,虚太后教育之恩,孤四海万民之望。每怀及此,罔敢即安。兹以本年正月,祭告天地、太庙、社稷,抒忱引责。自今以后,元旦、冬至及朕寿令节庆贺表章,俱行停止。特颁恩赦,官民除十恶死罪外,悉减一等,军流以下,咸赦除之。直省逋赋,概予豁免。有功者录,孝义者旌。诞告中外,咸使闻知。①

这一年,顺治免洮州卫上年灾赋,后来又免莒、宁阳等十二州县上年灾赋。康熙即位后,免除灾赋的次数更多,范围更广。如康熙九年(1670),"是岁,免河南、湖广、江南、福建、广东、云南等省二百五十三州县卫灾赋有差"。康熙十年(1671),"是岁,免直隶、江南、江西、浙江、山东、河南、陕西、湖广等省三百二州县卫灾赋逋赋有差"②。

所以,晚年的萧云从虽然没有逢上太平盛世,但社会稳定,足以安度余生了。康熙六年,七十二岁的萧云从精神状态不错,交游和创作颇多。夏天的时候,他就住在范罗山上,与翠竹苍松晨夕相对,读书其间。兴趣来的时候,"曳藤江滨,展楮茅宇"——"展楮"就是绘画的意思。萧云从画了仿王蒙山水一幅,又画了一幅《江山胜览图》并题诗,还特地据萧照诗意,绘《百尺明霞图》赠给远方的弟弟萧云律。萧云从还与汤燕生一道,到芜湖高僧珍厂的精舍庵萝园避暑,三人在大梧桐树下阴凉处坐

---

① 《清史稿·本纪五·世祖本纪二》。
② 《清史稿·本纪六·圣祖本纪一》。

《太平山水图·范罗山图》

于石上品茗聊天,作画吟诗,萧云从兴致勃勃,为珍厂画了一幅《桐下纳凉图》。① 萧
云从纵情点染,"丈八桑皮点翠微,驱将毛颖纵横飞"②,汤燕生与珍厂则赋诗抒怀。
几位老人不知老之将至,亦浑忘却尘世之事。

　　同年秋天,天气转凉一点,萧云从忽然想到南京去看看老友们。于是九月,萧云
从动身到南京拜访胡正言。此时胡正言已经八十四岁高龄,住在金陵鸡笼山侧。萧
云从去拜访时,庭院中翠竹依旧青葱。萧云从自从为了《离骚图》刻印的事到南京找
他帮忙,两人一别又是二十年过去了。③ 不过胡正言精神很好,有长寿之相,他以前
擅长写大字,如今还能写蝇头小篆。萧云从非常高兴,赠其山水画一幅并欣然题诗
一首:

---

① 珍厂《萧云从桐下纳凉图跋》,见沙鸥《萧云从诗文辑注》,第209页。
② 汤燕生《萧云从设色山水图卷跋》,见沙鸥《萧云从诗文辑注》,第207页。
③ 萧云从《题江山胜览图卷诗后题跋》,见沙鸥《萧云从诗文辑注》,第191页。

> 胡公九十好林居，三十年前老秘书。
>
> 蜾扁心潜羲颉学，凌云大字光椒除。
>
> 即今高卧紫峰阁，天下何人不式庐？
>
> 气卷灵春太液润，道潆棽缊青阳舒。
>
> 烧兰归赐宫中烛，倚缛仍安下泽车。
>
> 淇水洋洋数竿竹，颐其衍武歌璠玙。
>
> 文章善后延松鹤，敬为胡公赋遂初。①

诗中开头说"三十年前老秘书"，因为胡正言做过南明弘光朝的中书舍人，中书舍人有秘书之职责，所以萧云从称其为老秘书。"天下何人不式庐"的意思是胡正言受世人景仰。"式庐"指登门拜谒，是古代敬贤之词。顾炎武《赠孙征君奇逢》诗："门人持笈满，郡守式庐频。"末句中"遂初"即遂其初愿，是说胡正言去官隐居。《晋书·孙绰传》："（孙绰）少与高阳许询俱有高尚之志。居于会稽，游放山水，十有余年，乃作《遂初赋》以致其意。"此诗赞美胡正言的学问、品德与名望，最后以"延松鹤"表达祝福其长寿的美好心愿，体现了萧云从对老友的深情厚谊。

南京之游后，萧云从回到芜湖。次年暮春时节，萧云从作《岁寒三友图》一幅并题诗：

> 强褒孤高册大夫，何如王子此君居。
>
> 罗浮清梦依春月，同伴云根长者庐。②

萧云从擅长以山水之法写梅竹，瘦硬冷峻，神韵别具，此幅即是其晚年花卉画代表作之一。图中苍松斜出，寒梅劲挺，一拳石如伏虎昂首，旁有疏竹掩仰。画笔秀而不弱，枯而能润，空灵清冷而生机逸出。（彩图 18）

这年六月十六日，芜湖地震，房屋出现倒塌，大地晃动持续数刻才复归正常。③

---

① 萧云从《赠胡曰从》，见沙鸥《萧云从诗歌笺注》，第 37 页。
② 萧云从《题岁寒三友图》，见沙鸥《萧云从诗文辑注》，第 4 页。
③ 《芜湖市志·芜湖大事记》。

所幸的是,地震强度有限,再加上那个时候民居也没有高楼大厦,所以没有造成什么伤亡。萧云从所居数椽房屋也安然无恙,老人庆幸自己不像西周的南宫极,遇地震而亡。因为有劫后重生的感觉,萧云从心情不错。在地震后,萧云从作《地震山水图》长卷,画面上江水环绕、山峦起伏,江上闻樯橹欸乃,山间见商旅往复,鹿鸣呦呦、驼铃喈喈;既有断崖平岗、乔松疏柳、舞榭歌台、梵寺古渡,亦有高士鸣琴、隐者批图、妇孺相携、渔樵互答:一派平静祥和的江南风光。此画无论是制式还是内容,都是一幅令人拍掌击节的鸿篇巨制!萧云从并题诗一首:

> 戊申六月十有六,老夫篝镫初就宿。
> 梦里掀翻起披衣,轰声飑飒撼茅屋。
> 非雷非霆动不已,鳌极奋鳞鹏展□。
> 闲情无事阅缋图,仄岩流泉郁古木。
> 笑宅城东隅,何似托幽隩。
> 奋笔雯腾与霞霏,意匠凿天天为覆。
> 亦寸裁成卷式高,楮光墨燥□毛秃。
> 就中牵连三丈余,飞鹬引帆骏转毂。
> 携琴载酒访玉贤,盟质仙松心帝竹。
> 楼雉蜿蛇出没中,揭来远近送春目。
> 渲云铺縠织湖波,潇水朝乘称淑郁。
> 啸启乾坤豁焉空,峻峰隐天溪坼谷。
> 樵师渔子未营思,山泽含灵多苞育。
> 志气冲和造化平,偶然变幻何惊畜。
> 吁嗟乎!
> 左相丹青右军字,一技成名甘淹没。
> 莫道风期别有怀,人生冲淡便多福。
> 胸蟠丘壑任纵横,读书万卷精神足。[①]

此诗先写地震发生时的情景,只用"梦里掀翻起披衣,轰声飑飒撼茅屋。非雷非

---

① 唐俊《萧云从诗歌笺注》,第40页。

霆动不已,鳌极奋鳞鹏展□"几句简单带过,接着写地震之后家乡自然美景以及城郭未遭破坏,从诗中可以看到芜湖那时市井的繁华。诗人在庆幸人民生活如常的同时,对自己也能依旧读书作画访友,过着怡然自乐的生活感到高兴。最后表达了"人生冲淡便多福"的人生观。

从芜湖地震前后萧云从的一些诗文看,他的晚年生活确实如常。这年夏至日,萧云从有一篇《论书帖》与友人谈书法,文曰:

> 顾东桥先生跋祝京兆书卷云:书法初见笔阵图,至孙过庭、姜白石尽矣。大抵拘则乏天趣,纵则失矩度,加之矜持,又生俗气,不可观。必有完字具于胸中,则下笔之际,自然从容中道。今人惟祝枝山、文衡山得此法,知音者希也。今观休承所请枝山书《古诗十九首》,为之怃然,自恨骨格已定,爱之而不能学,在休承诸君勉之耳。董思白先生自记书卷云:余数书老杜《古柏行》,亦各为一体,惟醉素法凡三本,昔人评孙过庭万字一同,予乃时念此语,今说不言法也。戊申长至,老友萧云从顿首。①

从这篇《论书帖》中,可以看出萧云从对书法的见解也是高超的,"大抵拘则乏天趣,纵则失矩度,加之矜持,又生俗气,不可观。必有完字具于胸中,则下笔之际,自然从容中道"。由此,他非常推崇祝允明、文徵明的书法艺术。

萧云从本人的书法造诣也很高,篆隶真行草,各体兼备,而以行书见长。他的行书结体瘦长,错落有致,俊逸散朗,与顾炎武的正书(楷书)、袁枚的行书、金农的分书(隶书)等一起被列为清代书法"逸品上",同列的书法家一共十五人。② 所以前人说:"世知萧尺木以画显,而不知其六书六律更精也。"③

但是萧云从似乎对篆书情有独钟。版画《离骚图》封面"离骚"二字系其亲自书写的篆书,六十四幅图注文标题也都是篆书;《太平山水图》四十三幅画也是以篆标题,而以隶、真、行、草题诗;此后的《归寓一元图》上共四十七首题诗,诗题无一例外都是篆书。

---

① 沙鸥《萧云从诗文辑注》,第 145 页。
② 《清史稿·列传二九〇·艺术二》。
③ 马宗霍《书林藻鉴·书林纪事》,北京:文物出版社 1984 年版,第 198 页。

这不是偶然的巧合。追溯起来,与萧云从年少受教育的经历有关。少年时期的萧云从虽然兴趣爱好很广泛,但是也在芜湖县学受过正规教育。芜湖县学学宫(彩图17)始建于宋元符三年。崇宁二年(1103),县令林修奉诏扩建学宫,请时任礼部尚书黄裳撰《芜湖县学记》并勒碑纪念,而书写碑文的则是大名鼎鼎的书法家米芾。①

米芾《芜湖县学记碑》(局部)

米芾当时在无为县任无为军知军,他应邀亲书的学记碑后立于学宫左壁;而在学宫明伦堂东壁,则是唐朝书法家李阳冰的篆书《谦卦碑》。②

李阳冰是李白族叔,曾任当涂县令,李白晚年落难之所以到当涂,就是为了投奔李阳冰。李阳冰擅长篆书,被誉为“李斯之后,小篆第一人”。其篆书气势犀利,风骨遒劲,笔法雄健,人谓“铁线篆”。“谦卦碑”是李阳冰在任当涂县令时应友人之请所书,此碑即为篆书。芜湖县学学宫内立有唐宋两大书法家李阳冰和米芾的碑刻,引得四方爱好书法的文士时常前来观摩甚至拓片带走研习。少年萧云从耳濡目染,培养了对书法尤其是篆书、行书的爱好,是再自然不过的事了。顺便说一句,这两块碑饱经历史沧桑,虽略有残缺,但基本完好,至今仍屹立于芜湖县学旧址内。

中国画历来有“书画同源”的说法。书法家未必是国画家,但是有成就的国画家书法一定很好是毫无疑义的。为了修习书法,萧云从甚至拿自己的画作和朋友的书法作品交换以供临摹。朋友彭旦兮擅长汉隶,萧云从为他作山水长卷并题跋:“旦兮

① 《民国芜湖县志·卷一七·学校志》。
② 《民国芜湖县志·卷三八·古迹志》。

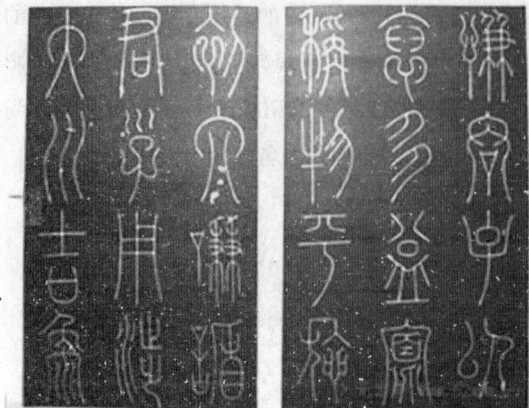

李阳冰《谦卦碑》帖

汉隶之学甲天下,将以易得数十幅,为晚年摹式。"那时萧云从已经五十九岁了,还如此好学不倦。

芜湖地震的次年,也就是康熙八年(1669)的初夏,七十四岁高龄的萧云从画了一幅《石磴摊书图》(彩图 19)。画中的人物,气定神闲,把书摊在临流的石磴上,开卷相向,促膝畅谈,真可与兰亭雅集的曲水流觞相媲美。树梢鸟鸣啁啾,溪涧水声潺潺,四周云霞缭绕,如此清幽的环境,令人心旷神怡,物我两忘。萧云从在画上题诗一首:

> 摊书石磴意逍遥,松下时听燕语娇。
> 山涧不知昨夜雨,瀑飞如练出丹霄。①

　　这首题画诗说明萧云从当年夏天还是在范萝山避暑兼进行书画诗文的创作,小诗轻快可喜的风格是晚年萧云从轻松愉悦心情的真实反映。

---

　　① 《石磴摊书图》现藏北京荣宝斋,见沙鸥《萧云从诗文辑注》,第 47 页。

二八、文星陨落

毕竟岁月不饶人。古稀之年的萧云从日渐衰老。实际上，少年笃志苦学，中年颠沛流离的萧云从身体状况一直马马虎虎。他自己二十多年前就说过："近流离迁播，齿落眼朦，年五十而谆谆然居八九十者，遂握笔艰涩。"①之所以还能比较长寿，与晚年生活安定、心态平和有很大关系。

某天，忘年交方兆曾忽然梦见了萧云从，梦里萧云从把《易存》以及文字学、音韵学的书稿交给自己，但是梦中萧云从的语言、神态与平常大不同。方兆曾梦醒后非常惊异，告诉周围好友。② 大概是萧云从生病有一段时间了，方兆曾内心担忧，因有此梦。方兆曾这时正在邗江，未及赶回芜湖，过了不久，就传来萧云从过世的消息。

萧云从弥留之际，老友汤燕生赶来探望，弟子张秀璧等在床前侍奉。老人安详辞世，临终遗言："道在六经，行本五伦，无事外求之，仍衍其旨。"③意思是，世上各种道理，六经已经说得明白清楚，需要好好领悟；做人应该按照孟子提出的"父子有亲，君臣有义，夫妇有别，长幼有序，朋友有信"的"五伦"道德规范，落实在具体行为上；希望各位在我去世以后仍然能身体力行。从萧云从的遗言看，他一生恪守孔孟主张的人伦之道，而对董仲舒歪曲孔孟思想提出的"三纲五常"那一套未必认同，所以他只说"行本五伦"。

因萧云从父亲萧慎余去世后安葬于芜湖严家山，家人于是就把萧云从葬在萧慎余墓的旁边。

门生张秀璧、朱长芝等送别老师以后，相约把平时收存的以及在老师家人那里寻找到的诗文汇编成册，命名为《梅花堂遗稿》，可惜的是，这部《梅花堂遗稿》后来

① 萧云从《青山高隐图卷·跋文》，见沙鸥《萧云从诗文辑注》，第 127 页。
② 《民国芜湖县志·卷五九·杂识》，但是年份误记为己酉（1669）。
③ 《乾隆芜湖县志·卷一五·人物志·卓行》。

亡轶。

萧云从《梅石水仙图》

汤燕生送别萧云从,回到补过斋,拿出珍藏的萧云从《梅花图》细细观赏,睹物思人,悲伤盈怀,情不能已,写下两首吊亡诗:

> 十树花繁荫荜门,一床书在拥篱根。
> 诗人触手怜香剧,偏写寒条寄友昆。
>
> 狼藉春风荡越溪,花飞堕地旋成泥。
> 梦亭鸟散人归尽,对此寒香忆画师。①

汤燕生在诗中用"诗人""画师"称呼萧云从,描写了萧云从对梅花特殊的怜爱,也回忆了他们在"梦亭"——也就是芜湖的梦日亭——相聚雅集的前尘往事,如今,"花飞堕地",而老友们一个个驾鹤归西,怎不叫人伤心欲绝?

汤燕生的这两首诗,是我们现在能见到的最早悼念萧云从的作品,而在其后悼念萧云从的诗文中,大多把他比作屈原、嵇康。的确,这些历史名人,都是萧云从素所仰慕的对象,所以他的立身行事,自然而然带有前贤的风格。

宣城诗人施闰章从自芜湖归来的同族之人那里得知老友萧云从辞世的消息,为文星陨落不胜悲哀,作诗悼念:

> 雨雪山城暗未开,江头何意片帆来。
> 羁栖避俗书盈箧,真率论交酒数杯。
> 家破尚留庑下客,时危谁惜郢中才。

---

① 《题萧尺木画梅》,见《十百斋书画录·汤燕生诗翰》;又见于沙鸥《萧云从诗文辑注》,第207页。

于湖文酒多朋旧,摇落离居尽可哀。①

楚国的首都是郢,"郢中才"指屈原。施闰章诗中的"时危谁惜郢中才",既是称赞萧云从是当代的屈原,也是在叹息萧云从"一身襟抱未曾开"。

大诗人王士禛虽然对萧云从的格律研究不以为然,但是他对萧云从的人品格调和诗画成就向来推崇。在《杂题萧尺木画册》组诗中,王士禛视萧云从为当代的稽康:

平生酒态稽中散,目送飞鸿坐竹林。
闲向梅花弹一曲,落花乱点碧流深。②

这首诗侧重表现萧云从"目送飞鸿,手挥五弦",超凡脱俗的那一面,用流水落花抒发对萧云从辞世无可奈何的心情。

在另外一首诗中,王士禛还从诗画两个角度把萧云从与杜甫、关仝相提并论,推崇之意无以复加:

山城水郭苍茫里,曲栈疏林远近中。
太息欧湖老诗史,直将劲笔压关仝。

严家山一带,群山拱卫,大江前横,竹翠松荫,是块"风水上乘"的墓区。自从萧云从安葬在这里之后,来此凭吊的人逐渐增多,萧氏墓区人气旺盛,严家山俨然成了一个风景区。

凭吊萧云从的除了本地敬仰他的普通百姓,各地的文人墨客也不少。江苏娄县的沈祥龙既是诗人,又是诗词研究专家,经过芜湖时特地到严家山祭扫云从墓(这也间接证明萧云从诗名在清代就比较大)。他的诗《过萧尺木墓》对萧云从一生有很好的概括:

---

① 施闰章《学余堂诗集·宗人次骐孔固至自芜湖》。诗后自注:悼萧尺木怀沈天士。
② 《民国芜湖县志·卷五九·杂识》。

　　家国沧桑一慨中，离骚图就思无穷。

　　遗民老去诗心苦，古壁长留画本工。

　　巷僻难寻庐一角，冢荒重薤草千丛。

　　春来樵采新申禁，宰木森森夕照红。①

　　末句中的"宰木"就是坟墓边的树木。从诗中"春来樵采新申禁"看，晚清时，云从墓还得到了芜湖地方政府的保护。所以墓地周围的树木蓊蓊郁郁，陪伴着萧云从。

　　道光八年（1828），芜湖人为纪念南宋词人张孝祥，在赭山脚下的滴翠轩建了一座于湖祠。时在户部尚书任上致仕回芜湖的黄钺与几位乡贤商议，把萧云从、汤燕生等六人从祀于祠堂。黄钺特地作《于湖祠从祀六君诗》，诗前小序说：

　　　　道光八年岁在戊子，孟夏移祀于湖先生于滴翠轩。因念国初萧、汤二老暨乾隆年间吴、洪、陈、谢四君，节义文章久为乡里钦企，而皆抱伯道之痛，有不祀之嗟。爰制六主奉以从祀，询之乡人，佥以为宜。复恐后生未尽悉其平生，述其大略，咏以五言，俾有所考焉。②

　　从序言里可以知道，从祀的六君子除了道德文章令人钦敬，值得纪念外，还有一个共同点，就是几乎没有后代，这也是从祀的一个重要原因。黄钺说他们"皆抱伯道之痛"，这"伯道"指的是东晋邓攸。邓攸，字伯道，平阳襄陵人。少孤。西晋怀帝永嘉末，为石勒所俘，被迫担任参军的官职。后逃至江东，晋元帝任命他为太子中庶子，不久升任吴郡太守。时大饥荒，邓攸乃开仓救民。在郡廉洁清明，颇得民心。累迁尚书右仆射。南逃时，携一子一侄，途中屡遇险，不能两全，乃弃子全侄，后终无嗣。后人为其抱憾曰："天道无知，使伯道无子。"

　　萧云从被列为六君子之首，黄钺为他写的五言诗和小序是这样的：

---

　　①　据《晚晴簃诗汇·卷一六七》，沈祥龙（生卒年不详），字约斋，江苏娄县（今上海松江人），晚清著名词论家。著有《乐志集》《乐志词录》，其词学著作《论词随笔》收于《乐志集》中。

　　②　黄钺《壹斋集·诗集·卷三四》。

萧明经云从尺木老,入本朝隐居穷巷,今萧家巷即其故居。图《骚》画壁,以终余年。不期末艺获邀天鉴,云从老骨死且不朽矣。

　　萧赉居青杨,殁犹名其巷。

　　小筑傍能仁,剩听烟钟撞。

　　图骚板已蠹,画壁色余绛。

　　遗卷荷天题,长歌悯愚蠢。

　　老愿死竟酬,精灵感应降。

　　据黄钺介绍,萧云从的后人长期居住在萧家巷,道光初年还有人见过,可惜成了担水夫,后不知所终。

　　岁月荏苒,到了清朝光绪年间,萧家墓地已一片萧条——残碑仆地,荒冢偎烟。此时的芜湖,在行政区划上,已经属于徽(州)宁(国)池(州)广(德)太(平)道管辖。当时的道台大人是个学者,名叫袁昶。他是光绪二年(1876)进士,光绪十八年(1892),到任芜湖后,为地方发展做了不少有益的工作。

　　袁昶非常重视文化教育,他扩大了芜湖中江书院的规模,在书院兴建藏书楼——尊经阁,新购图书数万卷。鉴于当时芜湖米市规模空前,他开征"谷米出口税",充实地方财政;带头捐款五千两白银,兴修芜湖沿江大堤。

　　袁昶看见萧云从的墓地荒芜残破,很想修葺一番,可此时墓地一带已被李鸿章的儿子李经方买下。当时,李家的势力,是任何一位地方官都不敢小觑的,而李经方当时又不在芜湖。袁昶打听到这位"李公子"正在英国,便写信给他,与他协商重修萧家墓地一事。李经方很快给袁昶回信,对修墓主张完全赞成,称萧氏父子"占据"这块方寸之地,实乃"当仁不让",并承诺承担修墓的所有费用。不仅如此,李经方还答应将墓地南边的一块地全部献出,留作萧家建祠堂之用。

　　得到李经方的许可之后,袁昶便组织人力,将萧氏墓地修葺一新。当时旌德县人汪畹听说这件事后,认为这是一件功德无量的好事,便激动地写下《重修萧处士墓记》,铭刻在石碑上。因为主修者是道台大人,所以修成之后,当地老百姓误称这个新墓为"道台坟"。

　　"文革"期间,大破"四旧"。萧云从的墓碑也被铲除,遗弃在地。后来,墓碑失踪,一段珍贵历史的见证不见了!直到1979年,芜湖一名退休的美术教师主动将这

块墓碑献出——原来,这位老教师多年珍藏着这一珍贵文物——如今,这方墓碑被
陈列在芜湖夫子庙大成殿中,供人观赏。据知情者说,这位老教师名叫李英,是徐悲
鸿的高足。[①] 令人叹息的是,长期致力于芜湖古迹与文物研究及保护的李英,由于多
次受政治运动的冲击,晚年精神趋于错乱,郁郁而终。李英终身未娶,也是属于"抱
伯道之痛"的君子。

---

① 据《李英——芜湖的"凡·高"》一文介绍:李英,1926 年 4 月出生于河北,幼年时就喜爱绘
画。1946 年考上了徐悲鸿创办的北平艺专,并直接受教于徐悲鸿。在北平艺专就读两年之后,于
1948 年考入南京大学美术系,师从傅抱石等名师。1951 年李英以优异成绩从南大毕业,被分配到
芜湖师专任美术教师,又先后在芜湖第十二中学、第八中学任教,于 2002 年去世。

二九、一代宗师名不朽

　　转眼间,历史的车轮驶进 2016 年。这一年恰逢萧云从 420 周年诞辰,这一年在历史上同属太平府的芜湖、当涂(现属安徽省马鞍山市)两地发生了两件和萧云从有关的不大不小的事。

　　一件事是 8 月 18 日下午,安徽黄山文化旅游股份有限公司以 3.605 亿元成功夺得芜湖古城一期地块,这标志着芜湖古城改造开发工程正式起步。

　　芜湖古城里的萧家巷是萧云从度过人生最后一段岁月的地方。而萧家巷内的大部分建筑,包括萧云从的故居在清咸丰年间已毁于清军与太平军交战的炮火中。如今萧家巷内的民居大都是在清末民初建造的,虽然如此,芜湖人提到萧家巷总会联想起萧云从。

　　另外一件事发生在此前四个月,以马鞍山市一批文化人为主拍摄的名为《一代宗师萧云从》的文献纪录片悄然问世,4 月 16 日下午,这部纪录片的观摩学术研讨会在合肥举行。纪录片原拟名《萧云从与姑孰画派》。而在这部纪录片问世前三年,芜湖本地纸媒上就发表过一篇《一代宗师萧云从》的纪念文章。①

　　芜湖、当涂两地纪念萧云从的文章和介绍萧云从的纪录片不约而同都以"一代宗师"称呼萧云从,这倒是一件很有趣的事。

　　"宗师"这个称呼,儒道释三家都用过。词典上说"宗师"是指"为众所崇仰,堪称师表之人",这可能就是从儒学角度所作的解释。《后汉书·朱浮传》中有"寻博士之官,为天下宗师,使孔圣之言传而不绝"的话。更早的庄子则在《庄子·大宗师》中使用了"大宗师"的称谓。所谓"大宗师"就是最值得敬仰、尊崇的老师。谁够得上被称作这样的老师呢? 那就是"达于道之人"。佛教则尊称传其宗法者为宗师。《释氏要览·卷上》里说:"宗师,传佛心宗之师。又云宗者尊也。谓此人开空法道,为众所

---

① 徐国华《一代宗师萧云从》,《大江晚报》2013 年 10 月 27 日。

尊故。"

现在通常理解的"宗师"就是"开宗立派的大师",无论武学所说的门派,美术史上的画派,抑或学术史上的学派,按照儒释道三家对"宗师"一词的使用和现在对"宗师"通常的理解来衡量,作为姑孰画派的开创者,萧云从完全当得起"一代宗师"的称呼。

在明末清初芜湖这方水土上诞生萧云从这样一位杰出人物并不偶然。除了家学渊源,萧云从本人天资聪颖、勤勉好学外,还与长江、青弋江交汇芜湖境内,水陆交通便利,当时以徽商为主的各地商人云集于此,市井繁华,文人荟萃,大大促进了芜湖城市经济文化的发展有关。这些因素使得萧云从不仅可以以古人为师,以自然为师,而且可以在与邢昉、方文、渐江、梅清、冒襄、胡正言、郑士介、汤燕生、方兆曾、宋起凤等众多文人雅士交往切磋中砥砺品行,精进学问,提高文化修养与书画技艺,最终水到渠成,成为一代宗师。

萧云从作为一代绘画大师,他的贡献是多方面的。萧云从可以称为"四画"大家,因为他在山水画、版画、壁画、铁画上都取得了卓越的成就。

萧云从在中国版画史上与陈洪绶双峰并峙,他的人物版画《离骚图》与山水版画《太平山水图》比著名的《芥子园画谱》早问世几十年。① 萧云从孜孜不倦地花了几个寒暑创作出的这两部版画,在明末清初版画史上占有不可替代的地位,为中国版画事业作出了巨大贡献。如果萧云从没有满腔家国情怀,没有高深文化修养,没有独立思考精神,没有高超绘画技艺,就不可能创作出这两部伟大作品。文学家郑振铎对《离骚图》和《太平山水图》均推崇备至,关于《离骚图》,郑振铎说:"其衣冠履杖,古朴典重,雅有六朝人画意,若'黄钟大吕之音',非近人浅学者能作也。"② 关于《太平山水图》,郑振铎说:"图凡四十三幅,无一幅不具深远之趣。或萧疏如云林,或谨严如小李将军;或繁花怒放,大道骋骑;或浪卷云舒,烟霭渺渺;或田园历历如毡纹,山峰耸叠似岛屿;或作危岩惊险之势,或写乡野恬静之态。大抵诸家山水画作风无不毕于斯,可谓集大成之作矣。"③

———————————

① 中国画技法图谱《芥子园画谱》初集《山水谱》五卷,于康熙十八年(1679)问世,时萧云从已去世六年。

② 沙鸥《萧云从诗文辑注》,第 259 页。

③ 郑振铎《萧尺木绘太平山水图画》,见沙鸥《萧云从诗文辑注》,第 260 页。

《太平山水图·峨桥雪霁》

　　萧云从绘制的太白楼山水壁画虽然毁于兵火,今已不存,但是其高超的艺术水平及在历史上的影响不会因此被抹杀。有论者说:"历代壁画以佛道人物为主,而独立的山水作品相对较少,现在能看到最早的独立性山水壁画恐怕要数莫高窟303窟隋代壁画山水。……明清两代壁画中山水作品,如果论规模之宏大,制作之精良,作者之名望,影响之广泛,恐怕只有云从所绘的采石太白楼壁画了。可以说,它遥接唐代吴、李和北宋郭熙的遗绪,应当引起美术史特别是壁画史研究者的重视。"①

　　萧云从与汤天池共创的芜湖铁画是中国工艺美术的奇葩,后来被列入第一批国家级非物质文化遗产保护名录。如今,在国家和地方政府的扶持下,铁画艺人在保持传统技艺特色的同时,也在不断追求艺术创新。

　　至于萧云从的山水画,成就更加突出。著名山水画家傅抱石说:"明末清初杰出的山水画家很多,如梅清、石涛的描写黄山,萧云从的描写太平山水,都在中国山水画史上贡献了精彩的一页。中国画史甚至为世界艺坛所推崇的画家,也多是这一时

---

　　① 刘诗能《萧云从采石太白楼壁画考评》,见《国画家》2004年第2期。

期的人物,如萧尺木、陈老莲、石溪、张大风、渐江、石涛、八大山人、龚半千。除陈老莲之外都是水墨山水(包括浅绛)的巨匠,他们的杰作,现在都是片楮兼金,为世界所宝,如萧尺木、石溪、石涛的谨严幽邃,张大风、八大山人的兀傲峭拔,渐江、龚半千的淋漓冲远乃至陈老莲钢铁般线条所构成的上古衣冠,无一不充沛着民族的精神,足垂后世以大法。"①还有专家这样评论萧云从的山水画:"萧云从一生所画,基本都是反映家乡的山山水水,这倒与他的好友渐江相仿佛,师法自然,写山水真景,成为他们共同的画学准则。不过,萧云从的画学思考又不完全类似渐江,渐江的画凸显的是严谨、冷峻和荒寒,缺少人间烟火气,而萧云从无论是仿古人还是写自然,皆是清润之格、松秀之态,追求的都是愉悦性情,都是为了达到'境取幽深,情况高哲'的美学境界,他的创新也正体现于此。"②"境取幽深,情况高哲"是萧云从六十九岁作《江山览胜图》时在题跋中说的,这句话集中体现了他在山水画上的美学追求。

确实,观萧云从山水画,既让人忘却尘世俗务烦恼,又让人觉得人间美好可恋。如他的《秋景山水图》(彩图20),画面中景处绘有掩映于山石之间的亭台楼阁精舍,而画面近景处,又特地绘苍松翠竹红枫,透露出肃穆秋气中仍有盎然勃发的生机。萧云从被公认为新安画派的推手、姑孰画派的开创者。即使仅从这个意义上说,萧云从也当得起"开宗立派的大师"称号。

萧云从除了在绘画艺术上成就卓著,还出入经史,复擅诗文,著述颇丰,《四库全书》(含存目)收录的萧云从著述就有两部,即《离骚图》(其注文实际上是研究上古神话与历史的论文)和《易存》,这是一般画家难以望其项背的。所以,萧云从是在中国美术史、安徽文化史上都占有一席之地的大师级人物。自清代以降至民国,从王士祯、袁枚、阮元、尤侗,到郑振铎、邓之诚、黄宾虹、潘天寿等,众多文化名人都曾给予萧云从高度的评价。

萧云从生前好友王炜对萧云从的学问与艺术作过比较全面的评述:"其艺自诗文、书画、音乐、声韵、天官、术数、博弈、踏鞠、技击、堪舆、医卜、星相,以及金、锡、铜、铁、圬、木诸工无不能。书中之诸篆、八分、汉隶、草、行,画之山水、人物、禽兽、虫豸、花卉无不善。其人则畜德韬才,实足以维世;其学则明体致用,又足以经世;其言虽

---

① 山谷编《傅抱石谈中国画》,北京:中国青年出版社,2011年版。
② 高飞《不专宗法,自成一家——萧云从画学思想中的师古与创新》,见《江淮论坛》2016年第1期。

王炜《答友人论萧尺木书》书影

不主一说,要其归宿亦足以范世。若斯人者,不独江左上游之领袖,洵一代之耆硕也。"①

　　萧云从不仅在中国美术史上具有较高的地位,也在世界上产生一定的影响,美国、瑞士、日本等国家的博物馆以及民间藏家收藏有萧云从作品就是证明。其中,萧云从对日本南宗文人画发展的影响尤为显著。

　　日本的南宗文人画可以说是受中国画影响而产生和发展起来的。十八世纪中期,中国文人画传入日本,被称作"南画"或"文人画",一些中国的高僧、画家渡日授道传艺,画家中比较著名的有"渡日四大家"伊孚九、江稼圃、张秋谷和费晴湖。同时,比较便于学习的画谱也随之流入日本,其中就有《萧尺木画谱》(《太平山水图》)和《芥子园画谱》等。《太平山水图》刻本流传到日本后,受到日本绘画爱好者广泛追捧,日本画家称它为《萧尺木画谱》或《太平山水画帖》。

　　在萧云从创作《太平山水图》之前,董其昌提出南北宗论,反对绘画用直线,主张用很柔和的线条。萧云从却不囿于这种陈规戒律,他感受版画的特殊刀法,最终用

① 王炜《答友人论萧尺木书》,见《鸿逸堂稿·卷四》,《四库全书存目丛书》集部第 233 册。

硬线条、直线条,改变了文人不敢用直线的画风。《太平山水图》就是用这种劲挺方折的线条来进行绘画创作的,这样就与过去的画法大不一样了,十分新颖,别具一格。

《太平山水图·景山图》

萧云从的《太平山水图》不仅影响了我国的版画创作,而且还在日本画界产生了巨大影响。初版的《太平山水图》被大阪兼葭堂收藏并被不断翻印,同时萧云从的其他作品也被日本人争相收藏和推广。其中,《萧尺木离骚图》被日本美术史家大村西崖收入《图本丛书》刊行,萧云从的代表作《关山行旅图卷》被东京帝室博物馆收藏并按照原尺寸复制,大量发行。

在日本美术史上,一般认为祇园南海、柳泽淇园等人是开拓日本南宗文人画的先驱者,池大雅(彩图21)、与谢芜村(彩图22)是日本南宗文人画的完成者,而祇园南海和池大雅等画家都认真学习过《萧尺木画谱》。池大雅对中国文化尤其是书法绘画有浓厚兴趣,也非常勤奋好学。他曾经刻过一方印,印文带有自嘲意味:"已行完千里路,尚未读万卷书。"池大雅起初学伊孚九山水,可是过了一段时间,总觉得没有多少长进。于是去请教祇园南海。祇园南海拿出自己原先收藏的《萧尺木画谱》送给池大雅,对池大雅说:"你学画当学文人学士画。"池大雅得到《萧尺木画谱》后异

常欣喜,爱不释手,带回去长期仔细学习揣摩,于是画技大进,甚至连书法也与萧云从非常相像了。①

　　池大雅刻苦学习萧云从绘画艺术的事,印证了日本著名学者秋山光夫的一段话:"萧尺木艺术的影响,在我国绘画发展史上有很深的意义,这是谁都必然承认的。"②

　　历史证明,当初黄钺"云从老骨死且不朽"的预言十分准确。一代宗师萧云从,英名不朽!

---

① 白井华阳《画乘要略·池大雅传》,见沙鸥《萧云从诗文辑注》,第262页。
② 秋山光夫《萧尺木与〈秋山行旅图卷〉》,见沙鸥《萧云从诗文辑注》,第262页。

后　记

　　我为什么要写一部萧云从的传记？这需要先从此前的有关萧云从生平研究的著述说起。

　　目前发现的最早记述萧云从生平的文章是《萧尺木画学》，作者是其友人宋起凤。宋起凤著有《稗说》四卷①，其卷三中的一篇文章以《萧尺木画学》为题，介绍了萧云从的生平、画学思想、绘画成就以及他与萧云从的交往等。此文是研究萧云从生平非常重要的也是较早的资料之一。清代黄钺《壹斋集》及其他文人诗文集或笔记中也记载或保存了一些萧云从生平资料。另外就是清代康熙年间的《太平府志》及乾隆、嘉庆直至民国编撰的数种《芜湖县志》等地方志中收录的萧云从小传等，总体比较简略和零散。

　　二十世纪中叶以后，研究萧云从生平与艺术成就起步最早、用力甚勤的是胡艺、王石城两位先生。最早为萧云从撰述年谱的是胡艺，他的《萧云从年谱》发表于1960年（是年胡艺还撰写了《画家萧云从》②，这是目前发现的中华人民共和国成立后萧云从生平研究的第一篇重要论文）。作者在年谱前写有小序，说明编写缘由："萧云从先生为明末清初时期著名画家之一。作画笔意清疏韶秀，颇有逸致，尤其是所画的《离骚图》及《太平山水图》版画，更是工雅绝伦。关于萧氏的生平各书记载颇简，且有相互矛盾之处。现就所收集的资料，初步加以整理排比写成年谱初稿，对萧氏的一生，可以略见梗概。但以学力所限，疏漏难免，期待批评与指正。"其后为萧云从编撰年谱的还有沙鸥、顾平等。沙鸥编撰的年谱附录于《正在舒展的画卷——萧云从评传》和《萧云从诗文辑注》中，顾平编撰的年谱附录于其所著《萧云从》中。

---

　　① 中国社会科学院历史研究所明史室编《明史资料丛刊》第二辑，南京：江苏人民出版社1982年版。

　　② 刊于《安徽史学》1960年第3期。

206

第一部比较全面介绍萧云从生平与创作的著作是王石城的《萧云从》①,该书共有《生平》《艺术成就》《给后世的影响》《小结》四个部分,可视为第一部萧云从评传。其后有关萧云从生平介绍的著述基本以此书为蓝本,故本书有开创之功。但是书中的《生平》一章,非常简略,只有十一页,不足一万字。

2006年10月,沙鸥所著《正在舒展的画卷——萧云从评传》由上海文艺出版社出版。这本书共有六章,分别是《萧云从生平》《萧云从艺术简论》《萧云从绘画的社会影响》《姑孰画派》《萧云从思想管窥》《萧云从诗画古迹集释》。书中《萧云从生平》也很简略,相关文字只有十页。因此,这部《萧云从评传》主要着力点在"评"不在"传"。同年12月,顾平所著《萧云从》由河北教育出版社出版。此书由五个部分组成,即《生平传略》《艺术历程》《论艺摘选》《各家评论摘录》《年表简编》,生平部分依旧比较简略。

此外就是几篇涉及萧云从生平的考证文章。主要有《萧云从里籍及生卒年考》(顾平)、《萧云从的乡籍之辩》(王永林)、《渐江和萧云从关系考》(陈明哲)、《钦定补绘萧云从〈离骚全图〉刊刻的年代》(罗宝才)、《萧云从采石太白楼壁画考评》(刘诗能)等。

总而言之,自王石城的《萧云从》出版之后,其他介绍萧云从生平的书籍,基本上没有超过这本书的,而涉及萧云从生平考证文章中的成果,有的又没有被及时吸收。换言之,迄今为止,还没有一部真正意义上的萧云从传记。这与萧云从在中国美术史上所占据的地位是不相称的。

王石城的《萧云从》毕竟已经出版四十年了,四十年来,有关萧云从生平与创作(不单指绘画,还包括诗文及学术著述)的研究取得了许多新进展,回头审视王石城的《萧云从》及几本同类的书,发现存在几个遗憾:

一是内容太简略。原因一方面是史料缺乏,另一方面则是挖掘不够。其他介绍萧云从生平的书籍基本上以王石城的《萧云从》为底本没有多少突破,甚至结构亦雷同。没有把萧云从置于更广阔的背景下观照,对萧云从与当时文化名流的交往也挖掘不足。

二是观点有问题。例如在萧云从的里籍、萧云从与清廷官员的交往、胡季瀛与太白楼壁画的关系等问题上,或持论证据不足,或说法陈陈相因。反映了在萧云从

---

① 王石城《萧云从》,上海:上海人民美术出版社1979年版。

研究领域,还存在着缺乏历史唯物主义观点与背离实事求是原则的问题。

三是未能反映萧云从创作的全貌。比如其主要是写萧云从绘画成就,而萧云从诚然是开宗立派的绘画大师,但同时也是学者和诗人。前述几本书对萧云从在音韵学、易学等方面的贡献的研究与介绍几乎是空白;对萧云从诗歌创作的介绍虽然有,但是引用文本时错谬较多,作品赏析亦较薄弱。

因此,有一部比较全面、完整、准确的萧云从传记是必要的。本书既然是后起之作,自然应该为解决上述几个方面的问题作出自己的努力,否则就没有出版的必要了。因此,在写作这部传记前,笔者做了三件事,也算是准备性工作。一是新编了萧云从年谱;二是对现存几乎所有的萧云从诗歌进行了校勘与笺注(《萧云从诗歌笺注》已于2019年9月出版),对萧云从的文章也作了一些研读;三是撰写了十几篇涉及萧云从生平、著述与思想的研究文章。这些工作为《萧云从传》的写作奠定了一定的基础。

随着写作过程中对萧云从生平、人品与成就了解的不断深入,这位乡贤的形象在我心目中愈加清晰与高大,甚至觉得他还活着,写作过程中时常有与他对话的感觉。但是人物传记毕竟不是小说,所以笔者给自己的写作提出了"真实性、学术性、文化性、可读性"四点要求。前两点不必解释,所谓"文化性"是考虑到现在一般读者跟我一样,对传统文化比较陌生,故文中穿插介绍一点相关知识——这也算是在宣传中华传统文化吧;至于"可读性",顶多就是在事实基础上作一点合理的推断和想象,使读者不至于感到太枯燥——好比司马迁没有参加过鸿门宴,但鸿门宴是历史上发生过的事实,司马迁写鸿门宴时只不过渲染了一番而已。

在笔者的心目中,萧云从是有学问、有才华、有品格、有情怀的人,笔者写这部传记的心愿是"绘云从全貌更写风貌,显尺木真人也是高人",使读者对这位在明清易代大变局中保持了文人气节并在艰难困苦中为后人创造了诸多文化遗产的大师有个比较清晰的认识。至于努力的效果如何,就交给读者和时间评判了。

附带说明几句。本书引用的参考文献,凡纸质书第一次征引时注明作者、书名、出版社、版本和页码,其后只注作者、书名和页码;凡方志类古籍和影印古籍,注明时代、书名和卷数;另有少量著作,因引用的是电子书,只注明作者和书名,未注页码。限于水平与条件,错谬难免,欢迎指正。

承蒙芜湖市和镜湖区文化宣传主管部门以及芜湖市美术馆萧云从研究会等相关单位领导的大力支持,芜湖市作家协会、文艺评论家协会、芜湖萧云从画学研究会

208

等社团中诸多同道好友的热情帮助，这本小书方得以顺利完成并付梓。本书在写作和出版过程中，还得到友人胡作法、王永林、张双柱、姚和平、曹德华等热情指点；友人朱寅多次提供他最新发现的与萧云从生平有关的文献资料；画家王涛、欧阳小林先生俯允使用画作，书法家葛文德先生为封底、扉页题签；安徽文艺出版社同志亦付出辛勤劳动，在此一并深致谢忱！

2020 年 5 月 21 日